मंज़िल अब भी दूर

[आत्मकथा]

मंज़िल अब भी दूर

गंगाधर चिटणीस

अनुवाद
दिलीप जोशी

राजकमल प्रकाशन

मूल मराठी कृति : 'मंज़िल अजून दूरच!' से अनूदित

ISBN : 978-81-267-2102-3

मूल्य : ₹ 695

पहला संस्करण : 2011
This book is printed on **Print on Demand** Technology : 2026

प्रकाशक : राजकमल प्रकाशन प्रा.लि.
1-बी, नेताजी सुभाष मार्ग, दरियागंज
नई दिल्ली-110 002

शाखाएँ : अशोक राजपथ, साइंस कॉलेज के सामने, पटना-800 006
पहली मंजिल, दरबारी बिल्डिंग, महात्मा गांधी मार्ग, प्रयागराज-211 001
1, अनमोल सोराबजी संतुक लेन, धोबी तलाव, मरीन लाइंस, मुम्बई-400 002
वेबसाइट : www.rajkamalprakashan.com
ई-मेल : info@rajkamalprakashan.com

MANZIL AB BHI DOOR
Autobiography by Gangadhar Chitnees
Translated by Dileep Joshi

अनुवादक की ओर से

देश के वरिष्ठ ट्रेड यूनियन व साम्यवादी नेता कॉ. गंगाधर चिटणीस की किताब 'मंज़िल अजून दूरच!' (मंज़िल अब भी दूर) पढ़ने का सौभाग्य साधारण बीमा कर्मचारियों के सम्मानीय नेता कॉ. के.एस. (काका) सामन्त (मुम्बई) के सौजन्य से प्राप्त हुआ। यह मात्र एक पुस्तक नहीं बल्कि ट्रेड यूनियन आन्दोलन, कम्यूनिस्ट आन्दोलन, राष्ट्रीय-अन्तर्राष्ट्रीय राजनीतिक घटनाओं इत्यादि का एक महत्त्वपूर्ण दस्तावेज़ है। कॉ. गंगाधर चिटणीस ने अपने पिछले साठ साल के सक्रिय जीवन के अनुभवों का कीमती खजाना आज की और आनेवाली पीढ़ियों के लिए उपलब्ध कराया है। कॉ. चिटणीस भारत में साम्यवाद के पितृपुरुष कम्यूनिस्ट आन्दोलन के प्रवर्तक स्व. श्रीपाद अमृत डांगे के 40 वर्षों तक विश्वस्त सहयोगी रहे।

मराठीभाषी होने के कारण लेखक ने अपनी भावनाएँ मातृभाषा में व्यक्त की हैं जो कि स्वाभाविक ही है। किताब जब पढ़ने के लिए हाथों में ली तो उसे खत्म करके ही छोड़ा। पढ़ने के बाद महसूस हुआ कि मॉ. चिटणीस के अनुभवों का खजाना हिन्दी भाषी लोगों तक जरूर पहुँचना चाहिए क्योंकि यह दस्तावेज़ का केवल मराठी भाषियों तक सीमित रहना उसके साथ अन्याय होगा।

मैंने अपनी यह इच्छा कॉ. काका सामन्त के समक्ष व्यक्त की। उन्होंने तुरन्त ही मेरा उत्साह बढ़ाते हुए मेरी बात का समर्थन किया और कहा, 'तुरन्त अनुवाद करो।' कॉ. काका सामन्त और कुछ साथियों के आग्रह पर ही कॉ. चिटणीस ने अपने अनुभव और आकलन लिपिबद्ध किए हैं।

हालाँकि कभी हू-ब-हू अनुवाद आसान नहीं होता। लेखक की मूल भावनाओं को बरकरार रखते हुए दूसरी भाषा के पाठकों तक उन्हें पहुँचाना कठिन कार्य है। मैं इसमें कितना सफल हुआ, यह तो पाठक

ही बताएँगे।

मैं कॉ. चिटणीस का आभारी हूँ जिन्होंने अपने अनुभवों की पुस्तक का स्वतंत्र अनुवाद करने की इजाजत दी।

यह अनुवाद शब्दशः नहीं है। लेखक की अनुमति से स्वतंत्र अनुवाद है। इस कार्य में मुझे मेरे मित्र कॉ. निर्मल जैन और श्रीमती मीना पटेल का अमूल्य सहयोग मिला। कॉ. निर्मल जैन जिन्होंने अनुवादित पन्नों को पूर्ण रुचि लेकर सुन्दर रूप में टंकित किया, आवश्यक सुधारों के साथ। श्रीमती मीना पटेल, जो स्वयं एक अच्छी वक्ता व लेखिका हैं, ने कुशल रूप से भाषा सम्बन्धी सुधार किए। दोनों से मित्रता का नाता होने से उनका आभार व्यक्त करना ठीक नहीं होगा। कॉ. काका सामन्त ने लेखक से अनुमति दिलवा कर, मेरा उत्साहवर्धन करते रह कर हिन्दी भाषी पाठकों के लिए खजाने की चाबी उपलब्ध करवाई है। वे मेरे लिए परम आदरणीय हैं, साथ ही वरिष्ठ मित्र, आदर्श और मार्गदर्शक हैं। उनका आभार व्यक्त करना वे ही पसन्द नहीं करेंगे।

मैं राजकमल प्रकाशन के निदेशक श्री अशोक महेश्वरी आ अत्यन्त ही आभारी हूँ जिन्होंने विषय की गम्भीरता समझते हुए पुस्तक प्रकाशित करना स्वीकार कर अनमोल मदद की।

विशेष आभार : कॉ. शिवाजी देशमुख का, जिन्होंने समय-समय पर प्रोत्साहन व सहयोग किया। वे वर्तमान में गिरणी कामगार यूनियन, मुम्बई के महासचिव हैं। मेरे वरिष्ठ मित्र श्री अतुल लागू, जिनके सहयोग से यह पुस्तक प्रकाशित हो रही है।

इस पुस्तक के माध्यम से कॉ. गंगाधर चिटणीस ने मुम्बई का एक समय का वैभवशाली टेक्साइल उद्योग, गिरणगांव (मिल क्षेत्र) का उत्सवी माहौल, संस्कृति, तत्पश्चात डॉ. दत्ता सामन्त की ऐतिहासिक असफल हड़ताल, ट्रेड यूनियन आन्दोलन में एटक का योगदान, कम्यूनिस्ट आन्दोलन में समय-समय पर हुआ घटनाक्रम कम्यूनिस्ट पार्टी का विभाजन, भारतीय कम्यूनिस्ट पार्टी द्वारा समय-समय पर की गई गलतियाँ, उन गलतियों के पार्टी, साम्यवादी आन्दोलन, ट्रेड यूनियन आन्दोलन और भारतीय राजनीति पर हुए विपरीत परिणाम, पार्टी द्वारा आपातकाल को दिया गया समर्थन आदि का निष्पक्ष विवेचन व आकलन किया है।

कॉ. चिटणीस का दिनांक 6 नवम्बर 2010 को वृद्धावस्था में 85

वर्ष की आयु में दुखद निधन हो गया। उनके निधन के पाँच-छह दिन पूर्व ही मैंने दूरभाष पर उनसे बातचीत की थी और सूचित किया था कि उनकी पुस्तक के हिन्दी अनुवाद को प्रकाशित करने की राजकमल प्रकाशन, नई दिल्ली ने स्वीकृति प्रदान की है। यह समाचार सुन कर वे बहुत प्रसन्न हुए थे। इसके पूर्व कॉ. चिटणीस से दो बार मेरी मुलाकात मुम्बई में हुई। पुस्तक व विषय पर प्रदीर्घ चर्चा हुई। उनकी विद्वता से मैं प्रभावित व अभिभूत था। उन्होंने मेरे द्वारा अनुवादित सामग्री को गहन रूप से पढ़ा था व मार्गदर्शन भी किया था ताकि पुस्तक और अधिक रूप से निखर कर प्रकाशित हो। वे मराठी के साथ-साथ हिन्दी, अंग्रेजी, उर्दू भाषाओं के ज्ञानी थे।

वे वृद्ध जरूर हुए थे लेकिन उनका मन सदैव युवा ही था। सामाजिक सोच का सिलसिला सतत् जारी रहता था। वे न कभी विचलित हुए और न ही निराश। वे पक्के आशावादी थे। यद्यपि स्पष्टवादी स्व. कॉ. चिटणीस को राजनीति या ट्रेड यूनियन के क्षेत्र में उनकी काबिलियत के अनुसान स्थान नहीं मिला जिसके कि वे असली हकदार थे। फिर भी वे अन्त तक सन्तुष्ट रहे, कठोर सादा जीवन जीते रहे। मंज़िल दूर होते हुए भी उन्हें पक्का विश्वास था कि एक न एक दिन मंज़िल पर पहुँचेंगे, जरूर पहुँचेंगे। समाज की भलाई के लिए पहुँचना ही होगा।

मैं यह अनुवादित पुस्तक स्व. कॉ. गंगाधर चिटणीस की स्मृति में उनकी वैचारिक निष्ठा व समर्पण को अर्पण करता हूँ।

–दिलीप जोशी

कॉ. गंगाधर चिटणीस, 1952

कॉ. गंगाधर चिटणीस, पत्नी श्रीमती मीरा व पुत्र चंद्रशेखर, 1961

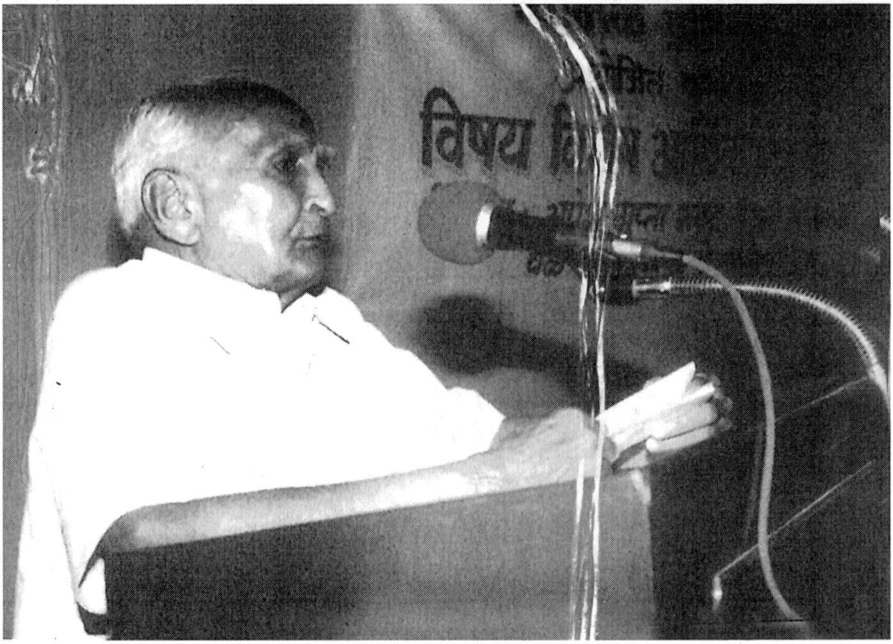

श्रमिक प्रतिष्ठान की एक सभा को संबोधित करते हुए कॉ. गंगाधर चिटणीस

1974 की 41 दिनों की हड़ताल के दौरान एक सभा में कॉ. डांगे और कॉ. चिटणीस, बीच में कॉ. हरी जाधव

1074 की हड़ताल के दौरान सभा को संबोधित करते हुए कॉ. एस.ए. डांगे, 8 फरवरी, 1974

गिरणी कामगार यूनियन (लाल झंडी) के संस्थापक पदाधिकारी (1928), बाएँ से कॉ. एस. एस. मिरजकर, कॉ. एस.ए. डांगे (जनरल सेक्रेटरी), कॉ. एस.बी, घाटे (कोषाध्यक्ष), एवं कॉ. के.एन. जोगलेकर

यहाँ पूर्व में क्राऊन मिल थी, अब मॉल्स खड़े हो रहे हैं

यहाँ पहले मफतलाल मिल व न्यू प्रह्लाद मिल थी अब खड़ा है पिल्सुनिया टॉवर (लीअर परेल)

मुंबई टेक्सटाईल मिल (पूर्व की सकसेरिया)। पाँच वर्ष बंद रही इस मिल को चालू करने के लिए कॉ. डांगे ने सत्याग्रह किया था। उम्र के 75वें वर्ष में पुलिस विरोध के बावजूद मिल का 12 फीट ऊँचा लोहे का दरवाजा चढ़कर कॉ. डांगे ने मिल में प्रवेश किया, उसके बाद जल्दी ही मिल चालू हुई।

प्रस्तुत लेखन आत्मचरित्र नहीं है। मैं इतना बड़ा व्यक्ति भी नहीं हूँ कि आत्मचरित्र लिखूँ। इसीलिए 'आप कुछ लिखिए' ऐसा अनुरोध जब कुछ कार्यकर्ताओं, मित्रों व मेरी धर्मपत्नी के लगातार करने के बावजूद मैंने कभी उन्हें गम्भीरता से नहीं लिया, बल्कि ध्यान ही नहीं दिया। कभी पत्नी ने ज्यादा ही आग्रह किया तो मजाक में कहता रहा, "इतिहास लेखक होने के बजाय इतिहास निर्माणकर्ता होना ज्यादा अच्छा होगा, क्यों?" इस पर वह हताश होती रही। पिछले पन्द्रह-सोलह सालों से वह यह और केवल यह ही कहती रही। उपरोक्त मजाक दो-चार बार होने के बाद एक बार वह चिढ़ कर बोली, "इतिहास निर्माणकर्ता हो सकने की आपकी सम्भावना बहुत पहले ही खत्म हो चुकी है अब ऐसी कल्पनाएँ कर अपने आपको हास्यास्पद क्यों बनाते हो? अब लिख सकने वाले होने की सम्भावना की ओर तो पीठ दिखा कर आप स्वयं के साथ-साथ श्रमिक आन्दोलन के एक गौरवशाली कालखंड को गहरी गर्त में धकेल कर सब कार्यकर्ताओं व आपको आधी सदी तक साथ देने वाले हजारों श्रमिकों पर घोर अन्याय करने वाले हैं। इतने लड़ाकू कामगारों व निष्ठावान सहकर्मियों को इतना संवेदनहीन नेतृत्व शायद ही मिला हो।"

यह वार जरा ज्यादा ही तेज था। किन्तु मेरी हमेशा की आदत के अनुसार मैंने इसे भी हँसी में ही उड़ाया। हालाँकि मेरी पत्नी का कहना बिल्कुल सही था। इस गौरवशाली कालखंड का लिपिबद्ध होना आवश्यक था। लेकिन यह जिम्मेदारी सिर्फ मुझ पर ही न आ पड़े यह मेरी आंतरिक इच्छा थी। इस काम को करने के लिए सबसे समर्थ हाथ कॉ. डांगे के थे, तो अधिकार भी उनका ही था। क्योंकि इस इतिहास के निर्माण में उनका महत्त्वपूर्ण योगदान था। उसे दिशा व आकार देने में उन्होंने अनेकों कष्ट सहे थे। लगभग 17-18 वर्षों का सश्रम कारावास भी भोगा था। आधी सदी से अधिक समय तक वे इस रंगमंच के प्रमुख रंगकर्मी थे। इसीलिए यह जिम्मेदारी वे स्वीकारें, ऐसी अनेकों बार मैंने उनसे गुजारिश भी की थी। विशेषकर 1980 के बाद जब वे सक्रिय राजनीति से दूर हो गए थे तब मैंने और अनेक मित्रों ने उनसे सतत् आग्रह किया, किन्तु कॉ. डांगे ने यह कभी स्वीकार नहीं किया।

कॉ. डांगे से निराश होकर मैंने अपना मोर्चा कॉ. सा.गो. पाटकर की ओर खोला क्योंकि वे 1928 की ऐतिहासिक हड़ताल से लेकर इस इतिहास के गवाह थे। किन्तु कॉ. पाटकर ने कहा "अरे लिखने का काम मुझे मत कहो, यह सब तुम मध्यमवर्ग से आए हुए कॉमरेड्स का काम है। जेल में जाना हो, हड़ताल या मैदानी काम हो तो बताओ, टेबल वर्क मेरा काम नहीं है।"

इसके बाद फिर से एक दशक का समय निकल गया। 1982 की मुम्बई के मिलों की असफल ऐतिहासिक हड़ताल भी हो गई। हड़ताल पश्चात सर्वत्र सन्नाटा था। मिल मजदूर तो तबाह हो ही चुके थे लेकिन गिरणगांव (मिल क्षेत्र) के छोटे-मोटे धंधेवाले, दुकानदार आदि भी खत्म हो रहे थे। श्रमिकों का आत्मविश्वास शिद्दत, जिद व संगठन—सभी खत्म से हो गए थे।

श्रमिकों की ये स्थिति देख कर केवल उन्हें ही नहीं बल्कि पूरे वस्त्रोद्योग को ही खत्म करने की मालिकों की सुप्त इच्छाएँ जागृत हो गई थीं। 1991 के पश्चात शुरू की गई आर्थिक नीतियों से तो ये और ही बलशाली हुईं और मिलों से मशीनें निकाल कर खाली करने की साजिशें तेज हुईं।

2

क्या लाल रंग सचमुच खत्म हो गया—ऐसे मर्मांतक प्रश्न पूछे जाने लगे। आप अब इस मोर्चे पर लड़ नहीं सकते तो, क्या लिख-बोल भी नहीं सकते—ऐसे दाहक सवाल भी आये।

खैर! ऐसी किताब की आवश्यकता सम्पूर्ण रूप से मान्य होने के बावजूद मैं उसे लिखने की हिम्मत नहीं कर पा रहा था। क्योंकि इस पूर्ण आन्दोलन का इतिहास तो छोड़िये, केवल सन्दर्भ—लेने तक का सोचा जाए तो भी उसके लिए आवश्यक रेकॉर्ड, सन्दर्भ साहित्य हमारे पास बाकी नहीं था। 1952 तक कई बार पड़े पुलिस के छापों में रेकॉर्ड जब्त हुआ था। जो बचा-खुचा था, वह 1967 में हम लोग पार्टी-सम्मेलन हेतु औरंगाबाद गए थे, तब हमारी गैर मौजूदगी मे शिवसेना के गुंडों ने रात्रि में यूनियन ऑफिस पर आक्रमण कर पुलिस संरक्षण में रास्ते में जला दिया था।

ऐसे सभी सन्दर्भ साहित्य के अभाव में पुस्तक लिखने का मतलब शिवधनुष को तोड़ना ही था। किन्तु मेरे सभी सहकर्मियों ने सुझाव दिया कि सारा इतिहास, उसकी घटनाएँ, तारीखवार सहित लिखना आवश्यक नहीं है। ये सारी घटनाएँ आपके सामने की हैं, आपकी स्मृति अभी साबुत है। अतः केवल महत्त्वपूर्ण घटनाएँ, व्यक्ति आदि

के बारे में यादें टेपबद्ध की गईं तो भी काम हो जाएगा।

इन सब बातों के कारण मैं अन्दर-बाहर से हिल गया। चार दिन बाद ही कॉ. शिवाजी देशमुख, कॉ. काका सामन्त, कॉ. प्रकाश सावन्त, कॉ. विश्वासराव, कॉ. कराडकर ने मुझे घेर ही लिया।

मैं इस निष्कर्ष पर पहुँचा कि अब यह काम मैं टाल नहीं पाऊँगा और वह योग्य भी न होगा।

यह हुआ बुद्धि का आदेश! किन्तु इसके अलावा दर्दभरी भावनाएँ भी मुझे अस्वस्थ कर रही थीं। मुम्बई में श्रमिकों की हर निशानी मिटाने का काम पूँजीपतियों के वर्ग द्वारा शासन की सहायता से पिछले कई वर्षों से तेजी से जारी है। जिन जगहों पर लाल झंडा लेकर हजारों श्रमिक लड़े, लाठियाँ खाईं, अपनी जानें दीं, उनका नामो-निशान भी अब मुम्बई में नहीं रहेगा। किन्तु जिनके समर्थन से जिनका मानस पिंड पाला-पोसा गया वैसे हमारे जैसों का भी मुँह मोड़ना क्या उचित है?

मन आंकातीत हुआ। नहीं, यह नहीं हो सकता। अन्य कोई नहीं तो मुझे स्वयं को ही आगे आना होगा। इस उपेक्षित स्मारक पर कृतज्ञता का एक दीया तो जलाना ही होगा। चाहे देर से ही सही, टिमटिमाता ही दीया, होगा तो कृतज्ञता का ही न। पुरानी पीढ़ियों के साथ-साथ आने वाली पीढ़ियों का यह कर्ज तो चुकाना ही होगा।

3

किन्तु लिखने का निर्णय लेने के बाद अनेक प्रश्न दिमाग में कौंधने लगे कि इस विस्तृत पटल के कौन-से भाग पर केंद्रित होना है? काफी विचार करने के बाद यह तय किया कि जब से मेरा स्वयं का इस आन्दोलन से सम्बन्ध बना, वहीं से शुरुआत की जाए क्योंकि पूर्व का इतिहास, उसकी घटनाएँ समय-समय पर प्रकाशित हो चुकी हैं। अतः उसकी पुनरावृत्ति बेमानी होगी। एक और महत्त्वपूर्ण सवाल था, इस लेखन में 'मैं' को कितना होना चाहिए? क्योंकि यह तो स्पष्ट है कि यह मेरा आत्मचरित्र कतई नहीं है और वैसा होने देना मूल उद्देश्य से ही विसंगत होगा। किन्तु यह भी स्पष्ट कर दूँ कि स्वयं को अलग कर यह लेखन मैं कर ही नहीं सकूँगा। क्योंकि ये यादें मेरी हैं। पिछले छह दशकों की, मेरे सक्रिय सार्वजनिक जीवन में खट्टे-मीठे अनुभवों की यादें और यह अनुभव आने में मेरे व्यक्तित्व का ही तो कोई भाग होगा!

एक और बात। मेरा सार्वजनिक जीवन एक ट्रेड यूनियन कार्यकर्ता के साथ-साथ राजनीतिक कार्यकर्ता के रूप में रहा। ट्रेड यूनियन क्षेत्र में मैं 'एटक' का कार्यकर्ता था, तो राजनीति में भारतीय कम्यूनिस्ट पार्टी का। इसीलिए लेखन में इन दोनों क्षेत्रों के अनुभवों का मिश्रण आना अटल है। आज भारत का संगठित श्रम आन्दोलन, उसका बड़ा संगठन, हिस्सा, अलग-अलग राजनीतिक पार्टियों के वैचारिक प्रभाव में है। इतना ही नहीं, उस पार्टी के मार्गदर्शन में ही चलता है, यह भी सत्य है–इसीलिए किसी राजनीतिक पार्टी के यश-अपयश का परिणाम उससे सम्बन्धित श्रम संगठन पर पड़ना अपरिहार्य व अनिवार्य होता है। दोनों की यात्राओं का आलेख भी सामान्यतः समानान्तर ही होता है। परिणामतः एक क्षेत्र के अनुभवों को लिखते हुए दूसरे क्षेत्र का उल्लेख टालना असम्भव है। क्योंकि एक क्षेत्र की कारण परम्परा दूसरे क्षेत्र में छुपी हुई रहती है। उसे अलग रख कर लिखा जाए तो वह गले से नीचे नहीं उतरेगा और वह बेईमानी भी होगी।

इसी मनोभूमिका से मैं लिखूँगा। घटनाओं व स्वयं से भी ईमानदार रह कर लेखन की सीमाएँ निश्चित कर लिखूँगा। इतना करने के पश्चात भी सभी पसन्द करेंगे ही, यह निश्चित नहीं। किन्तु वह लाईलाज है।

मेरे पूर्वजों के बारे में मुझे विशेष जानकारी नहीं है। अर्थात् जानकारी होने लायक उन्होंने कुछ किया होगा, ऐसी सम्भावना भी नहीं है अन्यथा मालूम पड़ ही जाता।

अंग्रेजी की चौथी कक्षा (आज की आठवीं) तक मैं अत्यन्त सामान्य सा विद्यार्थी था। पाँचवीं में मेरी पढ़ाई में सुधार हुआ। छठी से सामान्य अंकों से उत्तीर्ण होने वाला मैं पहले तीन श्रेष्ठ नम्बरों में आने लगा। मेट्रिक की परीक्षा में मैं अंग्रेजी छोड़ कर सभी विषयों में डिस्टिंक्शन के साथ पास हुआ। स्कूल में प्रथम आने पर ईनाम भी मिला।

1947 में मुम्बई के पोद्दार कॉलेज से बी.कॉम. पास किया। मेरी कॉलेज की पढ़ाई स्कॉलरशिप पर ही हुई। कॉलेज में आने के पश्चात् मेरी दुनिया ही बदल गई। 'चले जाओ' के नारे व आन्दोलन के बाद देश में बदलाव आया था।

4

तरुणाई के आसपास नई हवा मँडराने लगी थी। कारावास में बन्द कांग्रेसी नेतागण, भूमिगत समाजवादी नेतागण, नाना पाटिल और उनकी पत्नी सरकार, गांधीजी का

आगा खां पैलेस में किया गया उपवास, कस्तूरबा की मृत्यु आदि समाचार आ रहे थे। भूमिगत नेताओं द्वारा प्रकाशित बुलेटिन्स कभी-कभार हाथ लग जाते थे। बातचीत, चर्चा के विषय बदलते जा रहे थे...नई भावनाएँ, जिम्मेदारियों का निर्माण होने लगा था व नई प्रेरणाएँ बुला रही थीं। जीवन मूल्य व प्राथमिकताएँ पूरी तरह बदल से गए प्रतीत होने लगे।

साने गुरुजी के साहित्य का मुझ पर गहरा प्रभाव हुआ। उनकी किताब 'धडपडणारी मुले '(प्रयासरत बच्चे) पढ़ कर तो मैं अभिभूत था। भावी जीवन का विचार करते समय मां-बाप, भाई-बहन–इनका विचार प्रमुखता से करता था। अब वह धूमिल होकर देश व देश की दरिद्र जनता का विचार प्रबलता से करने लगा। अब यदि फिर से स्वतंत्रता के लिए संग्राम हुआ तो उसमें मैंने कूदना निश्चित कर लिया था। ऐसे जीवन की तैयारी के लिए मैंने चाय-कॉफी त्याग कर खादी पहनना शुरू किया। आगे खादी के अर्थशास्त्र से मतभेद होने से खादी का त्याग किया किन्तु चाय-कॉफी का त्याग कायम रहा।

किन्तु जो सोचा था, वह नहीं हुआ। अपितु ऐसा न हो, इस हेतु देश की दक्षिणपंथी प्रतिगामी शक्तियाँ व राजनीतिक लोग पहले से ही अपने काम में लग गए थे क्योंकि 'एक और' स्वतंत्रता संग्राम हुआ तो उत्साहित जनता अपने नियंत्रण में नहीं रहेगी और आने वाली स्वतंत्रता अपनी अपेक्षित स्वतंत्रता से अलग ही रंग लेकर आएगी, ऐसा विश्वास कांग्रेस के एक गुट को नौसेना विद्रोह के बाद और भी पक्का हो गया था। किन्तु इस बदलाव के दौरान मेरा वाचन चल ही रहा था। पढ़े जाने वाले पूँजीवादी अर्थशास्त्र की अपेक्षा उस क्षेत्र की एक नई मार्क्सवादी प्रणाली ने मेरा ध्यान आकर्षित किया। उस समय उत्सुकता से पढ़कर समझने वाला यह प्रयास बाद के दिनों मे मेरे जीवन को एक अनपेक्षित दिशा देगा, ऐसा कभी सोचा न था।

मार्क्सवादी साहित्य पढ़ना शुरू किया। फिर भी उसमें मार्गदर्शक कोई नहीं था। पढ़ता जा रहा था। जितना पढ़ता था भूख बढ़ती ही जाती थी। विचारों का भ्रम धीरे-धीरे कम होने लगा था। नये विचार समझने लगा। इस नई विचार प्रणाली में मैं इस तरह डूब गया कि बाह्य जगत का विस्मरण होने लगा। किन्तु मैं वास्तव को भले ही भूला लेकिन वह मुझे थोड़े ही भूलने वाला था?

नौकरी मिलने में समय नहीं लगा। 15 अगस्त को देश स्वतंत्र होने के चार दिन बाद ही स्वतंत्र भारत की स्वतंत्र सरकार की सेवा में दाखिल हुआ।

स्वतंत्रता मिली थी लेकिन विभाजन की कीमत पर। उसके पश्चात हुई आगजनी व दंगा-फसाद में डेढ़-दो लाख लोग मारे गए थे। लाखों लोगों का जीवन बर्बाद हुआ था। शरीर पर पहने वस्त्रों के साथ उन्हें यहाँ आना पड़ा क्योंकि उनके पास कुछ भी नहीं बचा था।

5

इन लोगों की मदद के लिए सरकार ने राहत शिविर लगाए थे। कुछ स्वयंसेवी संगठनों ने भी शिविर लगाए थे। मैं भी कुर्ला, चेम्बूर बाद में कल्याण-उल्हासनगर में स्वयंसेवक के रूप में जाने लगा। रोज ऑफिस के बाद रात्रि बारह बजे तक काम करके घर लौटना एक दिनचर्या बन गई।

इसी क्रम के चलते वह घटना घटी। उस दिन मदद कार्य निपटा कर रात्रि करीबन साढ़े बारह बजे रेलवे लाईन के समीप की बस्ती से गुजरते हुए चीख-पुकार सुनी। तीन गुंडे एक लड़की को खींचते हुए ले जा रहे थे। मदद पाने के लिए लड़की जोर-जोर से चिल्ला रही थी, छटपटा रही थी, लेकिन कोई भी आगे नहीं आ रहा था। समझ में नहीं आ रहा था। एक तरफ मैं अकेला, लेकिन दूसरी ओर इज्जत बचाने के लिए लड़की द्वारा किया जा रहा निरर्थक प्रयास। मैं जोर से चिल्लाते हुए गुंडों की ओर लपका तो एक ने चाकू दिखा कर मुझे धमकाया। लेकिन मेरे संस्कारों ने हिम्मत दी। मैंने और जोर से चिल्लाते हुए कदम आगे बढ़ाये ही थे कि इस बार दो गुंडे मेरी ओर दौड़े। एक ने लड़की को पकड़ रखा था। दौड़ते समय एक गुंडा पटरी के पास के तारों में पैर उलझने के कारण गिर पड़ा, उसका चाकू भी वहीं कहीं गिर गया। इतने में धड़धड़ाती हुई ट्रेन आई। दूसरे ने लोहे के गंडासे से मुझ पर आक्रमण किया, मेरे थोड़े से हटने के कारण उसका वार माथे पर पड़ने की बजाय मेरे हाथ पर पड़ा। बारिश के दिन होने से वह गिर पड़ा। गाड़ी पास में आने से दूसरे दो गुंडे भी मेरे पास आ न सके। लड़की का विलाप सुनकर और भी कुछ लोग हमारी ओर दौड़ कर आये। यह देख कर अँधेरे का फायदा उठा कर गुंडे लड़की को छोड़ कर भाग गए। मैं रेलवे लाईन के समीप निढाल पड़ा था, कुछ लोग उठा कर मुझे डॉक्टर के पास ले गए व मरहम-पट्टी करवाई।

निर्वासितों की मदद का काम अधिक दिन नहीं चला क्योंकि सात-आठ माह में शासकीय यंत्रणा खड़ी हो गई। उसके पास हमसे ज्यादा साधन व अधिकार थे जो कि स्वाभाविक भी था।

ये सब गतिविधियाँ चल रही थीं, लेकिन एक प्रश्न मुझे सतत् उद्वेलित कर रहा था कि अपने जीवन के अन्तिम ध्येय की ओर मेरे कदम कब चलेंगे? नौकरी नहीं करना, अर्थाजन नहीं करना—यह 1945 में ही निश्चित कर लिया था। यह संस्कार साने गुरुजी के साहित्य से मिला था। यह जीवन स्वयं के लिए या अपने परिवार के लिए नहीं है बल्कि समाज के लिए, देश के लिए ही यह जीवन है यह निश्चय पक्का था। लेकिन इस हेतु किस मार्ग को अपनाएँ, किस कार्य में जिन्दगी लगाए, किस संगठन के माध्यम से इस कार्य को अंजाम दिया जाए, किससे मिलें इत्यादि

के लिए निर्णय पक्का नहीं हो पा रहा था। जैसे-जैसे मेरे विचार स्पष्ट होते गए वैसे-वैसे मेरे उपरोक्त प्रश्नों के जवाब मुझे मिलते गए। स्वतंत्रता प्राप्ति तक वह प्राप्त करना है—यह एकमात्र उद्देश्य सामने था। उसकी प्राप्ति हेतु फिर से संग्राम हुआ तो उसमें बिना सोचे-विचारे कूद पड़ना है, यह निश्चित कर ही लिया था। ऐसा संग्राम फिर से शुरू हुआ तो प्रमुख संगठन के रूप में कांग्रेस का नाम ही मेरे सामने था। किन्तु बहुसंख्यक जनता विशेषकर युवा वर्ग की तीव्र इच्छा होने के बावजूद बहुसंख्य कांग्रेस नेताओं के गले यह विचार नहीं उतरा और उन्होंने जो स्वतंत्रता प्राप्त की, वह पाई समझौते और विभाजन स्वीकार करने की कीमत पर। भारत स्वतंत्र हुआ लेकिन खंडित स्वरूप में।

6

स्वतंत्रता प्राप्ति के पश्चात निर्णय लेने के लिए थोड़ी राहत मिली। अब मुझे बहनों की शादी व भाइयों की शिक्षा का विचार सताने लगा। इसीलिए पहला वेतन मिलते ही रेलवे पास के लिए पाँच रुपये अपने पास रख कर बची हुई राशि पिताजी को भेज दी। बहनों ने बाद में बताया कि वह राशि भगवान के सामने रख कर पिताजी बहुत रोए थे। बाद में, पिताजी के देहान्त के बाद भाई-बहन मुम्बई आ गए व मनी ऑर्डर भेजने की आवश्यकता नहीं रही।

स्वतंत्रता के बाद कांग्रेस में काम करने का औचित्य नहीं बचा था क्योंकि कांग्रेस समाजवाद लाने हेतु लड़ेगी, काम करेगी—ऐसा कभी भी महसूस नहीं हुआ था।

अब सामने दो नाम थे—समाजवादी व कम्यूनिस्ट पार्टी। किन्तु जैसे-जैसे मार्क्सवादी साहित्य पढ़ता गया वैसे-वैसे समाजवादी विचारों का खोखलापन व विसंगति स्पष्ट होती गई। संगठन का ढीलापन तो ऐसा कि हर नेता की अपनी ढपली—अपना राग। एक समय कांग्रेस का ही एक गुट होने के कारण उनका एक पैर कांग्रेस की डोर से बँधा रहता था। आगे कांग्रेस से बाहर निकलने के बाद भी समाजवादी नेताओं ने पार्टी के सिद्धान्तों की, विचारों की व नीतियों की तर्कसंगत, शास्त्रसंगत बातें कभी भी नहीं कीं। इसलिए समाजवादी पार्टी के वैचारिक आकर्षण से मैं जल्द ही मुक्त हुआ।

अब बची थी कम्यूनिस्ट पार्टी। किन्तु इस पार्टी के बारे में मुझे कुछ भी जानकारी नहीं थी। मार्क्स व एंगल्स लेनिन की किताबें पढ़ कर इस दर्शन की स्पष्टता व संगठन की एकात्मता महसूस होती थी।

इसके अलावा इस दर्शन का अनुसरण कर और तदनुसार संगठन खड़ा करके

उन्होंने इतिहास रच कर दिखाया था। 1917 की समाज सत्तावादी क्रान्ति, जार की जुल्मी राजशाही का ही नहीं तो शासक वर्ग के शोषण का उन्होंने किया हुआ अन्त, तत्पश्चात पंचवर्षीय योजनाओं के माध्यम से एक अत्यन्त पिछड़े हुए देश का बलशाली महासत्ता के रूप में किया हुआ रूपांतर। उसके पश्चात नाजी भस्मासुर से की हुई मानव जाति की मुक्ति और उसके बाद भी दुनिया भर के स्वतंत्रता संग्रामों को तथा श्रमिक वर्ग के संघर्षों को उनके द्वारा जारी मदद—ये सब बातें उनके खाते में जमा थीं।

इसके विपरीत समाजवादियों के पक्ष में क्या था? सिर्फ खोखले प्रस्ताव व भाषण। भाषणबाजी से मैदान जीतने के प्रयासों की कालान्तर में कलई खुल जाती है और बाद में सब दयनीय लगने लगते हैं।

इन सब बातों से मेरा कम्यूनिस्टों की ओर अधिकाधिक झुकाव होता जा रहा था किन्तु बार-बार लगता था कि इस बाबत अन्तिम निर्णय लेने से पूर्व साने गुरुजी से परामर्श लिया जाए। क्योंकि मेरी वैचारिक घड़ाई करने में उनके लेखन साहित्य का काफी योगदान था। इसके अलावा मेरे मन में उनके प्रति अपार आदर भी था।

7

इसी प्रेरणा से दादर में उनसे मिलने गया। मन की हलचल व उहापोह मैंने उनके समक्ष व्यक्त किए किन्तु वे मौन रहे। निराश मनःस्थिति में थे वे। उन्होंने इतना ही कहा कि अभी हाल के स्वतंत्रता संग्राम में कम्यूनिस्टों का काम पूरे देश ने देखा है। उनसे सम्बन्ध रखना या न रखना मेरा निहायत व्यक्तिगत निर्णय है। वह मुझे ही लेना है। उसके बाद भी गुरुजी से दो बार और मिला किन्तु अपेक्षित चर्चा न हो सकी।

और एक दिन अचानक समाचार आया कि नींद की गोलियाँ खाकर गुरुजी ने आत्महत्या कर ली।

अब अधिक विचार करना निरर्थक था। कहीं तो निर्णय लेना ही था क्योंकि राजकीय कार्यकर्ता होने के लिए अन्य सभी बातें ठुकरा ही दी थीं। बुद्धि का निर्णय मान कर मैंने कम्यूनिस्ट पार्टी को अपनाने का निर्णय लिया। निर्णय लेकर पिछले लम्बे समय से चल रही मानसिक दुविधा, खींचतान खत्म की।

किन्तु निर्णय पर अमल आसान नहीं था। मेरे मन के इस संघर्ष का पता न तो घरवालों को था न ही ऑफिस वालों को। सभी के मन में मेरी छवि एक होशियार, कार्यशील, ईमानदार, अच्छी आदतों वाला, परिवारवादी, सीधे रास्ते पर चलने वाला और उज्ज्वल भविष्य का धनी युवक की बनी हुई थी। मेरा तय किया बागी निर्णय

उन्हें हजम होगा, इसकी सम्भावना कम ही थी।

और वैसा ही हुआ भी। मैंने अपना निर्णय अन्तिम लक्ष्य के रूप में ही परिवार वालों को बताया। बड़ा भाई स्तब्ध था। उसने पूछा—आगे-पीछे का विचार कर लिया है क्या? मैंने कहा, हाँ। "फिर क्या कहूँ?" इतना कहकर वह चुप हो गया।

31 दिसम्बर, 1951 को मैंने नौकरी छोड़ने हेतु एक माह की सूचना विभाग के प्रमुख को दे दी। इस एक माह के समय में मैंने अपना निवास दादर से लोअर परेल, डिलाइल रोड के शिवाजी नगर में स्थानांतरित किया। मेरे नए अस्थिर संघर्षशील जीवन की छाया मेरे परिवार वालों के शान्त व स्थिर जीवन पर न पड़े, ऐसी इच्छा थी।

और फिर एक तपती दोपहरी में आवश्यक सामान एक ठेले पर लाद कर लोअर परेल के नये जीवन क्रम की राह पर चल पड़ा। ठेलेवाला बूढ़ा था। दीपक सिनेमा आने के पहले ही वह थक गया, खाँसने लगा व रुक गया। आखिर में मैं भी ठेला धकेलने लगा। लोअर परेल का पुल चढ़ने तक वह आगे और मैं पीछे, ऐसे ठेलागाड़ी चली। 'सर्वहारा' को साथ देने के जीवनक्रम की शुरुआत जो हो चुकी थी।

दादर छोड़ने की एक रात पहले मैं सो नहीं पाया। पिछले 20 वर्षों का मेरा जीवन चित्र सामने आया। मैं कौन था, कहाँ से आया, कहाँ जाने वाला था, कहाँ आ पहुँचा। ऐसा परिवर्तन कैसे हुआ, किसने किया? कम्यूनिस्ट बनूँ, ऐसा मेरे पूर्व जीवन में कुछ भी न था। परदादा सरदार वर्ग के, दादाजी जमींदार वर्ग के, पिताजी मध्यम वर्ग के और मैं? कितना परिवर्तन? कल्पनातीत! राजनिष्ठ पिता का पुत्र, छात्र जीवन में आज्ञाकारी छात्र इतना बागी बनेगा, ऐसा कोई ज्योतिषी भी न बता पाता।

8

अब पीछे मुड़ कर देखता हूँ तो एहसास होता कि मुझे साने गुरुजी ने बदलना शुरू किया किन्तु वे एक हद तक ही मुझे आगे ले जा सके। 'स्वयं के लिए नहीं, देश-समाज के लिए जियो' उनका यह सन्देश मैंने ग्रहण किया। किन्तु 'समाज के लिए जियो' का मतलब निश्चित रूप से क्या करो, यह वे कभी बता नहीं पाए। आज का समाज ऐसा क्यों हैं? उसे बदलने के लिए निश्चित तौर पर क्या करना चाहिए, इन प्रश्नों का जवाब वे कभी नहीं दे पाए। शायद अगली दिशा उन्हें भी मालूम न थी। यह दिशा मुझे दिखाई मार्क्स ने, लेनिन ने। ये एक अलग ही मिजाज की मिसालें थीं। इसमें से तप कर मैं निकला तो पूर्णरूप से बदल कर ही।

मुझे लगता है मैं आज जिस मुकाम पर हूँ उसका श्रेय दोनों को है। साने गुरुजी न होते तो मैं सर्वस्व त्याग कर 'फुल टाईमर' कभी न बनता। अधिक से

अधिक कम्यूनिस्टों का 'सहानुभूति' श्रेणी का सदस्य बन कर अपना अलग जीवन यापन करता और मार्क्स न होते तो मैं भी साने गुरुजी की तरह अगली दिशा ढूँढ़ते रह जाता। शायद अवसादग्रस्त होकर।

तो सरकारी नौकरी से 31 जनवरी 1952 को मुक्ति पाकर भारत सरकार की भव्य इमारत से बाहर निकला, पूँजीवादी दुनिया की ओर से मुँह मोड़ कर सर्वहारा वर्ग में शामिल होने के लिए।

मन में खुशी या उदासी कुछ भी नहीं थी। एक प्रकार की शान्ति थी और था एक अटूट निश्चय अब पीछे मुड़कर न देखने का।

कम्यूनिस्ट पार्टी में शामिल होने हेतु शासकीय सेवा से मुक्त तो हुआ लेकिन पार्टी में शामिल होने के लिए क्या करना पड़ता है, इसकी कोई जानकारी मुझे नहीं थी। अब तक मैं किसी भी कम्यूनिस्ट कार्यकर्ता या नेता से मिला नहीं था। किसी को जानता तक नहीं था। उनका कार्यालय कहाँ है यह भी मालूम नहीं था। मेरी उत्सुकता थी तो सिर्फ कम्यूनिस्ट सिद्धान्तों के बारे में मार्क्सवाद की किताबें पढ़ कर। पार्टी के जन संगठनों की भी जानकारी नहीं थी। दो-चार बार कॉ. डांगे का नाम समाचार पत्रों में पढ़ा था। इसलिए अब क्या कदम उठाना है यह सोचते-सोचते मैं दिग्भ्रमित था। मेरा एक मित्र गोपाल मोड़क भी इस मामले में अनभिज्ञ ही था। उसके लिए 'कम्यूनिस्ट' शब्द चर्चाओं हेतु एक विषय मात्र था। बातों-बातों में पता चला कि उसके एक मामा कम्यूनिस्ट हैं। किन्तु उनके बारे में उसे भी अधिक जानकारी नहीं थी। उसी से पता चला कि कभी-कभार वे मुम्बई आते हैं तो उनके घर पर भी आ जाते हैं। मैंने उसे उनका पता लगाने का कहा और कहा कि किसी भी प्रकार से उनसे मिलवा दे। एक हफ्ते बाद उसका फोन आया कि मामाजी मुम्बई आए हुए हैं और शाम को ही वापस जाने वाले हैं। मैं तुरन्त उसके घर पहुँचा। मामाजी घर में नहीं थे मगर उनका सामान वहीं रखा हुआ। सामान लेने तो आएँगे ही, यही सोच कर मैं वहीं बैठ गया। वे आए। गोपाल ने उनसे मेरा परिचय कराया। उन्होंने कहा मैं जल्दी में हूँ, अगली बार मिलेंगे। मैंने कहा, मुझें पक्की तारीख बताइए क्योंकि मेरे पास भी समय नहीं है। नौकरी छोड़.कर बैठा हूँ। एक तारीख से मुझे नया जीवन शुरू करना है।

9

कुछ क्षण वे मुझे देखते ही रहे। फिर डायरी देख कर बोले—25 तारीख को इसी जगह शाम को मिलना। वे चल दिए। मैंने गोपाल से मामा का परिचय पूछा।

कॉ. वी.डी. चितले, महाराष्ट्र के एक बड़े कम्यूनिस्ट नेता।

मैं थोड़ा सन्तुष्ट हुआ। दिशा मिलने की सम्भावना दिखने जो लगी थी। अब 25 तारीख की प्रतीक्षा करने लगा।

तय तारीख को मैं गोपाल के घर गया। मामा दोपहर में ही आ चुके थे। कोई भी राजनीतिक, सामाजिक काम की या संगठन की पार्श्वभूमि न होते हुए कम्यूनिस्ट पार्टी ही क्यों? पेट की क्या व्यवस्था–ऐसे गिने-चुने, चार-पाँच सवाल उन्होंने किए। मेरे जवाबों से वे कितने सन्तुष्ट हुए होंगे यह तो वे ही जानें किन्तु ऐसा लगा कि मेरा सच्चापन और दृढ़निश्चय उन्हें पसन्द आया। "1 फरवरी को यहीं मिलो साढ़े छह बजे। फिर देखेंगे।"

तय कार्यक्रम के अनुसार मैं पहुँच गया। वे भी तैयार थे। उनके साथ चल पड़ा। दादर में स्टेट बैंक के पास आकर थोड़ा रुककर बोले, "मैं तुम्हें अब पार्टी के एक बड़े नेता कॉ. डांगे के पास ले जाने वाला हूँ। मैंने तुम्हारे विषय में उन्हें बता रखा है। उन्हें कुछ पूछना हो तो वे देंगे, तुम बिना दबाव के बातचीत करो।"

"एकदम उनके पास? मुझे तो कुछ भी जानकारी नहीं है।"

"क्या फर्क पड़ता है? अन्य किसी से मिलवाने की बजाय उनसे मिलवाना मुझे बेहतर लगता है।"

'शहा निवास' बिल्डिंग का नाम था। दूसरी मंजिल पर एक फ्लैट में हम गए। बाहर के कमरे में एक प्रौढ़ व्यक्ति सोफे पर आलथी-पालथी मार कर बैठे थे व अन्य दो व्यक्तियों से बातचीत कर रहे थे। फैला हुआ माथा, तेजस्वी आँखें, पायजामा-कुर्ता। डांगे ही होंगे। हम बैठे। कॉ. चितले ने मेरा परिचय कराया, मैंने प्रणाम किया।

"बैठो बैठो। यह तुम्हारा ऑफिस नहीं है। बैठकर बातें करो। तुमको एकदम नौकरी छोड़ने को किसने कहा? कम्यूनिस्ट पार्टी में जाने के लिए नौकरी-धंधा छोड़ना आवश्यक नहीं है। फुलटाईमर्स कम ही होते हैं। अपना नौकरी-धंधा सँभाल कर ही बहुसंख्य सदस्य काम करते हैं जिससे कि पार्टी पर भी उनका बोझ नहीं पड़ता। अपनी पार्टी तो छोटी है। ऐसी स्थिति में अधिक फुलटाईमर्स सँभालने की स्थिति में नहीं है। इसीलिए अभी भी आप आपका इस्तीफा वापस ले सकते हों तो ले लीजिये।"

"यह अब नामुमकीन है, एक माह से अधिक समय हो चुका है। पीछे मुड़ कर देखने की गुंजाइश नहीं है।"

"लेकिन पार्टी आपको कुछ देने की स्थिति में नहीं है।"

"मैंने कुछ माँगा भी नहीं है।"

"लेकिन आज नहीं तो कल, यह सवाल तो आएगा ही!"

"उस समय देखा जाएगा, आज मैं आपसे सिर्फ काम के बारे में पूछ रहा हूँ।"

कॉ. डांगे स्तब्ध होकर बोले–"ठीक है। अब आप कूदना ही चाहते हैं तो मैं क्या बोलूँ?"

10

इतने में एक प्रौढ़ महिला अन्दर आई। उन्होंने कॉ. चितले से प्राथमिक बातचीत कर आने का प्रयोजन पूछा। कॉ. चितले ने कहा कि इस नए सहकारी को कॉ. डांगे से मिलवाने के लिए आया हूँ। अच्छी-खासी नौकरी छोड़ कर कम्यूनिस्ट पार्टी में शामिल होने आया है। फिर मेरी ओर मुड़कर बोले, "ये उषाताई है। कॉ. डांगे की पत्नी और सामाजिक कार्यकर्ता–नेत्री।" मैंने उठ कर नमस्कार किया। ताई कुछ क्षण मेरी ओर देखती रही। फिर आश्चर्य से बोली–"सरकारी नौकरी छोड़ कर? कौन गुरु मिला इन्हें?"

"मार्क्स" कॉ. चितले ने कहा। वे उठे। उन्हें कहीं और जाना था। मैं भी उठा। कॉ. डांगे ने एक दिन छोड़ कर तीसरे दिन बुलवाया। घर से बाहर निकलते वक्त कॉ. चितले ने कॉ. डांगे से कहा "इसे मैंने आपको सौंपा है, सँभालिये।" कॉ. डांगे केवल मुस्करा भर दिए।

नीचे आने के बाद कॉ. चितले बोले, "मैंने पार्टी के सबसे बड़े नेता से तुम्हें मिलवाया है, ध्यान रहे मेरी स्थिति हास्यास्पद हो, ऐसा कुछ भी मत करना।" मैंने उन्हें कहा, विश्वास कीजिए, ऐसा कभी न होगा।

तीसरे दिन कॉ. डांगे मुझे सीधे एटक के कार्यालय ले गए। एटक कार्यालय तब ऑपेरा हाउस के पास आर.एल.ट्रस्ट बिल्डिंग में था। वहाँ दिल्ली के कॉ. प्रेमसागर गुप्ता कार्यालय सचिव के रूप में कार्य करते थे। मेरा उनसे परिचय कराते हुए कॉ. डांगे ने उनसे कहा कि ये आज से आपके सहायक के रूप में काम करेंगे। कॉ. गुप्ता ने कोई उत्साह नहीं दिखाया। थोड़ी देर बाद कॉ. डांगे चले गए। मैंने कॉ. गुप्ता से पूछा, "क्या काम करना है?" तो वे बडी ही तुच्छता से बोले "तू जो कर सकता है वो कर।" मुझे कुछ भी मालूम न होने से मैं वहीं बैठा रहा। प्रेमसागर का ऐसा बर्ताव क्यों था, मैं समझ न सका था।

ऐसे ही दिन कटने लगे। कॉ. कृष्णन नामक कार्यकर्ता भी हम दोनों के अलावा वहाँ काम करता था। कॉ. डांगे जब-जब मुम्बई में होते थे तो राजभवन (पार्टी कार्यालय) जाते समय एटक कार्यालय आकर पत्राचार आदि देख कर जाते थे।

धीरे-धीरे मेरी समझ में आया कि कॉ. डांगे व कॉ. प्रेमसागर के सम्बन्ध सौहार्द्रपूर्ण नहीं हैं। कारण पता नहीं चला। प्रेमसागर दिल्ली विश्वविद्यालय का अर्थशास्त्र का विद्यार्थी था। पार्टी में अनेक वर्षों से था व दिल्ली यूनिट का सदस्य था। उसी समय मॉस्को में एक अन्तर्राष्ट्रीय आर्थिक परिषद होने वाली थी। प्रेमसागर भी उसमें भाग लेने मॉस्को गया।

वैसे भी एटक कार्यालय में ज्यादा काम नहीं था। बाहरी गतिविधियाँ अस्त-व्यस्त हो चुकी थीं। कार्यालय में कागजात, फाईलें, किताबें अव्यवस्थित ढंग से रखी जाती थीं। मुझे वह ठीक नहीं लगता था। कॉ. डांगे चार दिन के लिए दिल्ली गए तो मैंने पूरा कार्यालय व रेकॉर्ड पूर्ण रूप से व्यवस्थित करके जमा दिया। कॉ. डांगे ने लौट कर देखा तो बहुत खुश हुए।

11

परिषद खत्म होने के बावजूद प्रेमसागर वापस मुम्बई नहीं आया। कारण पता नहीं चला। दो हफ्तों के बाद कॉ. डांगे ने मेरी नियुक्ति ऑफिस सेक्रेटरी के रूप में कर दी और प्रेमसागर को पत्र लिखकर सूचित कर दिया कि वह दिल्ली यूनिट को रिपोर्ट करें।

प्रेमसागर बाद में 1954 में मुझे एटक की परिषद में मिला। वह दिल्ली यूनिट का सेक्रेटरी बन चुका था।

मैंने अपना काम स्वतंत्र रूप से धीरे-धीरे शुरू किया। सामने ही कॉ. घाटे रहते थे, वे वरिष्ठ थे। कॉ. डांगे ने सलाह दी थी कि किसी भी जरूरत के समय कॉ. घाटे से मदद ले लेना। कॉ. घाटे की मदद से मैं काम तो कर रहा था लेकिन मैं महसूस करता था कि सभी बातें मुझे समझ में आ ही जानी चाहिए।

मैं प्रातः छह बजे ऑफिस पहुँच जाता था। चालू फाइल्स, पुरानी फाइल्स, एटक के पूर्व सम्मेलनों के प्रस्ताव, कमेटियों की रिपोर्ट पढ़ता रहता था। जैसे कोहरा हटने के बाद आसपास सभी कुछ दिखने लगता है, उसी तरह मेरे अज्ञान का पर्दा भी दूर होने लगा। संगठन का, उसके नेताओं का परिचय मिलने लगा। यह क्रम देर रात तक चलता रहता था।

एक बार कॉ. घाटे ने कॉ. डांगे से पूछा भी "आपका यह कॉमरेड पागल है क्या? सुबह उठ कर खिडकी खोल कर देखता हूँ तो ऑफिस में और रात को सोते समय खिड़की बन्द करता हूँ तो देखता हूँ तब भी ऑफिस में।"

"अरे, पार्टी में नया-नया कोई आता है तो ऐसा ही उत्साहित रहता है। " कॉ. डांगे ने दो-तीन बार असमय फोन किये। एक बार रात्रि दस बजे। एक-दो पत्रों की मामूली

जानकारी लेकर फोन रख दिया। मुझे आश्चर्य हुआ क्योंकि पत्र महत्त्वपूर्ण नहीं थे।

उसके बाद एक बार कॉ. डांगे व कॉ. घाटे एक साथ ऑफिस में आए।

कॉ. डांगे ने पूछा,"कैसा चल रहा है आपका अध्ययन?"

"चल रहा है।"

"कुछ फायदा हो रहा है?"

"शायद हो रहा है, अब मैं घाटे काका को कम तकलीफ देता हूँ, उनसे ही पूछ लीजिए।"

कॉ. डांगे मुस्कराए।

ऑफिस में एक महिला कर्मचारी 'मानसेवी' के रूप में काम करने आने लगी थी। स्नातक थी। यूनियन्स की तरफ से आये हुए एफिलिएशन फीस की रसीदें भेजनी थीं। उन पर लगाने हेतु रेवेन्यु स्टैम्प (रसीद टिकट) चाहिए थे। उन्हें पचास रुपये देकर स्टॅम्प लाकर रसीदों पर लगाने के लिए कहा। पोस्ट ऑफिस पास में ही था। आधे घंटे बाद स्टॅम्प लगी रसीदों का गट्ठा उन्होंने मेरे समक्ष रखा। पावतियों पर रेवेन्यु की बजाय पोस्टल स्टैम्प लगे थे। किसी ने यह बात कॉ. डांगे तक पहुँचा दी।

कॉ. डांगे ने मुझसे पूछा "इस बात के लिए जिम्मेदार कौन?"

अर्थात मैं।

"क्यों, क्या आपने डाक टिकट लगाए?"

"नहीं, लेकिन ऑफिस की जिम्मेदारी ऑफिस सेक्रेटरी की होती है, यह आपने ही बताया था। इसीलिए मैं ही जिम्मेदार हूँ।"

12

पता नहीं क्यों, कॉ. डांगे मेरी तरफ देख कर शरारतपूर्ण ढंग से जोर से हँसे। मुझे तब तक पता नहीं था चार साल बाद यही महिला मेरी जीवन संगिनी बनेगी।

देशभर में बेपटरी हुए एटक को पटरी पर लाने के कॉ. डांगे के प्रयास जारी ही थे। नियमानुसार होने वाले त्रैवार्षिक सम्मेलन का आयोजन करना न तो केन्द्रीय न ही प्रदेश कमेटियों के बस में था। इसलिए प्रमुख नेताओं, कार्यकर्ताओं की विस्तारित बैठक (कन्वेन्शन) लेना तय हुआ। उसकी तैयारियाँ देशभर में चालू हो गईं।

मैं भी तैयारियों में लग गया। इस दौरान मेरा स्वास्थ्य तेजी से गिरने लगा। शुरू में कुपोषण बाद में उपोषण से स्वास्थ्य खराब हो रहा था। खाँसी शुरू हो गई

थी। मेरे जीवन निर्वाह के प्रश्न पर कोई भी विचार नहीं कर रहा था।

एक दिन कॉ. डांगे के घर कुछ कागजात देने गया तो वे घर पर नहीं थे। उषाताई थी।

''अरे, क्या हालत हो गई है तुम्हारी? बीमार था क्या?''

मैंने केवल गर्दन हिलाई।

''फिर ये अवस्था कैसी? कहाँ खाना खाते हो?''

मैं स्तब्ध।

''आपके खर्चे की व्यवस्था की है किसी ने या नहीं? कमाल है।"

इतने में कॉ. डांगे आए। मैंने उन्हें कागजात दिये। बातचीत कर मैं निकलने लगा।

''क्यों जी? इनकी क्या हालत बना रखी है आपने?'' उषाताई बोली।

''मतलब?'' कॉ. डांगे ने पूछा।

''मतलब दिखता नहीं है क्या? टी.बी. की पूरी तैयारी हो गई है इनकी?'' उषाताई बोली।

''मैंने उन्हें पहले ही बता दिया था।'' कॉ. डांगे ने कहा।

''पहले बता दिया था ठीक है, लेकिन बताने के बाद पिछले कई महीनों से वे आपके कार्यालय में काम कर रहे है ना? उनकी कोई व्यवस्था तो करना चाहिए। छी!'' ऐसा कहकर उषाताई अन्दर चल दी और मैं बाहर।

चार दिन बाद कार्यालय के मासिक खर्च हेतु चेक देते समय कॉ. डांगे ने मेरे 'मानधन' के रूप में साठ रुपयों की व्यवस्था की थी।

ऐसे ही एक बार कॉ. डांगे के घर गया था तो कॉ. डांगे दो कार्यकर्ताओं से बातचीत कर रहे थे। कॉ. डांगे ने मेरा उनसे परिचय करवाया। ''ये हैं कॉ. पाटकर और ये कॉ. तांबिटकर, पार्टी और जी.के.यू. (गिरणी कामगार यूनियन) की बडी हस्तियाँ।''

इस प्रकार से मुम्बई के बड़े नेताओं से पहली बार मेरा परिचय हुआ। इन्हीं नेताओं के साथ मुझे आगे चलना था। लेकिन कुछ समय बाद...।

13

कलकत्ता में कन्वेन्शन अच्छा हुआ, अर्थात मुझे ऐसा लगा। मैंने जिन जिनसे वहाँ बातचीत की उनमें से अनेकों की प्रतिक्रिया खुलापन लिये हुए नहीं थी। कुछ लोग

अपने-अपनों के घेरे में खुल कर बोल रहे थे। इतरजनों से बातचीत, अपनी ऐंठ में। कुछ वर्षों पूर्व मैंने एक सुवचन पढ़ा था।"

"In a Democracy all are equal, but some are more equal than others."

इसी प्रकार कहा जाए कि "All are comrades, but some are more comradely to each other than to others." मैंने कॉ. डांगे से ये बात कही और पूछा, "ऐसा क्यों?" उन्होंने कहा, "पता चलेगा धीरे-धीरे।" अर्थात धीरे-धीरे पता चल ही गया। जितना शायद मैंने सोचा था, उससे भी जल्दी। कन्वेन्शन ने कॉ. डांगे की एटक के महासचिव के रूप में नियुक्ति की थी।

विश्व ट्रेड यूनियन फेडरेशन ने एक अन्तर्राष्ट्रीय सामाजिक सुरक्षा परिषद का आयोजन किया था। कॉ. डांगे फेडरेशन के उपाध्यक्ष व संस्थापक सदस्य थे। उनके अलावा एक और प्रतिनिधि भेजने का अधिकार भारत को मिला था। कॉ. डांगे ने उषाताई को चुना और उनके दुभाषिये के रूप में मुझे।

कॉ. उषाताई केवल डांगे की पत्नी ही नहीं थी। उन्होंने अपनी काबिलियत से गिरणी कामगार यूनियन में अपना स्थान बनाया था। कॉ. डांगे के जेल में रहने के दौरान संगठन में उथल-पुथल, अराजकता के समय उन्हेांने यूनियन का झंडा ऊँचा रखा था। बड़ी ही बहादुर महिला थी। औपचारिक शिक्षा नहीं हुई थी, फिर भी विपरीत परिस्थितियों में कई बार गिरणी कामगारों का नेतृत्व कर जीतने का उनका अनुभव बड़ा था।

1952 के सार्वजनिक चुनाव। स्वतंत्र भारत में नये संविधान के अनुसार हुए चुनावों के पश्चात पहली लोकसभा ने देश की राजनीति में नये रंग बिखेरे। कांग्रेस सबसे बड़ी पार्टी के रूप में उभरी थी किन्तु उसके विकल्प के तौर पर अपने आपको देखने वाली समाजवादी पार्टी दूसरे नम्बर पर भी नहीं रह पाई। दूसरा स्थान भारतीय कम्यूनिस्ट पार्टी को मिला था। अर्थात प्रथम व द्वितीय नम्बर की पार्टियों की संख्या में भारी अन्तर था।

फिर भी विपक्ष के रूप में कम्यूनिस्ट पार्टी रही। कुछ क्षेत्रों में इस पार्टी को भारी मत प्रतिशत मिला। इसी पार्टी के एक नेता कॉ. रविनारायण रेड्डी को देश में सर्वाधिक मत मिले। इन सभी बातों का संज्ञान पार्टी के सभी विरोधियों को लेना ही पड़ा।

1949-50 की राजनीतिक उथल-पुथल से पार्टी संवरी भी नहीं थी कि साथ में अन्य राजनीतिक पार्टी के न होते हुए, साधनों का अभाव होते हुए भी प्रथम लोकसभा

चुनाव में पार्टी का यह प्रदर्शन स्पष्ट करता था कि पार्टी की जड़े गहरी हैं। यह निष्कर्ष उत्साहवर्धक था।

14

मुम्बई में पार्टी ने 'मध्य मुम्बई' की एकमात्र सीट से चुनाव लडा था। यह सीट द्विसदस्यीय थी। एक सीट सुरक्षित थी। एक सीट से कॉ. डांगे को पार्टी ने उम्मीदवार बनाया, दूसरी सुरक्षित सीट से डॉ. आम्बेडकर। दोनों को मिल कर चुनाव लडना चाहिए ऐसी पार्टी की इच्छा थी। डॉ. आम्बेडकर ने स्वीकृति भी दी थी।

किन्तु बाद में डॉ. आम्बेडकर ने यह चुनाव समाजवादी पार्टी के सहयोग से अशोक मेहता के साथ लड़ा। तीनों हार गए। कांग्रेस के दोनों उम्मीदवार चुनाव जीत गए।

पार्टी की तीसरी परिषद मदुरई में होने वाली थी। उसी तैयारी में जिला व राज्य परिषदें भी हो रही थीं। मुबंई की परिषद परेल में वाघे हॉल में होने वाली थी। पिछले चार वर्षों के आंतरिक संघर्ष से पार्टी में वातावरण गर्म था।

मदुरई में परिषद के अन्त में सेंट्रल कमेटी के चुनाव होने थे। उस समय यह पार्टी की सर्वोच्च समिति होती थी। चुनाव हेतु 30-35 नाम सामने आए। उनमें कॉ. बी.टी. रणदिवे और कॉ. अधिकारी के नाम भी थे। कॉ. रणदिवे के लिए अनेक लोगों का विरोध था क्योंकि पिछले वर्षों में पार्टी में जो संगठनात्मक समस्याएँ आई थीं उनमें कॉ. रणदिवे का काफी योगदान था। इसी कारण कुछ समय के लिए वे निलम्बित भी रहे। ऐसे कॉमरेड को पार्टी के सेंट्रल कमेटी के लिए कैसे चुना जाए? किन्तु विरोध कौन करेगा, क्योंकि रणदिवे बड़े नेता थे और कुछ समय के लिए पार्टी के महासचिव भी रहे थे। प्रतिनिधि एक-दूसरे का मुँह ताक रहे थे। श्रमिकों के प्रसिद्ध वकील कॉ. ए.एच.आर.चारी उठ खड़े हुए। अपने धुआँधार भाषण में उन्होंने कॉ. रणदिवे की गलतियों की गिनती शुरू की।

कॉ. रणदिवे के समर्थन में भी एक-दो भाषण हुए। मतदान भी हुआ और कॉ. रणदिवे हार गए।

परिषद में आए भातृसंगठन प्रतिनिधियों में ब्रिटिश कम्यूनिस्ट पार्टी के जनरल सेक्रेटरी कॉ. हॅरी पॉलिट थे, बड़े ही खुशमिजाज और विनोदी स्वभाव के। एक दिन चर्चाओं का दौर चल रहा था कि उसी समय कॉ. पॉलिट ने अपनी सिगरेट केस कॉ. घाटे के सामने पेश की।

"No Sorry! I do not smoke." कॉ. घाटे ने कहा (माफ कीजिए, मैं सिगरेट नहीं पीता) थोड़ी देर बाद कॉ. पॉलिट ने कॉ. घाटे को एक पेग ऑफर किया। "No thank you, but I do not drink." कॉ. घाटे। (नहीं मैं दारू नहीं पीता, धन्यवाद) भोजन के समय कॉ. घाटे ने मांसाहारी पदार्थों के लिए मना करते हुए शाकाहारी पदार्थ ही लिये।

15

"Com. Ghate, are you married ?" कॉ. पॉलिट। (कॉ. घाटे, क्या आप विवाहित हैं) "No, I am a batchlor." कॉ. घाटे। (नहीं, मैं अविवाहित हूँ) कॉ. पॉलिट ने आँखे घुमा कर कहा, "Com.Ghate, you do not smoke, you do not drink, you are a vegetarian and you are also not married! What for are you a communist then ?"

(कॉ. घाटे, आप धूम्रपान नहीं करते, आप दारू नहीं पीते, आप शाकाहारी हैं, आप ब्रह्मचारी हैं, फिर आप कम्यूनिस्ट भी क्यों बनें?)

कॉ. पॉलिट के कहने का तात्पर्य यह था कि कम्यूनिस्ट किसी निवृत्ति के रास्ते पर चलने वाले फकीर-बैरागी नहीं होते। प्रवृत्ति के मार्ग पर चलते हुए सभी नजाकतों का आस्वाद लेने की उस पर कोई बंदिशें नहीं होतीं। इन सभी बातों की ओर से पीठ फेरना है तो फिर आप कम्यूनिस्ट किस बात के?

इस जगह मार्क्स का एक वचन याद आता है "Nothing that is human, is alien to me." (मानव जीवन से सम्बन्धित किसी भी चीज से मुझे परहेज नहीं है।)

महाराष्ट्र में 1954 में पुर्तगाल के अधीन गोवा मुक्ति आन्दोलन शुरू हुआ जिसमें पार्टी ने बढ़-चढ़ कर हिस्सा लिया। साथ में प्रजा समाजवादी पार्टी, आजाद गोमांतक पार्टी, गोवन पिपुल्स पार्टी जैसे संगठन थे। गोवामुक्ति के लिए डॉ. राम मनोहर लोहिया ने 1950 में ही भाषणबन्दी का कानून तोड़ कर शंखनाद कर दिया था। लोहियाजी को सजा भी हुई थी। एक सर्वदलीय समिति गोवा मुक्ति हेतु गठित की गई थी।

सत्याग्रह के प्रथम चरण में ही पहले दल पर अमानवीय गोलीबारी की गई जिसमें 28 लोग मारे गए और 80 घायल हुए थे। इस अत्याचार से आग भड़क उठी। हजारों लोगों की भीड़ जमा हो गई। गोवा में प्रवेश कर मुक्त कराया जाए, यह माँग होने लगी। घुसने की अनुमति देने का मतलब कत्ल को निमंत्रण था

क्योंकि भारत सरकार भी तत्काल कोई कार्यवाही करने के पक्ष में नहीं थी।

नेतागण स्तब्ध थे। जमा लोग निर्णय की माँग कर रहे थे। कोई रुकने की मनस्थिति में नहीं था। नेताओं को हटा कर लोग आगे बढ़ेंगे, ऐसी स्थिति हो गई थी। किन्तु लोगों को नियंत्रित करना आवश्यक था। ये कार्य कौन करेगा? लोगों को कौन समझा सकेगा? आखिर में सभी नेताओं ने कॉ. डांगे की ओर आशाभरी नजरों से देखा।

और यह अप्रिय किन्तु अनिवार्य निर्णय लोगों को समझाने कॉ. डांगे आगे आए। उन्होंने अपनी अमोघ वाणी से प्रभावशाली रूप से नेतागणों के विचार जनता के समक्ष इस तरह रखे कि सारा जमावड़ा धीरे-धीरे शान्त हुआ, विचार करने की मनस्थिति में आया। लोग धीरे-धीरे पीछे आए। एक कठिन प्रसंग टल गया था। शायद नेतृत्व की परीक्षा ऐसे ही समय में होती है।

16

संयुक्त महाराष्ट्र आन्दोलन की सफलता के बाद हुए चुनावों में कॉ. डांगे भारी बहुमत से लोकसभा के लिए चुने गए। पूरे भारत में सर्वाधिक मतों से लोकसभा में कम्यूनिस्ट पार्टी के नेता चुने गए। पार्टी का कार्यालय पहले ही दिल्ली जा चुका था। ऐसी स्थिति में उनका वास्तव्य अब दिल्ली में ही अधिक रहेगा, यह स्पष्ट था। फिर एटक का कार्यालय भी दिल्ली जाना निश्चित था। अपेक्षा के अनुरूप कॉ. डांगे का सन्देश आया और एटक कार्यालय दिल्ली भेजने की तैयारी शुरू हुई।

'भेजने की' यह मैं जान-बुझ कर कह रहा हूँ क्योंकि ऑफिस के साथ हमेशा के लिए दिल्ली जाने की मेरी बिल्कुल इच्छा नहीं थी।

कार्यालयीन काम का अनुभव तो मैंने काफी ले लिया था। अब मुझे श्रमिक वर्ग के प्राथमिक संगठन अर्थात् ट्रेड यूनियन में काम करने की इच्छा थी।

अपनी यह इच्छा मैंने कॉ. डांगे को बताई। वे आश्चर्यचकित हुए क्योंकि वे यह मानकर ही चल रहे थे कि ऑफिस के साथ मैं भी दिल्ली ही जाऊँगा। वे थोड़े नाखुश हुए। एक दिन एटक कार्यालय का सभी सामान, लायब्रेरी वगैरह पैकिंग कर दिल्ली भेज दिया।

मुम्बईवासी 'एटक' हमेशा के लिए दिल्लीवासी हो गई।

दिल्ली में पार्टी के केन्द्रीय कार्यालय जाने के साथ ही पार्टी के नेतृत्व में अन्य जन संगठनों को देशभर में संगठित करने का कार्य तेजी से शुरू हो गया। अलग-अलग

राज्यों से अनुभवी संगठकों को दिल्ली बुलाया गया। कुछ समय दिल्ली में कार्य करने के बाद एक दिन कॉ. डांगे ने मुम्बई से तार कर वापस आने के लिए कहा।

मेरे मुम्बई पहुँचने के बाद कॉ. डांगे ने कॉ. पाटकर को बुलाया। यूनियन में मैदानी कार्य करने की मेरी इच्छा से उन्हें अवगत कराया। कॉ. पाटकर ने तुरन्त कहा, "इसे मेरे हवाले कर दीजिए।" तब तक मैं मिल मजदूर व गिरणी कामगार यूनियन (मिल मजदूर यूनियन) के बारे में इतना कुछ जान चुका था कि काम करने के लिए मैं अन्य यूनियन का चुनाव कर ही नहीं पाता। मैंने स्वीकृति दे दी। कॉ. डांगे ने कॉ. पाटकर से कहा ये अब आपके साथ काम करेंगे। इसे मैं आपको सौंप रहा हूँ। आपने उसे यदि टिकने दिया तो आपकी यूनियन को एक अच्छा कार्यकर्ता मिलेगा। मैं आपको इतना ही कहता हूँ कि आप यदि इसे आपके संगठन में समायोजित न कर पाएँ तो मैं इसे कभी भी दिल्ली ले जा सकता हूँ, यह जरूर ध्यान रखना।

"वैसा प्रसंग कभी न आएगा।" ऐसा कहकर कॉ. पाटकर उठ गए। भावी जीवन का कार्यक्षेत्र निश्चित होने के कारण मैं भी सन्तुष्ट हो गया।

17

उस दिन मेरा जो कार्यक्षेत्र निश्चित हुआ वह अगले पच्चीस वर्षों तक कायम रहा। बिल्कुल मिल मालिक और शासन की मिलीभगत से संगठित मिल उद्योग व मिल मजदूरों का सर्वनाश करने तक।

उस समय मिल मजदूरों की और मजदूर आन्दोलन की स्थिति चिन्ताजनक ही थी। 1941 तक मिल उद्योग और गिरणगांव (मिल क्षेत्र) में कम्यूनिस्टों का एकछत्र राज था।

अनेक संघर्षों, अनेक आहुतियों के फलस्वरूप उन्होंने कामगारों के लिए अनेक आर्थिक व संगठनात्मक विजय हासिल की थीं। पूरे मिल उद्योग का स्टैण्डर्डाइजेशन कर उन्हें सूचकांक से जुडा महँगाई भत्ता दिलाया, बोनस दिलाया, नियम से नहीं, व्यवहार में यूनियन को मान्यता दिलाई। स्त्रियों को मिलों में काम करने का उचित सुरक्षात्मक वातावरण मिला। साम्प्रदायिक दंगे बन्द हुए और श्रमिकों को एक आदमी के रूप में रहने की प्रतिष्ठा प्राप्त हुई। मुम्बई का मिल मजदूर पूरे देश के श्रमिक वर्ग का नेतृत्व बना और इसीलिए देशभर में पूँजीपति वर्ग की आँखों में कांटे जैसा चुभने लगा।

लगातार 25 वर्षों तक जलने वाला यज्ञकुण्ड, उसमें पड़ने वाली आहुतियाँ और

व्यक्तिगत जीवन को जला कर सरकार की दमनकारी नीतियों के सामने खडे होने वाले निडर नेतागण। आन्दोलन के कारण कईयों की नौकरियाँ छीन ली गईं। रोगग्रस्त होकर शरीर जर्जर हो गए थे। फिर भी ''बचेंगे तो और भी लड़ेंगे' ऐसा कह कर झंडा पकड़ने वाले कार्यकर्ता, इन्हीं सब कारणों से लाल झंडे को कामगारों का अटूट विश्वास प्राप्त हुआ, अटूट निष्ठा प्राप्त हुई और इसी कारण गिरणगांव साकार हुआ।

इसी अटूट निष्ठा के विश्वास के कारण कॉ. डांगे सभाओं में सीना ठोंक कर कहते थे, ''अरे, जातिवादियों, धर्मान्धों को बताओ कि अपनी राजनीति भायखला पुल के उस पार चलाएँ। पुल के इस पार लाल झंडे का राज है। यहाँ इन बातों का कोई स्थान नहीं है।''

और वाकई में जब तक लाल झंडा अपने शबाब पर था तब तक साम्प्रदायिक जातिय दंगों से गिरणगांव दूर ही रहा। मुम्बई के अन्य इलाके दंगों से जल भी रहे हों तो भी गिरणगांव शान्त ही रहता था।

लाल झण्डे ने श्रमिकों अन्तर्बाह्य परिवर्तन लाया। वह केवल वेतन, महँगाई भत्ता, बोनस के लिए लड़ने वाला श्रमिक नहीं रहा। वह पूँजीवाद की अटल व्यवस्था, 'श्रमिकों के शोषण' की ओर उँगलियाँ दिखाने लगा। वह शोषणमुक्त समाज के सपने देखने लगा, समाजवादी अर्थव्यवस्था की माँग करने लगा, उसे पाने के लिए दृढ़ संकल्पित होकर विरोध में लड़ने लगा, शोषितों की अगुवाई करने लगा। इन सब हलचलों से प्रस्थापितों और उनके द्वारा खड़ी की गई संस्थाओं को क्रान्ति का अहसास होने लगा। और इसी कारण से प्रस्थापित वर्ग ऐसे श्रमिक कर्मचारियों का, उनके आन्दोलन का, संगठनों और उनका नेतृत्व करने वाली कम्यूनिस्ट पार्टी का द्वेष व विरोध करने लगा।

उनमें फूट डालने, उन्हें कमजोर बनाने और अन्ततः समाप्त करने के उद्देश्य से सभी अच्छे-बुरे रास्ते अपनाने लगा। बिल्कुल बदनामी का प्रचार करने से लेकर षडयंत्र के झूठे मुकदमे लगाने तक।

18

दुनियाभर की शोषकवर्गीय सत्ताओं का यही अनुभव है कि जब-जब उनकी सत्ता खतरे में पड़ने लगती है तब इस खतरे को खड़ा कर सकने वाले संगठनों को तोड़ने, खत्म करने के दो हथियार होते हैं–एक दमनतंत्र व दूसरा, आन्दोलन में फूट डालो। और यह अनुभव केवल भारत में ही नहीं, दुनिया भर की सर्वकालिक शोषक सत्ता व्यवस्थाओं का यही अनुभव है।

मुम्बई के मिल मालिकों ने इन दोनों हथियारों का शुरू से ही मुक्त उपयोग किया। गिरणी कामगार यूनियन बनने से पूर्व प्रत्येक आन्दोलन के पश्चात् उसमें हिस्सा लेने वाले श्रमिकों की छँटनी निश्चित होती थी। 1928 की हड़ताल पहला बड़ा संघर्ष था, जिसमें श्रमिक वर्ग जीतकर फिर से मिलों में आया। इस जीत का असर महाराष्ट्र के वस्त्रोद्योग के अलावा अन्य उद्योगों के श्रमिकों पर भी पड़ने लगा और 'लाल झंडे' को यूनियन बनाने के लिए निमंत्रण आने लगे।

सबसे पहले रेलवे से शुरुआत हुई। कॉ. के.नी. जोगलेकर ने भुसावल जाकर लाल झंडे के तले कर्मचारियों को संगठित कर केवल तीन हफ्तों के प्रयासों से सफल हड़ताल करवाई। यह करिश्मा देख कर अल्प अवधि में लाल झंडे की रेलवे मेन्स यूनियन की संख्या अस्सी हजार पार कर गई।

मिल मजदूरों, मुम्बई के अन्य श्रमिक वर्ग में कम्यूनिस्टों के बढ़ते प्रभाव से सरकार हिल गई थी। रेलवे कर्मचारियों के क्षेत्र में मिली जीत से सरकार बौखला गई। भयग्रस्त मानसिकता में उसने अतिवादी निर्णय लिया। कम्यूनिस्टों की देशव्यापी गिरफ्तारियों का, मेरठ षड्यंत्र का मुकदमा लगाने का।

देशभर के 33 कम्यूनिस्टों नेताओं की 20 मार्च 1929 को गिरफ्तारियाँ हुईं। सरकार पलटाने (गिराने) का षडयंत्र रचने व बोल्शेविकज़्म का प्रचार करने के आरोप लगाए गए। यह मुकदमा चार वर्ष से अधिक समय तक चला। सभी आरोपियों को दीर्घकालीन सजाएँ हुईं। कॉ. डांगे, कॉ. जोगलेकर को बारह वर्ष तो कॉ. मुजफ्फर अहमद को आजन्म कारावास की। मुजफ्फर अहमद तब एटक के अध्यक्ष थे।

सभी नेताओं के जेल में होने का फायदा मिल मालिकों ने उठाया। उन्होंने एक योजना बनाई जिसके तहत पहले श्रमिकों को हड़ताल पर जाने हेतु उकसाना, तत्पश्चात हड़ताल व संगठन, दोनों को तोड़ना। तदनुसार मोरबाग (स्प्रिंग) मिल के मालिक ने मिल मजदूर यूनियन के एक नेता को छोटी सी शिकायत का हवाला देते हुए आधार बना कर नौकरी से निकाल दिया। श्रमिकों का गुस्सा होना स्वाभाविक था और हड़तालें शुरू हो गईं। अनिश्चितकालीन।

19

असल में रणनीति की दृष्टि से अनिश्चितकालीन हड़ताल करने का उचित समय नहीं था। 1928 की हड़ताल खत्म हुए छह माह भी नहीं हुए थे। श्रमिक वर्ग थका हुआ था, आर्थिक रूप से भी। यूनियन के सभी बड़े नेता कारावास में। नये

नेतागण सौ टका ईमानदार होने के बावजूद अनुभवहीन थे। मालिक वर्ग आक्रामक बन चुका था। यूनियन तोड़ने, श्रमिकों का कत्ल करने के लिए योजनाबद्ध तरीके से उनके बढ़ते कदम और फिर उसमें शामिल सरकार। मालिक वर्ग द्वारा चुने हुए समय उनके द्वारा नियत युद्ध मैदान पर पीछे हटने का सुरक्षित रास्ता देखे बिना अनिश्चितकालीन हड़ताल। सम्मानजनक समझौते के प्रयास या सफलतापूर्वक हड़ताल पीछे लेने के प्रयास भी नहीं हुए।

परिणाम—हड़ताल असफल हुई। दो माह की हड़ताल के बाद वह टूटी। मालिकों का दांव सफल हुआ। फिर मालिक वर्ग बेरहम हुआ। हजारों मिल मजदूरों को नौकरी से निकाल दिया गया। इतना ही नहीं, लाल झंडे वाले चार हजार कार्यकर्ताओं की सूची बना कर मिल मालिक संघ ने अपने सदस्यों में बँटवा कर इन श्रमिकों को काम न मिलना भी सुनिश्चित कर दिया।

हालांकि मालिकों की अपेक्षा के अनुरूप श्रमिक वर्ग उनकी शरण में नहीं पहुँचा। मालिकों की शरण में जाने की अपेक्षा उसने मुम्बई छोड़ कर दूर-दूर चालीसगांव, जलगांव, अमलनेर, धुलिया, सोलापुर, नागपुर और इंदौर तक जाना पसन्द किया। अभिमान की बात तो यह है कि वे जहाँ-जहाँ तक गए, लाल झंडा लेकर ही गए। उन्होंने वहाँ पर अपने संगठन भी बनाए। जहाँ थे, वहाँ उन्हें और मजबूत किया। मालिक वर्ग का दांव उन पर ही पलटा दिया। लाल झंडे को मुम्बई से उखाड़ने के षड्यंत्र ने उसे महाराष्ट्र व अन्यत्र फैला दिया।

जब तक श्रमिकों की पीछेहाट चल रही थी तब तक किसी भी पूँजीपति समर्थक राजनीतिक पार्टी को श्रमिकों को बचाने व बेलगाम मालिकों को नियंत्रित करने की आवश्यकता महसूस नहीं हुई किन्तु 1928 की सफल हड़ताल ने ये माहौल बदल दिया। मालिक वर्ग की जबर्दस्त हार से मालिक समर्थक राजनेताओं में हलचल मच गई। उस समय की प्रमुख राजनीतिक पार्टी कांग्रेस में भी ऐसे अनेक नेता थे। मुम्बई में उनके प्रवक्ता थे—स.का. पाटील और राष्ट्रीय स्तर के प्रवक्ता थे—वल्लभ भाई पटेल। मिल मजदूर क्षेत्र की बदलती हवा का संज्ञान उन्होंने लिया और तय किया कि वर्तमान प्रस्थापितों की वर्गीय सत्ता बरकरार रखना है तो इस बदलती हवा को समय रहते नियंत्रित करना जरूरी है, और वे इसी काम में लग गए।

देश की राजनीति में भी वामपंथी विचारधारा फैलने लगी। प्रस्थापित वर्ग डोमेनियन स्टेटस की माँग कर रहा था तो प्रगतिशील वर्ग पूर्ण स्वतंत्रता की। कम्यूनिस्ट लोग उस समय कांग्रेस में थे, पूर्ण स्वतंत्रता की माँग कर रहे थे। उनके नेतृत्व वाला श्रम आन्दोलन भी वामपंथ की ओर झुकता जा रहा था। 1927 में उनकी अगुवाई में देश में पहली बार 1 मई (अन्तर्राष्ट्रीय मजदूर दिवस) मनाया गया।

1927 में ही पहली बार कम्यूनिस्टों ने आगे बढ़कर कांग्रेस अधिवेशन में पूर्ण स्वतंत्रता का प्रस्ताव रखा। मद्रास में हुए इस अधिवेशन में अखिल भारतीय कांग्रेस महासमिति की बैठक में रेलवे कर्मचारियों के कम्यूनिस्ट नेता कॉ. डी.वी. कुलकर्णी ने यह प्रस्ताव पेश किया और पं. जवाहरलाल नेहरू ने उसका समर्थन किया। तत्पश्चात् खुले अधिवेशन में जब पंडित नेहरू ने स्वयं यह प्रस्ताव रखा और कॉ. कुलकर्णी ने उसका समर्थन किया तो वह भारी बहुमत से पास हो गया।

गांधीजी ने प्रस्ताव को समर्थन नहीं दिया। कांग्रेस तब तक डोमेनियन स्टेट्स की माँग करती रही थी। अंग्रेज उसे भी नहीं मान रहे थे। गांधीजी का कहना था अंग्रेजों को एक वर्ष की अवधि का एक और मौका देना चाहिए। यदि फिर भी अंग्रेज नहीं माने तो अगले वर्ष मे मैं पूर्ण स्वतंत्रता की माँग का समर्थन करूँगा।

अगले ही वर्ष लाहौर में हुए कांग्रेस अधिवेशन में 31 दिसम्बर की मध्य रात्रि में 'सम्पूर्ण स्वतंत्रता' का नारा दिया और 26 जनवरी को देशभर में 'स्वतंत्रता दिवस' मनाने का आव्हान किया।

इस घोषणा से सारा देश चैतन्यमय हो गया। आम सभाएँ, जुलूस उफान पर आ गए। युवा वर्ग उत्साहित हुआ। 26 जनवरी को पूर्ण स्वतंत्रता के लिए देश भर में मोर्चे निकाले गये। लाठी चार्ज, गोलीबारी ने अपनी सीमाएँ लांघ दीं किन्तु लोग दबाव में नहीं आ रहे थे।

ऐसे ही एक जुलूस पर पुलिस ने अमानवीय लाठीचार्ज किया। लाला लाजपतराय पंजाब के सर्वमान्य वयोवृद्ध नेता थे। पुलिस ने उन्हें भी न बख्शा। लाठी के वार से वे गिर पड़े, तो भी पुलिस उन्हें मारती रही, मारती ही रही। बेहोशी की हालत में लालाजी को अस्पताल ले जाया गया। अमानवीय मार से वे गम्भीर रूप से घायल थे और थोड़े ही दिनों में लालाजी नहीं रहे।

देशभर में गुस्से की प्रचण्ड लहर फैल गई। ब्रिटिश माल व कपड़ों की होली जलाना शुरू कर दी गई। पंजाब में जलियाँवाला बाग कांड हुआ तीन सौ से अधिक लोग गोलियों के शिकार हुए और उस समय हुई भगदड़ में अनेक लोग वहाँ के कुएँ में गिर कर मरे। देश के नौजवानों की आँखों से अंगार निकल रहा था। युवा नेता भगतसिंह ने दिल्ली की लेजिस्लेटिव असेम्बली में बम फेंका। चंद्रशेखर आजाद लखनउ के अल्फ्रेड पार्क में दोनों हाथों में पिस्तोल लिए पुलिस से लड़ते-लड़ते शहीद हुए।

भगतसिंह व उनके साथी राजगुरु व सुखदेव पकड़े गए। मुकदमा चला और तीनों को फांसी की सजा सुनाई गई।

21

इस सजा के खिलाफ सारे देश में असन्तोष फैला। तीनों को रिहा करने की माँग होने लगी। गांधीजी ने भी वाइसरॉय को पत्र लिख कर उन्हें रिहा करने की माँग की। लेकिन जवाब नकारात्मक आया।

और फिर 23 मार्च 1931 को परम्परा के खिलाफ मध्यरात्रि में लाहौर के कारावास में तीनों को फांसी दे दी गई। तीनों अन्त तक 'इंकलाब जिन्दाबाद' के नारे से बाकी लोगों का हौंसला बढ़ाते रहे। कारावास के अन्तिम दिनों में भगतसिंह कम्यूनिस्ट तत्वज्ञान का अभ्यास कर रहे थे। यही रास्ता देश को स्वतंत्रता तथा गरीबों को शोषण से मुक्ति और प्रतिष्ठा दिलाएगा, ऐसा विश्वास उन्हें होने लगा था।

कम्यूनिस्ट पार्टी में शामिल होने की उनकी तीव्र इच्छा थी किन्तु कारावास में होने के कारण यह हो न सका। उनकी मृत्यु पश्चात उनकी माताजी व भाई कम्यूनिस्ट पार्टी में शामिल हो गए।

फांसी के लिए कोठरी से बाहर निकालने तक भगतसिंह लेनिन की एक किताब पढ़ रहे थे। वार्डन को उन्होंने कहा कि "थोड़ा रुकिये, एक क्रान्तिकारी दूसरे क्रान्तिकारी से मिल रहा है।" बाहर निकलकर उन्होंने नारा दिया "इंकलाब जिन्दाबाद।" आसपास की कोठरियों से भी यही नारा गूंजने लगा। जेल अधिकारियों के चेहरे काले पड़ गए थे।

देश के प्रत्येक हिस्से से इसी प्रकार से आहुतियाँ दी जा रही थीं। देशभर में माहौल गर्म हो गया था। सामान्य जनता क्रान्ति करने के लिए अधीर हो उठी थी। ऐसे समय सरकार ने ही गांधीजी को कार्यक्रम परोस कर दिया–'नमक सत्याग्रह'। साथ ही साथ 'जंगल सत्याग्रह'।

नमक! देश के प्रत्येक गरीब से धनवान, सभी के काम की अत्यावश्यक वस्तु। सरकार ने उसी नमक पर कर लगा दिया था। बिना कर दिये नमक तैयार करना अपराध करार दिया गया। इस अन्यायपूर्ण नियम का विरोध करने हेतु गांधीजी ने कोई कर दिये बिना नमक तैयार किया जाए व ले जाया जाए, ऐसा आदेश सत्याग्रहियों को दिया।

Either I shall return with what I want or my dead body shall float in the ocean.

इस सत्याग्रह हेतु गांधीजी ने अहमदाबाद से दांडी (नमक उत्पादन का प्रसिद्ध केन्द्र) तक पैदल मार्च निकाला।

इस आन्दोलन में कम्यूनिस्ट सक्रिय नहीं हुए थे। कम्यूनिस्टों की लगन व

कार्यशक्ति गांधीजी जानते थे। अतः उन्हें लग रहा था कि कम्यूनिस्टों को इस आन्दोलन में शरीक होना चाहिए। इसी इरादे से वे मेरठ की जेल में कम्यूनिस्टों से चर्चा करने गए।

22

भेंट हुई। किसी ने ज्यादा बातें नहीं कीं। कॉ. डांगे ने पूछा, ‘‘बापूजी, आपके पिछले आन्दोलन में गुस्से से लोगों ने पुलिस चौकी में आग लगा दी जिसमें छह पुलिसकर्मी मारे गए जिस कारण आपने आन्दोलन वापस ले लिया था। इस बार ऐसा हुआ तो फिर आप आन्दोलन वापस ले लेंगे?”

गांधीजी ने एक क्षण विचार कर कहा, ‘‘नहीं।” और भी कुछ सवाल-जवाब हुए और गांधीजी वहाँ से चले गए।

जेल में बन्द कम्यूनिस्ट नेताओं ने क्या विचार किया, बाहर के नेताओं को क्या सन्देश दिया, बाहर के नेताओं ने क्या विचार किया—पता नहीं चला। लेकिन यह सत्य है कि कम्यूनिस्ट इस आन्दोलन से दूर रहे।

कम्यूनिस्ट और सत्याग्रह, दोनों के लिए यह खाई दुर्भाग्यपूर्ण रही।

अनेक वर्षों बाद कॉ. के.नी. जोगलेकर ने मुझसे कहा, ‘‘‘‘अरे उस समय हम यदि इस आन्दोलन में शरीक हो जाते तो अगला घटनाक्रम बदल जाता। राष्ट्रीय आन्दोलन में हस्तक्षेप करने की हमारी ताकत कई गुना बढ़ जाती।’’

लेकिन सच यह है कि ऐसा होना न था।

1930 की लड़ाई में कम्यूनिस्ट शामिल नहीं हुए, किन्तु उसका विरोध भी नहीं किया। लेकिन 1942 के आन्दोलन में कम्यूनिस्टों ने यह गलती भी की और देश के राजकीय-सामाजिक जीवन में कुछ समय के लिए नगण्य-से हो गए। दुर्भाग्य! और क्या?

गांधीजी की दांडीयात्रा से पूरा देश चैतन्यमय हो गया। यात्रा दांडी पहुँची तो हजारों लोग यात्रा के साथ थे। आगे न जाने के आदेश थे। गांधीजी ने कानून तोड़ कर नमक के ढ़ेर से मुट्ठी भर नमक उठाया। यह संकेत था। देश भर में सत्याग्रह शुरू हुआ। जेले भरने लगीं। इस अहिंसक युद्ध की वार्ताओं ने सत्याग्रहियों पर होने वाले शासकीय अत्याचारों ने दुनियाभर के राजनेताओं, समाज सुधारकों की नींद उड़ा दी। आखिर में शासन पीछे हटा। गांधी—आयर्विन करार हुआ।

भारतीय जनता की राजनीतिक आकांक्षा व सम्भावनाओं का विचार कर सायमन कमीशन नियुक्त हुआ। फिर गोलमेज परिषद हुई। बाद में कुछ हद तक स्वायत्ता देने

वाला 1935 का कानून बना।

अधिकतर राज्यों में कांग्रेस की सरकारें बनीं। सत्ता पर आते ही सभी राजबन्दियों को रिहा कर दिया गया। कॉ. डांगे भी रिहा हुए।

23

मिल मजदूरों पर आक्रमण की, कार्य में बढ़ोतरी की योजनाएँ पक रही थीं। मजदूर यथाशक्ति प्रतिकार कर रहे थे। इसी में खड़ा हुआ बिटिया मिल का आन्दोलन।

बिटिया रुईया सेठ की मिल थी। उसका असली नाम 'फिनिक्स' मिल था। मिल में महिला श्रमिकों की संख्या आधे से अधिक थी। मिल मालिक ने योजना बनाई कि प्रत्येक महिला को एक की बजाय दो सांचे चलाए जाना चाहिए। जाहिर है, विरोध हुआ। हड़ताल हुई। महिलाओं ने मैंनेजर को कमरे में बन्द कर दिया। पुलिस आई।

सामने हजारों महिलाओं को देख कर पुलिस के सामने पेंच निर्माण हुआ। पुलिस कमिश्नर भी आए। कमिश्नर अनुभवी थे। लाल झंडे की हड़तालों का उन्हें अच्छा खासा अनुभव जो था। आने से पूर्व ही उन्होंने तत्कालीन गृहमंत्री कन्हैयालाल मुंशी को फोन लगाया। मुंशी जी एक नम्बर के कम्यूनिस्ट विरोधी, पूँजीपति समर्थक व दक्षिण पंथी। उन्होंने 'किसी भी तरीके' को अपना कर हड़ताल तोड़ने व मैनेजर की रिहाई के आदेश दिये। तब तक कॉ. डांगे भी वहाँ पहुँच चुके थे। डांगे को देखते ही गृहमंत्री फिर भड़क गए। कम्यूनिस्टों की दादागिरी, गुंडागर्दी इस प्रदेश में मैं चलने नहीं दूँगा इत्यादि वल्गनाएँ कीं।

सच बात तो यह थी कि मिल मालिक को समझौते में कोई रुचि भी नहीं थी। इसलिए टिकाऊ रास्ता नहीं निकल पाया और हड़ताल लम्बी चली। छह माह। इस अवधि में अलग-अलग संगठनों के, पार्टियों के नेतागण हड़ताल को समर्थन देने आते थे। एक दिन कॉ. डांगे ने सुभाष बाबू को बुलाया। वे उस दौरान कांग्रेस के अध्यक्ष थे। वे आए और श्रमिकों की माँगों व हड़ताल को खुला समर्थन दिया। श्रमिकों के अनुशासन की और हड़ताल करवाने वाली यूनियन की सुभाष बाबू ने तारीफ की। छह माह की प्रदीर्घ अवधि के बाद सम्मानजनक समझौता हुआ। श्रम आन्दोलन के इतिहास में एक विशिष्ट शैली की हड़ताल का जिक्र लिखा गया।

अन्तर्राष्ट्रीय स्थिति बिगड़ती जा रही थी। नाज़ी हिटलर ने 1933 में जर्मनी में सत्तारूढ़ होते ही पूरे यूरोप का नक्शा बदलने के सपने देखना शुरू किये।

ऐसी स्थिति में दूसरा महायुद्ध शुरू हुआ। दोनों पक्षों के गुट साम्राज्यवादी ही

थे। इसीलिए पूँजीवादी राजनीति और युद्ध का विचार करते समय मार्क्स ने कहा है कि "Politics is bloodless war and war is just bloody politics" (राजनीति रक्तहीन युद्ध होता है और युद्ध रक्तरंजित राजनीति)।

24

इसीलिए यह महायुद्ध साम्राज्यवादी होने से दुनियाभर की जनता को उसका विरोध करना चाहिए, ऐसी भूमिका कम्यूनिस्टों ने रखी और ये भूमिका केवल कम्यूनिस्टों की नहीं थी, जवाहरलाल नेहरू की थी, कई कांग्रेसियों की थी, डॉ. आम्बेडकर की भी थी। लेकिन ये सब अपनी सैद्धांतिक भूमिका प्रस्तुत कर चुप रहे लेकिन कम्यूनिस्टों ने उसे कार्यरूप में उतारा और मैदान में युद्ध विरोधी मुहिम चालू की। इस मुहिम के हिस्से के रूप में 2 अक्टूबर 1939 को 'युद्ध विरोधी सार्वजनिक हड़ताल' का नारा दिया। हड़ताल शत-प्रतिशत सफल हुई। न केवल भारत में, बल्कि पूरी दुनिया में यह एकमात्र युद्ध विरोधी हड़ताल, सफल हड़ताल। पूरी पूँजीवादी दुनिया ने इसका संज्ञान लिया। लेना जरूरी भी था।

युद्ध शुरू हुआ और फैक्ट्री मालिकों व व्यापारियों ने रोजमर्रा काम आने वाली वस्तुओं की जमाखोरी, भाववृद्धि आदि हमेशा के हथकंडे अपनाने शुरू किये। महँगाई बढ़ने लगी। गिरणी कामगार यूनियन ने तत्काल महँगाई भत्ते की माँग की। मिल मालिकों के लिए नकारना सम्भव नहीं था क्योंकि युद्ध के कारण कपड़ा आयात होना रुक सा गया था। कपड़े की माँग बढ़ गई थी। कीमतें बढ़ रहीं थी, साथ-साथ मिलों का मुनाफा भी बढ़ रहा था। मालिकों व शासन को भी अब उत्पादन चाहिए था, हड़ताल नहीं। इसलिए महँगाई भत्ता देना शुरू किया। किन्तु बाजार भाव में लगातार वृद्धि हो ही रही थी। बार-बार यूनियन को संघर्ष करना पड़ रहा था, इसलिए माँग की गई कि महँगाई भत्ता मूल्य सूचकांक से जोड़कर दिया जाए। अर्थात् महँगाई के साथ भत्ते में अपने आप वृद्धि।

माँग क्रान्तिकारी थी। ऐसा भत्ता देने का मतलब था—श्रमिकों का जीवन मान वर्तमान स्तर पर बनाए रखने की जिम्मेदारी मिल मालिकों की। इसके परिणाम दूरगामी होते। मुम्बई के वस्त्रोद्योग में ही नहीं बल्कि देश के अन्य केंद्रों में अन्य धंधों में भी।

स्वाभाविक ही था मिल मालिकों ने माँग को ठुकरा दिया। अब संघर्ष अटल हो गया। मिल मालिकों की ओर से पूरे देश का पूँजीपति वर्ग, सरकार। कॉ. डांगे और अन्य नेताओं को संघर्ष आरम्भ होते ही गिरफ्तार कर लिया था। सभा, जुलूस,

मोर्चा आदि पर पाबन्दी लगा दी गई। कॉ. पाटकर के साथ कई नेतागण भूमिगत हो गए थे। कॉ. ताम्बिटकर लड़ रहे थे।

श्रमिकों के साथ कौन था? अन्य क्षेत्रों के श्रमिक और जनता की सहानुभूति। और साथ ही जमा था श्रमिकों का यूनियन पर अटूट् विश्वास, अभंग एकता।

आखिर हड़ताल हुई। शासकीय अत्याचार हुए। इसमें बारह आहुतियाँ देनी पड़ीं। चालीस दिन बाद मालिक व सरकार के बीच गुफ्तगू में महँगाई भत्ता व सूचकांक का मेल करना निश्चित हुआ। शत-प्रतिशत भरपाई करने वाला महँगाई भत्ता तो नहीं मिल पाया लेकिन सैद्धांतिक तौर पर मान्यता मिली और महँगाई भत्ते में महत्त्वपूर्ण व पर्याप्त वृद्धि हुई। कर्मचारी श्रमिक विजयी हुए। सभी उद्योग धंधों में 'मुम्बई के मिल मजदूरों जैसा महँगाई भत्ता दो' की माँग उठने लगी।

25

आज मूल्य सूचकांक से जुड़ा महँगाई भत्ता सभी संगठित उद्योगो में प्राप्त होता है किन्तु प्राप्त करने वाले कर्मचारियों को एहसास तो क्या, जानकारी भी नहीं है कि यह हक प्राप्त करने के लिए बारह मिल मजदूरों ने अपने प्राणों की आहुतियाँ दी थीं।

वित्तीय वर्ष की समाप्ति के पश्चात यूनियन ने बोनस की माँग रखी। अपनी आदत के अनुसार मालिकों ने यह माँग भी नकार दी किन्तु यूनियन के आँख दिखाते ही माँग को मंजूर कर लिया। मालिक और सरकार, दोनों के लिए ही चालीस दिन की हड़ताल को भूलना असम्भव था।

मुम्बई में जब यह हलचल चल रही थी तब राष्ट्रीय और अन्तर्राष्ट्रीय स्तर पर अनेक घटनाएँ घटित हो रही थी। पोलैण्ड को पराजित कर जर्मन फौजें हॉलैण्ड, बेल्जियम से पेरिस तक पहुँच गई और सत्रह दिनों में ही फ्रांस जैसे बलशाली राष्ट्र ने घुटने टेक दिए।

कांग्रेस में नरम-गरम विवाद बढ़ रहा था। हरिपुरा कांग्रेस अधिवेशन में सत्ताधारी गुट के प्रत्याशी पट्टाभी सितारमय्या को चुनाव में पराजित कर सुभाषचन्द्र बोस अध्यक्ष के रूप में चुन कर आए थे। उन्हें कांग्रेस के वामपंथी गुट का समाजवादी गुट का समर्थन था। पट्टाभी को गांधीजी का समर्थन था। गांधीजी ने उस वक्त कहा था, "पट्टाभी की पराजय मेरी ही पराजय है।"

चुनाव के बाद वल्लभ भाई पटेल के नेतृत्व में रूढ़िवादी दक्षिणपंथी गुट ने सुभाष बाबू से असहकार शुरू किया। उनकी कार्यकारी समिति में इस गुट के लोगों ने आने से मना कर दिया। वाम गुट सुभाष बाबू के समर्थन में था। ध्रुवीकरण की

इस प्रक्रिया में ही दूसरा विश्व युद्ध शुरू हुआ और राजनीति के सन्दर्भ ही बदल गए। कम्यूनिस्टों की तरह सुभाषबाबू व जवाहरलाल जी भी युद्ध विरोधी ही थे। इस कारण से ब्रिटिश शासन ने सुभाषबाबू को गिरफ्तार कर उनके घर में ही नजरबन्द रखा। किन्तु सुभाषबाबू घर से ही फरार होकर पेशावर के रास्ते काबुल पहुँच गए।

इधर देश भर में सुभाषबाबू को ढूँढ़ना जारी था। उन्होंने अपने पलायन की योजना कम्यूनिस्टों के साथ विचार-विमर्श कर ही बनाई थी। उनका विचार मास्को जाने का था लेकिन पता नहीं किस कारण से उनका वीजा आ न सका। ऐसी अवस्था में सुभाषबाबू मॉस्को की बजाय इटली चले गए।

इटली महायुद्ध में जर्मन के मित्र राष्ट्र के रूप में उभरा था। वहाँ जाने का मतलब था जो फासिस्ट शक्तियाँ पूरी दुनिया को अपने पैरों तले रौंदने निकली थीं, उनका साथ देना।

सुभाषबाबू स्वयं फासिज्म विरोधी थे। कांग्रेस भी फासिज्म विरोधी। किन्तु वे उतावले थे, पीछे जा नहीं पा रहे थे। काबुल में रह नहीं सकते थे, मॉस्को जाना था लेकिन सोवियत रूस वीज़ा देने के लिए तैयार नहीं था। सुभाषबाबू को दृढ़ संशय हो गया था कि सोवियत संघ उन्हें नहीं चाहता है। वे इटली चले गए और यहीं से सुभाषबाबू और कम्यूनिस्टों के रास्ते अलग-अलग हो गए।

26

कम्यूनिस्ट आन्दोलन और उनके परस्पर सम्बन्ध ही बदल गए। नियति ने दोनों को परस्पर विरोधी बना दिया। सुभाषबाबू और कम्यूनिस्टों द्वारा रची योजना की यह नाट्यपूर्ण शोकांतिका थी।

स्वतंत्रता की बढ़ती माँग और आन्दोलन को शह देने की नीयत से अंग्रेजों ने जिन्ना को अपने प्यादे के रूप में इस्तेमाल करना शुरू किया। जिन्ना प्रवृत्ति व संस्कारों से मूलतः धार्मिक नहीं थे और जातिवादी तो कतई नहीं, उल्टे इन प्रवृत्तियों के विरोधी थे। कुछ समय वे कांग्रेस में भी रहे और कांग्रेस के मंच से उन्होंने अंग्रेजों का विरोध भी किया था। एक राष्ट्रीय प्रवृत्ति के मुस्लिम नेता के रूप में उन्हें जाना जाता था। किन्तु वे अत्यन्त अहंकारी थे। अपने अहंकार को छेड़ने वालों पर वे कभी दया नहीं दिखाते थे।

जब तक स्वतंत्रता आन्दोलन तीव्र नहीं हुआ था तब तक अंग्रेजों ने जिन्ना की ओर ध्यान देना आवश्यक नहीं समझा। किन्तु 1930 के स्वतंत्रता आन्दोलन

की व्यापकता से उन्हें सावधान होना पड़ा। 'दीवार पर लिखी इबारत' अंग्रेजों को स्पष्ट सन्देश दे रही थी कि परिणामकारक कदम यदि अभी नहीं उठाए गए तो ब्रिटिश सत्ता का अन्त करीब ही है।

इस प्रकार के परिणामकारक कदम केवल एक ही प्रकार से अर्थात् स्वतंत्रता आन्दोलन में फूट डाल कर ही उठाए जा सकते थे। देश के सामन्तों पर उन्हें विश्वास था कि ये सब राजा-महाराजा ब्रिटिश सत्ता के तहत यूनियन जैक लहराते रखेंगे। उनकी स्वामी निष्ठा पर उन्हें भरोसा था। किन्तु प्रजा का क्या भरोसा? फिर ब्रिटिश कच्चा धागा ढूँढ़ने लगे। उन्हें मिले मोहम्मद अली जिन्ना–देश के सबसे बड़े अल्पसंख्यक वर्ग का नेता। घर से लेकर वेशभूषा तक पश्चिमी संस्कृति का, महत्त्वाकांक्षी, अहंकारी–बिल्कुल पहली पसन्द का–Made to order. अब खोज खत्म हुई। उसे सिर्फ तैयार करना, घड़ाई करना बाकी था। ब्रिटिश यंत्रणा के काम में जुट गई। मुस्लिमों के, अल्पसंख्यकों के नेता के रूप में उनकी ताजपोशी की तैयारी शुरू कर दी गई। राष्ट्रीय आन्दोलन की प्रतीक कांग्रेस केवल हिन्दुओं का ही प्रतिनिधित्व करती है, ऐसा प्रचार जोर-शोर से किया जाने लगा। कांग्रेस में खान अब्दुल गफ्फार खान, मौलाना आजाद, रफी अहमद किदवई, बैरिस्टर आसफअली जैसे दिग्गजों के होते हुए भी खास मुसलमानों के प्रतिनिधि के रूप में गोलमेज परिषद में जिन्ना को आमंत्रित किया गया।

उनकी खास पूछ-परख होने लगी, उनके विचारों को वजन देकर उनका अहंकार जाग्रत किया जाने लगा। उनका कद वास्तविकता से अधिक बड़ा बताया जाने लगा। देश की दक्षिणपंथी व रूढ़ीवादी ताकतें इस इशारे को भांप कर 'कायदे आजम-जिन्दाबाद' करने लगे।

27

जिन्ना को यह बदलाव सुखद लगना स्वाभाविक ही था। इसी रास्ते अपना बढ़ता कद व महत्त्व स्पष्ट रूप से देखते हुए ब्रिटिशों के प्रति उनकी भाषा बदलने लगी। कांग्रेस उन्हें बहुसंख्यक हिन्दुओं की प्रतिनिधि लगने लगी। बहुसंख्यक व अल्पसंख्यकों के सम्बन्ध परस्पर विरोधी हैं। यदि बहुसंख्यकों का राज आया तो ऐसे राज्य में मुस्लिमों की धार्मिक स्वतंत्रता, संस्कृति, भाषा और हित सम्बन्धों के लिए धोखा होगा, ऐसा वे खुले रूप से बोलने लगे।

बस! ब्रिटिशों का काम हो गया था। उनका चयन सही साबित हो गया। उनका नया नेता उनके सोचे हुए तरीके से आगे बढ़ जो रहा था। एक कट्टर

राष्ट्रवादी नेता का एक कट्टर जातिवादी नेता के रूप में रूपान्तर हो गया था।

ब्रिटिशों की नज़र डॉ. आम्बेडकर पर भी थी। दलितों पर अन्याय सदियों से होते चले आ रहे थे। किन्तु अब तक अंग्रेजों को वे महसूस नहीं हुए थे। इसके पूर्व इन्हें रोकने के प्रयास तो क्या, भाषा भी नहीं बोली गई थी, किन्तु 1924 के सत्याग्रह के बाद आम्बेडकर उनकी नजर में आए। उन्हें भी गोलमेज परिषद के लिए निमंत्रित किया। किन्तु आम्बेडकर उनके जाल में नहीं फँसे।

1939 में द्वितीय विश्व युद्ध के शुरू होते ही इंग्लैंड-फ्रांस ने जर्मनी के साथ युद्ध की घोषणा की और 1935 के नए विधान के अनुसार निर्वाचित सरकारों को जानकारी दिये बिना ही भारत के गवर्नर जनरल ने युद्ध की घोषणा कर दी, भारतीयों को दिये गये राजकीय अधिकारों का खोखलापन जाहिर किया। देशभर में बड़े पैमाने पर हलचल मची। सारी कांग्रेस सरकारों ने इस्तीफे सौंप दिये। ब्रिटिशों के खिलाफ निर्णायक आन्दोलन करने की माँग देश के कोने-कोने से आने लगी। गांधीजी ने जवाब में वैयक्तिक सत्याग्रह की घोषणा कर 'पहले सत्याग्रही' के रूप में विनोबा भावे का चुनाव किया।

महायुद्ध में मार खाकर ब्रिटिश सेना डंकर्क बन्दरगाह से इंग्लैंड भाग गई और लोगों में यह भावना बलवती हो गई कि अब इंग्लैंड के दिन लदने का समय आ गया है। इस बदलती लोकभावना का संज्ञान यहाँ के दक्षिणपंथी व जातिवादी ताकतों ने लिया और लोकभावना में फूट डालने के लिए जिन्ना ने स्वतंत्र मुस्लिम राष्ट्र 'पाकिस्तान' की माँग रखना शुरू कर दिया।

ब्रिटिशों की स्थिति विचित्र हो गई थी। योरप में हिटलर ने पहले ही नाक में दम कर रखा था। ऐसी स्थिति में भारत में दमन तंत्र का एक और मोर्चा खोल कर उसका सामना करना उनके बस के बाहर था। 'फाइनल मैच' के लिए कुछ समय की प्राप्ति के उद्‌देश्य से उन्होंने 'क्रिप्स योजना' पेश की।

सर स्टॅफर्ड क्रिप्स को भारतीय नेताओं से चर्चा करने हेतु विशेष प्रतिनिधि के रूप में भारत भेजा गया। उनके पिटारे में आशाजनक कुछ न होने से गांधीजी ने "A postdated cheque on crumbling Bank" (डूबते हुए जहाज पर भविष्य की तारीख का धनादेश) कहते हुए क्रिप्स योजना ठुकरा दी। सार्वत्रिक लड़ाई अटल हो गई।

28

अगस्त 1942, अखिल भारतीय कांग्रेस कमेटी का अधिवेशन, मुम्बई के गोवालिया टैंक (अब अगस्त क्रान्ति मैदान)। देश भर में उत्सुकता। सबकी नजर मुम्बई की

ओर, और गांधीजी ने आदेश दिया ''अपने पास के सभी साधनों का उपयोग कर सारे देश की राजकीय यंत्रणा अकार्यक्षम कीजिये। बस, चले जाओ। ''

सरकार ने तैयार रखा दमनतंत्र सक्रिय कर दिया। 'चले जाओ'—यह प्रस्ताव पारित होते ही गांधीजी के साथ-साथ कार्यसमिति के सभी सदस्यों को गिरफ्तार कर लिया गया। गांधीजी को पुणे के आगा खां पैलेस में रखा गया। देश में आग दावानल की तरह फैल गई। छोटे-बड़े, स्त्री-पुरुष—सभी ने कमर कसी। स्कूल-कॉलेज बन्द, श्रमिक-कामगारों ने हड़ताल कर दी, सरकारी कार्यालय भी कुछ समय बन्द रहे। सरकार की ओर से लाठीचार्ज, गोलीबारी, आँसू गैस का नंगा नाच शुरू था। जेलें भर गईं। सरकारी आंकड़ों के अनुसार साठ हजार लोग जेल में बन्द थे, किन्तु वास्तव में यह संख्या कहीं अधिक थी। जयप्रकाश नारायण हजारी बाग जेल से भागने में सफल हुए और भूमिगत रह कर उन्होंने विद्रोह की आग जला कर रखी।

इस विद्रोह का संज्ञान अन्तर्राष्ट्रीय स्तर पर लिया गया। ब्रिटिशों को अपने कृत्यों का समर्थन करने में पसीना आ गया।

दूसरा विश्वयुद्ध 1945 में खत्म हुआ। दोस्त राष्ट्र विजयी हुए लेकिन अमेरिका को छोड़कर बचे हुए देश ध्वस्त हो गए। सैनिक व आर्थिक ताकत खत्म हुई और विश्व राजनीति में प्रतिष्ठा भी। युद्ध जीत कर भी साम्राज्यवाद कमजोर हुआ। ब्रिटेन भी राजकीय रूप से कमजोर हुआ। इसके विपरीत सोवियत रूस की प्रतिष्ठा बढ़ी। हालाँकि युद्ध में इंग्लैंड-फ्रांस से अधिक क्षति उसकी हुई थी। दो करोड़ सोवियत नागरिक युद्ध में मारे गए थे, आधे से अधिक देश ध्वस्त हो चुके थे। लेकिन प्रतिष्ठा बढ़ी। हिटलर की सेना को मार कर, उसकी राजधानी बर्लिन काबिज कर पार्लियामेण्ट पर लाल झंडा फहराया था। दुनियाभार की गरीब-कष्टदायी जनता कम्यूनिस्टों की ओर आदर से देखने लगी थी।

लेकिन भारत में?

भारत में कम्यूनिस्ट उपेक्षा व तुच्छता के धनी बने।

क्यों?

क्योंकि भारत में कम्यूनिस्ट 1942 के लोकयुद्ध से दूर ही रहे। इतना ही नहीं, उन्होंने उसके विरोध में प्रचार भी किया। श्रमिकों को योग्य हड़ताल से भी परावृत्त किया। जिस समय सारा देश स्वतंत्रता के लिए जान की बाजी लगाकर ब्रिटिश सत्ता से लड़ रहा था, स्वतंत्रता के होमकुण्ड में आहुति दे रहा था उस समय ये (कम्यूनिस्ट) सत्ता से सहकार्य कर रहे थे और अन्यों को भी वैसा ही करने के लिए कह रहे थे।

सिर्फ अतर्क्य! नीतियाँ गलत थीं कहा जाए तो भी इतनी गलतियाँ कैसे हो सकती है? और वह भी पूरे चार साल तक।

कॉ. डांगे के अनुसार, सोवियत नेताओं ने ही बाद में भारत के कम्यूनिस्ट नेताओं से कहा था कि उनके ऐसे व्यवहार की आवश्यकता नहीं थी। किन्तु यह कहने से पूर्व ही यहाँ के नेताओं को समझ में आ गया था, लेकिन बहुत बड़ी कीमत चुका कर।

"Experience is the best school teacher. Only school fees are heavy."

(अनुभव सबसे अच्छा शिक्षक है किन्तु उसका शुल्क जबर्दस्त होता है।)

यह बात सही है कि 1942 के आन्दोलन के बारे में कम्यूनिस्टों की नीतियाँ गलत साबित हुईं किन्तु गलती मानते हुए वे नीतियाँ शुरू से लेकर अन्त तक गलत थीं, ऐसा कम्यूनिस्टों के विरोधी बड़े ही आग्रह-निग्रह से स्थापित करने का प्रयास करते हैं जो कि कतई सही नहीं है। सर्वप्रथम यह ध्यान में रखना आवश्यक है कि जो महायुद्ध हुआ, वह दो साम्राज्यवादी गुटों के बीच ही हुआ। इसलिए इस युद्ध को साम्राज्यवादियों ने अपने स्वार्थों के लिए दुनिया पर लादा हुआ युद्ध कहना बिल्कुल गलत नहीं है। जब तक कोई विषय चर्चा की अवस्था में होता है तब तक उस विषय पर अपने विचार पार्टी के, मोर्चे के या जनता के समक्ष रखने में कोई अपराध नहीं है। किन्तु जब विषय चर्चा की अवस्था से निर्णित होकर और तदनुसार आन्दोलनात्मक रूप धारण कर लेता है तो उसके पश्चात उससे दूर रहना गलत है और निग्रह से विरोध करते रहना अधिक गलत और उसकी बदनामी करना तो उससे भी अधिक गलत। ये ही गलतियाँ कम्यूनिस्टों ने कीं और दीर्घकाल तक उसकी कीमत उन्हें चुकाना पड़ी।

इन्हीं गलतियों की वजह से राष्ट्रीय आन्दोलन से कम्यूनिस्टों के सम्बन्ध टूटे। खुद के वर्ग श्रमिक वर्ग से भी वे अलग-थलग पड़े। उनके समर्थकों में, सहानुभूति रखने वालों में फूट पड़ी और समाजवाद के ठेकेदार के रूप में समाजवादी आगे आए। अगले पच्चीस सालों तक कम्यूनिस्टों की छीछालेदर और आलोचना करने में विराधियों को यह मुद्दा काम आया।

विरोधियों के लिए कम्यूनिस्टों की निन्दा करने, उन्हें बदनाम करने का इससे अच्छा अवसर फिर कब मिलता? ये विरोधी कांग्रेस के दक्षिणपंथी थे, उसी तरह बाहर के भी थे। सर्वप्रथम अनुशासनात्मक कार्यवाही के रूप में कम्यूनिस्टों को कांग्रेस से निष्कासित किया गया। उस दौरान तेरह कम्यूनिस्ट अखिल भारतीय कांग्रेस कमेटी के सदस्य थे। इसके अलावा उन्हें चाहने वाले, उनसे सहानुभूति रखने वाले भी अनेक थे, और इसी वजह से कांग्रेस के दक्षिणपंथी लोग कुण्ठित

थे। कांग्रेस से कम्यूनिस्टों को निकाल बाहर कर इन लोगों ने कांग्रेस पर अपना शिकंजा और मजबूत किया। अगले कदम के रूप में 23 जनवरी, 1946 को कम्यूनिस्ट पार्टी के गिरगांव कार्यालय पर सुनियोजित हमला करवाया। कम्यूनिस्टों को इसकी भनक लग गई थी इसलिए उन्होंने पुलिस को सूचित तो किया था लेकिन वहाँ से मदद न मिलने का अन्देशा होने से इस हमले का सामना करने की तैयारी भी कर ली थी।

30

डेढ़-दो हजार लोगों की भीड़ ने कम्यूनिस्ट विरोधी नारे लगाते हुए कार्यालय पर हमला किया। नीचे से फेंके जाने वाले पत्थरों के जवाब में ऊपर से पत्थर फेंके जाने लगे। कॉ. जी.एल.रेड्डी, कॉ.के.आर.काटदरे जैसे निडर लोग हाथ में मजबूत लाठी लिए हमलावरों से भिड़ गए। अनेक लोग घायल हुए, कुछ लोगों को रक्त स्नान करना पड़ा लेकिन हमलावरों को इमारत में घुसने नहीं दिया गया। उस दिन कम्यूनिस्टों ने शेर की तरह लड़ाई लड़ी। पार्टी के केंद्रीय कार्यालय से मुम्बई के कार्यालय में S.O.S. (शीघ्र सन्देश) गया। तदनुसार दो ट्रक भर कर लाठियों व सब्बलों से सुसज्जित कार्यकर्ता व श्रमिक गिरगांव पहुँचे। वहाँ पहुँचते ही हमलावरों की जबर्दस्त पिटाई की गई।

अब पलड़ा पलट गया था। हमलावरों को ऐसा भी कुछ हो सकता है, यह अपेक्षित नहीं होने से उन्होंने पीछे हटना शुरू कर दिया। अब पुलिस भी सक्रिय हुई। उन्होंने हमलावरों को भगाना शुरू किया। थोड़ी ही देर में कार्यालय के सामने का रास्ता साफ हो चुका था। रास्ते में पड़ा पत्थरों व चप्पलों का ढेर कम्यूनिस्टों की लड़ाकू प्रवृत्ति का परिचायक था।

कम्यूनिस्टों को 1942 में लगे दाग का रंग फीका होना एक साल के भीतर ही शुरू हुआ। 17 फरवरी 1946 का नौसैनिक विद्रोह। इस विद्रोह को कुचलने के प्रयासों का प्रतिकार कम्यूनिस्टों ने किया। साथ आया मुम्बई का मिल मजदूर। रास्ते पर आकर उसने ब्रिटिश पुलिस से संघर्ष किया। फलस्वरूप दो-तीन दिन के लिए मुम्बई में ब्रिटिश सत्ता समाप्त प्रायः हो गई थी।

नौसैनिकों की रसद बन्द कर के सरकार उन्हें नतमस्तक करने के प्रयास में थी। कम्यूनिस्ट उन्हें अनाज सप्लाई करने का प्रयास कर रहे थे। कम्यूनिस्ट महिलाएँ भी पीछे नहीं थीं। वे अनाज इकट्ठा कर जहाज पर पहुँचाने के प्रयास में थीं। एलफिन्स्ट्रन ब्रिज के पास हुई गोलीबारी में कॉ. कमल दोंदे मारी गई।

कॉ. कुसुम रणदिवे के पैर में गोली लगी। कुसुम जयकर भी घायल हुई। यह ही कुसुम जयकर बाद में ज्योति अमर शेख बनी। (शाहीर अमर शेख की पत्नी)।

मुम्बई में उन दो दिनों में तीन सौ से अधिक लोग मारे गए। विद्रोही नौसैनिकों ने कांग्रेस व मुस्लिम लीग के नेताओं से सम्पर्क कर सलाह ली लेकिन दोनों ही ने समर्थन तो दिया ही नहीं, बल्कि विद्रोहियों को हथियार डाल कर शान्ति का मार्ग अपनाने की सलाह दे डाली। कम्यूनिस्टों को छोड़ कर इस विद्रोह को खुलकर समर्थन देने के लिए कोई भी तैयार नहीं था, समाजवादी भी नहीं।

नौसैनिकों के विद्रोह की यह तेजस्वी घटना को स्वतंत्रता संग्राम की राजनीति ने दबा दिया और बाद की राजनीति ने अत्यन्त गौण स्थान दिया। उसे अनुल्लेख से मार दिया।

31

इस विद्रोह के बाद ब्रिटिश और कांग्रेस, दोनों ही को अपनी अगली नीतियों व कार्यक्रमों को पुनर्निधारित करने की आवश्यकता महसूस होने लगी। वह सेना जिसके बल पर राज करना है, वह भी उनके लिए अविश्वसनीय हो गई थी। आजाद हिन्द सेना व नौसेना के विद्रोह ने यह स्पष्ट और अधोरेखित कर दिया था।

कांग्रेस, विशेषकर उसका दक्षिणपंथी गुट अस्वस्थ था। लश्कर द्वारा किया गया विद्रोह और विशाल दमनतंत्र का मुकाबला कर उसे समर्थन देने के लिए जनता ने दिखाया हुआ उत्साह—इन दोनों बातों का क्या अर्थ निकाला जाए? आज दोनों शक्तियाँ दुर्घटनावश एकत्र हुई थीं। यदि दोनों योजनाबद्ध रूप से एक हो जाए तो? तो यह संयुक्त विद्रोह ब्रिटिशों के अलावा और किस-किस को निगल सकता है? भयंकर! इसे टालना ही होगा—किसी भी कीमत पर।

दोनों ही उस काम में लग गए। ब्रिटिश और वल्लभ भाई, दोनों की नीति एक ही थी—भेदनीति! हथियार एक ही—फूट।

भारत को स्वतंत्र करना पड़ेगा, यह कटुसत्य अब तक ब्रिटिश जान चुके थे। किन्तु देश का नियंत्रण त्याग भी दिया फिर भी यहाँ के अपने हित सम्बन्धों का क्या होगा? वे तो सुरक्षित होने चाहिए न? कैसे रखे जाएँ?

डेढ़ सौ साल राज करने के बाद ब्रिटिश कुटिल नीति में प्रवीण हो गए थे। सत्ता परिवर्तन कैसे किया जाए, इस पर विचार करने के लिए सर पेथिक लॉरेन्स की अध्यक्षता में एक समिति भारत भेजी गई। दूसरी ओर, उन्होंने गांधीजी और जिन्ना को संयुक्त कार्ययोजना पेश करने का आग्रह किया।

उसी समय जिन्ना के साथ ब्रिटिशों ने लम्बी-लम्बी चर्चाएँ शुरू कीं। अपनी सहमति की कीमत जिन्ना को अच्छी तरह समझ में आ गई। वे समझ गए कि अपनी सहमति के बिना ब्रिटिश किसी भी योजना को न तो मान्यता देंगे और न ही भारत को स्वतंत्रता। अपने नकारात्मक अधिकार की उन्होंने कीमत माँगी—पाकिस्तान का निर्माण—बस, तुरन्त।

वे आग्रहपूर्वक कहने लगे—भारत एकसूत्र देश नहीं है। ब्रिटिश सत्ता जाने के पूर्व हिन्दुस्तान व पाकिस्तान—इन दो राष्ट्रों को मान्यता दे, उनका स्वतंत्र अस्तित्व स्वीकारे अन्यथा रक्तपात अटल है। उसे टालना असम्भव है। द्विराष्ट्रवाद के सिद्धान्त का समर्थन करने वाले कई सिद्धान्तवादी भी पैदा हो गए। फिर से कम्यूनिस्ट ही। स्तालिन को राष्ट्रीयता की भूमिका की गलत व्याख्या कर उन्होंने पाकिस्तान निर्माण की माँग का समर्थन किया। फिर से महाभूल।

वास्तविकता में धर्म राष्ट्रीयत्व का एकमात्र पैमाना नहीं होता। अलग-अलग देशों से अलग-अलग राष्ट्रीयता लिये लोग अमेरिका में भी तो स्थायी रूप से बस गए किन्तु फिर भी बाद में अमेरिका ने एक राष्ट्र का रूप लिया ही है।

32

इसके विपरीत, ईसाई धर्म समान होते हुए भी ब्रिटेन वासी आयरिश लोग लड़-झगड़ कर, युद्ध कर इंग्लैंड से अलग हुए और आयलैंड नामक स्वतंत्र राष्ट्र बनाया। धर्म एक होते हुए आज पच्चीस से ज्यादा मुस्लिम राष्ट्र क्यों है और पाकिस्तान निर्माण के बाद धार्मिक रूप से समान होते हुए भी लड़-झगड़ कर बांग्लादेश क्यों बाहर निकला?

वास्तविकता यह है कि राष्ट्र व राष्ट्रीयत्व, दोनों कल्पनाएँ अर्वाचिन हैं। सामन्त युग के बाद ब्रिटिश नियंत्रण में भारत के अलग-अलग क्षेत्र व प्रदेश इकट्ठे हुए और डेढ़ सौ वर्षों तक पराई साम्राज्यशाही से लड़ते-लड़ते, खून बहाते एक हुए। इन डेढ़ सौ वर्षों के स्वतंत्रता संग्राम में देश सही अर्थों में एक हुआ। उसमें एक राष्ट्रीयत्व निर्मित हुआ।

और अब जिन्ना व उनकी मुस्लिम लीग घटित इतिहास को ठुकरा कर झूठे सिद्धान्त गढ़ रहे थे। ऐसा इतिहास बता रहे थे जो उनकी सुविधा का हो। किसकी प्रेरणा से? किसके इशारे पर? इसका लाभ किसे मिलने वाला था? उत्तर स्पष्ट था।

किन्तु बुद्धिमान कम्यूनिस्ट उस समय समझ न सके। जब समझ में आया तब तक काफी देर हो चुकी थी। हालाँकि बाद में समर्थन वापस ले लिया था।

लेकिन वह 'सुधारित अहसास' (amended consciousness) था। जो बदनामी होनी थी, हो चुकी थी। इतिहास ने एक और महाभूल कम्यूनिस्टों के खाते में जमा कर दी थी।

चिढ़े हुए जिन्ना अब और अधिक आक्रामक हो चुके थे। उनके व साथियों के भड़काऊ भाषणों की सरकार जान-बूझ कर अनदेखी कर रही थी। परिणामस्वरूप भाषणों का रूपांतर कृतियों में और दंगों में होना शुरू हुआ।

इन भड़काऊ कृत्यों का फायदा हिन्दू जातिवादी न लेते तो ही आश्चर्य की बात बन जाती। राष्ट्रीय स्वयंसेवक संघ और हिन्दू महासभा, दोनों संगठनों ने अपने-अपने कार्यकर्ताओं को सक्रिय किया और जगह-जगह दंगे होने लगे।

16 अगस्त, 1945—यह दिन जिन्ना ने 'काला दिन' के रूप में मनाने का आदेश अपने अनुयायियों को दिया। उस दिन हुए दंगों में अनेक बेकसूर लोग मारे गए।

स्वतंत्रता प्राप्ति के पूर्व वर्ष में केवल मुम्बई में बिना कोई बड़ा जातीय दंगा हुए 162 हिन्दू और 158 मुसलमान जातिगत हमलों में मारे गए। किन्तु पंजाब, दिल्ली, हैदराबाद, बिहार और बंगाल में स्थिति अत्यन्त खराब थी और दिन-प्रतिदिन बिगड़ रही थी।

सारी बात विभाजन के मुद्दे पर अटक रही थी। देश की बहुसंख्य जनता विभाजन के खिलाफ थी। हिन्दू बहुल प्रान्त तो ठीक, मुस्लिम बहुल प्रान्तों में भी अनेकों को विभाजन नहीं चाहिए था। खान अब्दुल गफ्फार खान उर्फ सरहद गांधी विभाजन के कट्टर विरोधी थे। सिन्ध प्रान्त में भी विभाजन की कोई माँग नहीं थी। आग्रह था तो केवल जिन्ना का। पंजाबी मुसलमानों का। जिन्ना यह कर सकते थे क्योंकि ब्रिटिश सरकार उनके पीछे थी। उन्होंने जिन्ना को नकारात्मक अधिकार दिया था।

33

और जिन्ना मदमस्त हो गए थे। वे विभाजन के अलावा कुछ भी बोलने या सुनने के इच्छुक नहीं थे।

गांधीजी हताश-असहाय हो गए थे। क्योंकि वह विभाजन के विरोधी थे। उनका जाहिर विरोध था। मुम्बई में उन्होंने कहा था, "विभाजन करने के लिए तुम्हे मेरी लाश पर से गुज़रना पड़ेगा।"

दूसरी एक सभा में उन्होंने कहा था, "मेरी माता के विभाजन के पहले मेरी देह का विभाजन करो।"

और ऐसे गांधीजी आज असहाय हो चुके थे क्योंकि उनके सहकारी, अनुयायी ठोस रूप से उनके साथ नहीं थे। वल्लभ भाई और उनके गुट का मत था,'' अब विभाजन अटल है, उसका विकल्प नहीं है।'' पंडित नेहरू न तो गांधीजी का ठोस समर्थन कर रहे थे न ही वल्लभभाई का स्पष्ट विरोध।

और कम्यूनिस्ट कह रहे थे, "गांधी-जिन्ना फिर मिले। फिर से एक बार वार्ता के लिए मिले।"

गांधीजी किसके बल पर चर्चाएँ टूटने का जोखिम लेते? स्थिति ऐसी बन रही थी कि जैसे अब विभाजन का कोई पर्याय नहीं बचा हो।

किन्तु विकल्प था। मतलबी शक्तियों के पांसे उलट कर इस प्रश्न को जनता के समक्ष ले जाने का, जनता से ही इस यक्ष प्रश्न को सुलझाने का आह्वान करने का।

और यही विकल्प वल्लभ भाई, उनके साथी एवं अन्य दक्षिणपंथियों को अप्रिय था। क्योंकि परिणाम स्वरूप जो यज्ञकुण्ड जलता उसमें ब्रिटिश–जिन्ना के साथ उनके भी अन्तस्थ उद्देश्यों की आहुति चली जाती। समर में अब उतरने वाली जनता उनके कहने में नहीं रह पाती। पानी सिर के उपर से चला जाता। इंद्र के साथ तक्षक की भी आहुति चली जाती। नौसेना विद्रोह का अनुभव यही कहानी बता रहा था। अनेक वर्षों की घड़ी हुई राजनीति ध्वस्त हो जाती। देखे हुए सपने चकनाचूर हो जाते, वल्लभ भाई, कांग्रेस के अन्दर व बाहर के दक्षिणपंथी इसके लिए बिल्कुल तैयार नहीं थे। इसके बजाय उन्हें विभाजन मंजूर था। विभाजन इस तरह अटल हुआ।

एकाकी हुए गांधीजी अन्त में अलग हट गए। "जो उचित लगे वह करो," ऐसा कहकर मौन हो गए। बर्बाद हुए लोगों के आँसू पोंछने बंगाल के नौआखली चले गए, वल्लभ भाई और उनके गुट को मैदान सौंप कर।

34

अगला रास्ता सीधा व सरल था। कांग्रेस ने विभाजन को मान्यता दी। समझौता हुआ। ब्रिटिश शासन ने विभाजन को तुरन्त ही मान्यता दे दी। 14 अगस्त को पाकिस्तान व 15 अगस्त को भारत स्वतंत्र हुआ। बिना रक्तपात के स्वतंत्रता मिली, लेकिन इससे पहले कि स्वतंत्रता की जय-जयकार हवा में विराम ले, उससे पहले ही सारा आसमान चित्कार व आक्रोश से भर गया। विभाजित पंजाब व बंगाल, दोनों राज्यों में तथा दिल्ली में साम्प्रदायिक दंगे भड़क उठे। खून की नदियाँ बहने लगीं। कत्लेआम हुआ। कितने लोगों के प्राण गए, यह आज भी कोई निश्चित तौर पर नहीं बता सकता। शायद यह आंकड़ा लाखों में ही होगा। हजारों

स्त्रियों पर अत्याचार हुए, लाखों बच्चे अनाथ हो गए। करोड़ों की सम्पत्ति नष्ट हो गई। किसी युद्ध में भी इतनी हानि नहीं हुई होगी जितनी कि इस विभाजन में हो गई। दबी जुबान में कांग्रेस वाले भी कहने लगे कि इसके बजाय विभाजन अस्वीकार कर यदि एक और स्वतंत्रता संग्राम ओढ़ लिया होता तो ज्यादा बेहतर होता।

स्वतंत्रता के समय विभाजन के बावजूद दो शिविरों में आंतरिक समाधान था। एक ब्रिटिश शिविर, जिसने इस इलाके में अपने हित सम्बन्ध रखने की व्यवस्था सुनिश्चित की थी, और दूसरा शिविर था–प्रतिगामी शक्तियाँ। क्योंकि आगे विकास के फल उनकी ही झोली में गिरने वाले थे। दोनों ने अपने हित सुरक्षित रखे, राष्ट्रहित की बलि देकर। किन्तु सामान्य जनता उस समय यह समझ नहीं सकी। आज भी कितने समझ पाए होंगे, पता नहीं।

आम जनता उस समय खुशी में पागल हो गई थी। घरों पर रोशनी थी, लोग नाचते-गाते रास्तों पर झूम रहे थे। आनन्दोत्सव था।

और कम्यूनिस्ट? खुशी तो उन्हें भी हुई थी क्योंकि चुकाई हुई कीमत में उनका भी हिस्सा जो था। किन्तु यह स्वतंत्रता अपूर्ण है, इसका उन्हें अहसास हो रहा था और यह अहसास अभी ही जनता को करवाया जाए, ऐसा उनका 'ज्ञान' उन्हें बता रहा था। इसीलिए जब लोग स्वतंत्रता की और भारत माता की जय-जयकार कर रहे थे तब कम्यूनिस्टों के जुलूस में नारे लग रहे थे–

"यह आजादी झूठी है,
देश की जनता भूखी है।"

देश की जनता वाकई भूखी थी, यह एक कड़वा सच है।

पूँजीपतियों के राज में भूख, भुखमरी, दरिद्रता तो अवश्यंभावी होती है। आज क्यूबा जैसे तीन-चार देशों के अलावा प्रत्येक देश में किसी-न-किसी प्रकार से पूँजीवाद का ही राज है लेकिन क्या इसलिए ये देश स्वतंत्र नहीं हैं?

और यह घोषणा कम्यूनिस्ट कब दे रहे थे? सौ साल के स्वातंत्र्य युद्ध के बाद जब जनता आनन्दोत्सव मनाने में मशगूल थी, तब।

फिर से औचित्य की गलती!

35

सौभाग्य से आनन्दोत्सव में मग्न जनता ने इस घोषणा व इसे देने वालों की ओर ध्यान ही नहीं दिया।

कम्यूनिस्टों का यह व्यवहार देख कर पं. नेहरू ने अपने सेक्रेटरी से कहा–

You communists are not bad but mad people और सेक्रेटरी थे—कॉ. श्रीनिवास सरदेसाई। बहुत कम लोगों की जानकारी में है कि स्वतंत्रतापूर्व समय में कॉ. सरदेसाई कुछ समय पं. नेहरू के सेक्रेटरी रहे थे।

जैसे-जैसे स्पष्ट हो रहा था कि स्वतंत्रता प्राप्त होने ही वाली है, वैसे-वैसे देश का पूँजीपति वर्ग और उनके नेतागण इसके स्वागत की तैयारी में जुट गए। किसी का 'बॉम्बे प्लान' तो किसी का 'मास्टर प्लान'। तैयारियाँ जोरदार थीं। बाजार लगने के पूर्व ही उसे लूटने वालों की हलचल शुरू हो गई थी।

उन्हें लगने लगा था कि ब्रिटिश सत्ता के जाते ही उनके विस्तार की, विकास की अमर्यादित सम्भावनाएँ हैं। किन्तु उन्हें यदि साध्य करना है, उसके लाभ अपने ही लिये पाना है तो उसके बीच में जो बाधाएँ हैं उनका क्या किया जाए? बाधाएँ किसकी? अर्थात कम्यूनिस्टों की! उन्हें दूर करना ही होगा। कम्यूनिस्टों को निष्प्रभावी करना ही होगा। नामोहराम-बदनाम करना होगा। वल्लभ भाई पटेल, स.का. पाटिल काम में जुट गए।

देश में पूँजीपति वर्ग से वल्लभ भाई पटेल की गुफ्तगू हुई और स्वतंत्रता प्राप्ति के तीन माह पूर्व 3 मई 1947 को 'इंटक' (इंडियन नेशनल ट्रेड यूनियन कांग्रेस) की स्थापना की गई। मुम्बई प्रदेश कांग्रेस की ओर से स.का. पाटिल ने 1945 में ही बॉम्बे मिल मजदूर यूनियन स्थापित की थी। वे स्वयं उसके महासचिव थे। बाद में राष्ट्रीय राजनीति में अपने बढ़ते भाव देख कर वे उसके अध्यक्ष बने और इंटक की स्थापना के बाद इस यूनियन को इंटक से सम्बद्ध किया।

पूँजीपतियों के अपने हित सम्बन्धों की रक्षा के लिए स्थापित संगठन और उनके समर्थन से आगे बढ़ने का प्रयास करने वाला संगठन मालिक समर्थक हो तो उसमें आश्चर्य क्या? किन्तु केवल मालिक वर्ग का समर्थन काफी न होने से आगे-आगे सरकार को परदे के बाहर आकर उसे मदद का हाथ बढ़ाना पड़ा और इस तरह लड़खड़ाते ही सही, इंटक का चलना शुरू हो गया।

किन्तु रिकेट्स (बच्चों की एक बीमारी, जिसमें हड्डियाँ मुलायम पड़ जाती हैं) की अवस्था में क्यों न हो, यह इंटक नामक बालक बैठने-उठने लगा। दो कारणों से—एक दूसरे महायुद के समय मिलों में बड़े पैमाने पर श्रमिकों की भर्ती हुई थी और ये श्रमिक सातारा, कोल्हापुर, उत्तर भारत क्षेत्र के थे। पूर्व के श्रमिक मुख्यतः कोंकण, तेलुगू व मुसलमान थे। इनकी परम्परा लाल झंडे की थी। इस झंडे के तले उन्होंने अनेक लड़ाईयाँ लड़ी थीं व जीती थीं। उसकी ईमानदारी का उन्होंने अनुभव भी लिया था। लेकिन नये भर्ती हुए श्रमिकों की यह परम्परा नहीं थी, उनकी परम्परा तिरंगे की थी। कोई आश्चर्य की बात नहीं थी कि तिरंगा उन्हें अपना लगे। क्योंकि 1942 के 'भारत छोड़ो—चले जाओ' आन्दोलन से उनका परिचय भी हुआ था।

दूसरा कारण, 'चले जाओ' आन्दोलन में कम्यूनिस्टों की भूमिका से श्रमिक वर्ग उनसे नाराज था। इन दोनों बातों से इंटक को श्रमिक वर्ग में फूट डालने के लिए अनुकूल वातावरण प्राप्त हुआ।

किन्तु मालिक वर्ग और सरकार द्वारा इंटक को लगाया हुआ सिन्दूर उतरने में देर न लगी। लाल झंडे की टक्कर में विरोधी यूनियन बनाते समय कट्टर कम्यूनिस्ट विरोधक समाजवादी भी उनके साथ थे। उस समय दोनों ही कांग्रेस में ही थे। किन्तु स्वतंत्रता पश्चात समाजवादी 1948 में यह कह कर कांग्रेस से बाहर निकले कि अब कांग्रेस का ऐतिहासिक कार्य खत्म हो गया है। इंटक की मजदूर यूनियन में वे कांग्रेस के साथ ही थे। किन्तु अब कांग्रेस को ही वे अटकन (या बाधा?) लगने लगे थे।

यूनियन की वार्षिक साधारण सभा में होने वाले चुनाव में समाजवादियों ने चुनाव लड़ने का निश्चय किया। 1942 के आन्दोलन में उनकी प्रखर भूमिका से श्रमिकों में उनकी अच्छी छवि थी। उन्हें चुनाव जीतने का अतिविश्वास था।

लेकिन मुकाबला स.का. पाटिल जैसे कूटनीति में माहिर नेता से था। उन्होंने यूनियन के नियम बता दिये। उसमें प्रावधान यह था कि यूनियन का पदाधिकारी कांग्रेस का प्राथमिक सदस्य होना चाहिए।

खत्म! समाजवादियों के चुनाव के नामांकन पत्र उड़ गए। इंटक प्रणीत लोकतंत्र का मुखौटा उतर गया। समाजवादियों के पास यूनियन से बाहर निकलने के अलावा कोई विकल्प न था।

और फिर बाद में समाजवादियों ने अपनी स्वतंत्र मिल मजदूर सभा की स्थापना की।

मिलों में बोनस का प्रश्न उठ खड़ा हुआ था। 1948 में कम्यूनिस्टों ने श्रमिकों को साढ़े चार माह का बोनस दिलाया था किन्तु अब मालिक वर्ग दो माह से अधिक देने के लिए तैयार नहीं था। अर्थात् उस समय केवल मूल वेतन पर बोनस मिलता था और मूल वेतन रुपये 30/- तो महँगाई भत्ता रुपये 60/- से 65/- होता था। 'कुल वेतन पर बोनस' ऐसी कम्यूनिस्टों की माँग थी किन्तु यह भी सच्चाई थी कि इस प्रकार से कहीं भी बोनस प्राप्त नहीं होता था।

मिल मालिक बोनस बढ़ा कर नहीं दे रहे हैं, यह देख कर समाजवादियों ने हड़ताल का नोटिस दिया। श्रमिकों ने भरपूर साथ दिया, क्योंकि माँग न्यायोचित थी। वातावरण गर्म–पूरा गिरणगांव सभा, मोर्चे, जुलूस आदि से गूंज रहा था। स्वतंत्र भारत की पहली सरकार और समाजवादियों की यूनियन। श्रमिकों की यह न्यायपूर्ण हड़ताल कैसे सुलझाते हैं, इसकी ओर सारे देश की, देश भर के श्रमिक

वर्ग की नज़र थी।

और अनुभव विदारक रहा।

37

सरकार बदल भी गई थी फिर भी राज पूँजीपतियों का ही था। मुखिया बदल गए फिर भी मालिक पुराने ही थे। भाषा बदल गई फिर भी व्यवहार वही—लाठी-गोली का ही था।

कम्यूनिस्टों से अब तक पढ़ाया हुआ पाठ ही नया श्रमिक वर्ग सीख रहा था—बहुत बड़ी कीमत चुका कर। हड़ताल में समझौता करवा कर उसे सम्मानपूर्वक ढंग से खत्म करने की बजाय उसे अपनी मौत मरने देने का और फूट डालने का रास्ता सरकार ने अपनाया।

पूरे श्रमिक क्षेत्र में सभा-जुलूसों पर बन्दिशें लगाई गईं। मिलों के दरवाजों पर शान्तिपूर्ण प्रदर्शन के लिए भी बन्दिश। हड़ताल तोड़ने वालों को सुरक्षा। पोद्दार मिल पर पिकेटिंग के लिए खडे श्रमिक नेता डॉ. शान्ति पटेल पर गुंडों ने हमला किया। पुलिस भी पीछे नहीं थी। लाठीचार्ज, गोलीबारी आदि आदेशानुसार ही हो रही थी।

दो माह तक हड़ताल जारी रहने के बाद भी कोई हल नहीं। 63 वें दिन आगे की रणनीति तय करने के लिए सभा बुलाई गई। बड़ी संख्या में उपस्थित श्रमिकों ने हड़ताल जारी रखने का निर्णय हाथ उठा कर लिया और दूसरे ही दिन पहली पाली में सभी श्रमिक काम पर लौटे। हड़ताल टूटी।

इस हड़ताल का एक नेता वर्षों बाद मुझे बस में मिला। इस हड़ताल के बारे में बात करते हुए उसने कहा, “हम श्रमिकों का मन कभी समझ ही नहीं पाए। एक दिन पहले हाथ उठा कर हड़ताल चालू रखने का निर्णय लेने वाले दूसरे दिन अपने ही पैरों से काम पर लौटे।” मैंने उससे कहा, “अब तो डांगे और अशोक मेहता में क्या फर्क है, समझ में आया या नहीं?” वह निरुत्तर हुआ लेकिन हँस दिया।

हड़ताल के टूटने के पश्चात् मालिक वर्ग ने श्रमिकों के साथ पूर्व जैसा ही व्यवहार किया। कार्यकर्ताओं का रोजगार छीन लिया गया। अधिकारी और इंटक वाले उन्हें अपमानित करने का एक भी अवसर जाने नहीं दे रहे थे।

हड़ताल के कुछ समय पूर्व से ही श्रमिकों ने संघ (इंटक) को चंदा देना बन्द कर दिया था। इतनी लम्बी हड़ताल के बाद श्रमिकों में निराशा फैली हुई थी और बी.आई.आर. कानून के प्रावधानों का फायदा उठा कर संघ ने फिर एक बार श्रमिकों को कसना शुरू किया। मिलों में दादागिरी और भ्रष्टाचार के बल पर फिर

से संघ की सदस्यता दर्ज कराना शुरू किया।

असल में बी.आई.आर. कानून मूलतः लड़ाकू श्रमिक आन्दोलन की नसबन्दी करने के उद्देश्य से अस्तित्व में लाया गया था। जब तक मालिक-श्रमिक संघर्ष में श्रमिक मार खा रहे थे तब तक उनके बीच के सम्बन्धों का नियमन करने के लिए मालिक वर्ग को किसी भी कानून की आवश्यकता नही पड़ी, सरकार को भी नहीं। किन्तु 1928 की हड़ताल में श्रमिकों की विजय व मालिकों की हार से औद्योगिक सम्बन्धों का नियमन करने की आवश्यकता सरकार को महसूस होने लगी और 1929 में ट्रेड डिस्प्यूट्स एक्ट आया।

38

मालिक वर्ग जो हमले कर रहा था उसके पीछे कारण उद्योग नुकसान में थे, ऐसा कतई नहीं था। पहले महायुद्ध के चार वर्षों में मुम्बई के मिल मालिकों ने 12 करोड़ रुपयों की पूँजी के बल पर 75 करोड़ रुपयों का मुनाफा कमाया था और इतने मुनाफे के बावजूद अधिक मुनाफे के उद्देश्य से श्रमिकों पर एक के बाद एक हमले कर रहे थे। इसीलिए कम्यूनिस्ट कहते हैं कि मालिक वर्ग के मुनाफे का प्रत्येक रुपया श्रमिकों के खून से नहा कर ही आता है।

पूँजीवादी राज में श्रमिक अपने जीने के हक, अपने जीवन स्तर की रक्षा तथा अपनी श्रमशक्ति के योग्य प्रतिफल के लिए लड़ता है और मालिक हमला करता है तो अधिक मुनाफे के लिए। दोनों की तुलना असम्भव है। दोनों को समान स्तर पर आंकना भी गलत है।

औद्योगिक सम्बन्धों का नियमन कर यदि औद्योगिक संघर्ष टालना हो तो इन सम्बन्धों का नियमन करने वाला कानून निम्न दो बातों पर आधारित होना आवश्यक है–

1. बहुमत प्राप्त यूनियन को अनिवार्यतः मान्यता! बहुमत यदि विवादित है तो गुप्त मतदान से निर्णय।
2. सामूहिक सौदेबाजी के सिद्धान्त को पूर्ण मान्यता व अवसर और हड़ताल का अनिर्बंध अधिकार।

पूँजीवादी शासन प्रत्येक औद्योगिक सम्बन्ध कानून इन्हीं दो बातों को नकारता है। उसकी सोच यही रहती है कि ये सारे प्रयास श्रमिक आन्दोलन को मैदान से हटा कर कोर्ट-कचहरियों में बाँध कर रखने के लिए हैं।

बी.आई.आर. कानून ऐसे कानूनों का सरताज है। इसीलिए 1946 से ही जबसे

यह कानून बना, मिल उद्योग बर्बाद होने से लेकर मिल मजदूर ध्वस्त होने तक खत्म होने तक पिछले साठ सालों से इंटक समर्थित यूनियन छोड़ कर अन्य सभी संगठन एक स्वर से इस कानून को खत्म करने की माँग करते चले आ रहे हैं। 1966, 1971,1974 और 1982 की सभी हड़तालों में यह माँग प्रमुख थी। कई बार श्रमिक कहते थे कि यह एक ही माँग मंजूर करो। बाकी हम मालिक वर्ग से प्राप्त कर लेंगे।

और यह माँग कभी मंजूर नहीं हुई।

विभाजन के समय सर्वत्र जातिवाद की आग फैली थी। मुस्लिम जातिवाद के साथ हिन्दू जातिवाद भी तांडव कर रहा था। एक-दूसरे पर पल-पोस रहे थे। विभाजन के आगे-पीछे तो इस जहर ने अपनी सीमा लांघ दी। इतनी कि पुलिस व सुरक्षा बलों की विश्वसनीयता पर प्रश्नचिन्ह लग गया था। दिल्ली में अल्पसंख्यकों को सुरक्षा प्रदान करने के लिए निकट उपलब्ध सिख-जाट रेजीमेण्ट को की बजाय गोरखा व मद्रास रेजीमेण्ट को बुलाने के लिए नेहरूजी बाध्य हुए। हर कोई कह रहा था कि वह जातिवाद के खिलाफ है—किन्तु सुरक्षित स्थान पर बैठ कर। जनता के बीच जाकर उसके खिलाफ प्रचार करने की हिम्मत कोई नहीं दिखा रहा था। अकेले गांधीजी एकाकी होकर यह लड़ाई लड़ रहे थे। अल्पसंख्यकों को हिम्मत व धीरज दे रहे थे। दुखियों के आँसू पोंछ रहे थे। खोए हुए विश्वास को जगाने का प्रयास कर रहे थे। इस देश में साम्प्रदायिक एकता का कोई विकल्प नहीं है, यह समझा रहे थे।

39

किन्तु जिस संघर्ष के कारण गांधीजी सारी दुनिया की जनता के आदर के पात्र बने, उसी कारण से वे जातिवादियों के अति द्वेष का कारण बने। गांधीजी उनकी आँखों में खलने लगे, चुभने लगे। वे लोग इस निष्कर्ष पर पहुँच गए थे कि यह कांटा दूर न किया तो अपनी कार्यवाहियाँ इस देश में करना सम्भव नहीं होगा। उनके नाश की योजनाएँ बननी लगीं, आकार लेने लगीं।

असल में ऐसे प्रयास काफी पहले से जारी थे। पूर्व में एक बार जब गांधीजी आराम हेतु लोनावला आए थे तब उन पर चाकूओं से हमला करने का प्रयास हुआ था। वर्धा में भी उनके आश्रम में ऐसा ही प्रयास हुआ था। इसके खिलाफ आवाज उठी तो सरकार आश्वासन देती रही और फिर सब कुछ शान्त हुआ। 'पांचजन्य' जैसे

जातिवादियों के मुखपत्र तो दिन-रात गांधीजी के खिलाफ आग उगल रहे थे। वे खुली चेतावनी दे रहे थे कि जब तक गांधीजी हैं तब तक इस देश में हिन्दू स्वाभिमान के साथ रह नहीं सकते।

किन्तु जो धोखा सामान्य जनता स्पष्ट रूप से देख पा रही थी वह भारत के गृहमंत्री को—वल्लभभाई पटेल को उतना महसूस नहीं हो रहा था। वे बार-बार कह रहे थे कि मेरी स्थिति पर नज़र है, गांधीजी की सुरक्षा के आवश्यक उपाय किए गए हैं।

और ऐसे माहौल में 30 जनवरी 1948 की वह शाम! गांधीजी तेजी से प्रार्थना स्थल की ओर बढ़ रहे थे और भीड़ से अचानक एक युवक ने आगे आ कर, झुक कर गांधीजी को प्रणाम किया और दूसरे ही क्षण...रिवॉल्वर से गांधीजी पर गोलियाँ दाग दीं।

गांधीजी ढह गए! सारा देश, सारी दुनिया स्तम्भित हुई।

अपने जीवन भर के प्रयत्नों से गांधीजी जो साध्य नहीं कर पाए थे वह उनकी अमानुषिक हत्या से क्षणभर में साध्य हुआ। देश के साम्प्रदायिक दंगे रुक गए, कुछ समय के लिए ही क्यों न हो।

सरकार की अकर्मण्यता के खिलाफ देश में प्रक्षोभ हुआ। वल्लभभाई पटेल ने इस्तीफे की पेशकश की। नेहरूजी सन्न रह गए। अन्य कांग्रेस नेता हतबद्ध। गांधीजी का खूनी वहीं पकड़ा गया था—नाथूराम गोडसे, राष्ट्रीय स्वयंसेवक संघ का कार्यकर्ता।

सरकार ने काफी देरी से राष्ट्रीय स्वयंसेवक संघ पर बन्दिश लगाई।

गांधीजी की हत्या के पूर्व नेहरूजी व पटेल के बीच मतभेद तीव्र हो चुके थे। विशेषकर देशभर में फैल रही साम्प्रदायिकता के विरोध में उठाए जाने वाले कदमों और उपाय योजना की बाबत। गांधीजी यह बात जानते थे।

40

इस बाबत उन्होंने उनकी राय भी बना ली थी। जिस दिन हत्या हुई, उसी दिन सुबह उन्होंने नेहरूजी से चर्चा की थी और शाम को प्रार्थना के पश्चात् सरदार पटेल से चर्चा करने वाले थे।

किन्तु बीच में ही हुई इस घटना ने सभी बातों में बाधा उत्पन्न कर दी। दोनों को एक-दूसरे से मिल-जुल कर रहना पड़ा, देश व साथ-साथ कांग्रेस की सत्ता सुरक्षित रखने

के लिए। कुछ ही दिनों बाद कश्मीर जैसी समस्या सामने आयी और जातिवाद, सम्प्रदायवाद का धोखा पीछे रह गया। सब कुछ शान्त हुआ। पटेल बच गए, जातिवादी भी बचे, डूबी तो सिर्फ और सिर्फ साम्प्रदायिकता विरोधी मुहिम! पराजित हुई।

इसी वर्ष 1948 में कम्यूनिस्ट पार्टी का दूसरा अखिल भारतीय अधिवेशन हुआ। 1942 में पार्टी की हुई पीछेहाट से नेतृत्व के प्रति पार्टी में नाराजगी थी। आम भावना यह थी कि नीतियों में परिवर्तन होना चाहिए। पार्टी में झादानोव सिद्धान्त की काफी चर्चा चालू थी। झादानोव एक सोवियत बुद्धिजीवी कम्यूनिस्ट नेता थे। उनके अनुसार बोल्शेविक क्रान्ति के पश्चात दुनिया दो विचारधाराओं में विभक्त हो गई है—और जो समाजवाद मानते नहीं वे पूँजीवाद के समर्थक हैं ऐसा मानना चाहिए। पार्टी के एक नेता कॉ.बी.टी.रणदिवे इस नीति के समर्थक समझे जाते थे।

किन्तु प्रश्न इतना ही मर्यादित नहीं था। आगे अपनाई जाने वाली नीतियों के बारे में भी गम्भीर मतभेद थे। कॉ. रणदिवे मानते थे कि स्वतंत्रता प्राप्त हो गई है तो अब समाजवाद के लिए लड़ाई शुरू करना चाहिए। लोकतांत्रिक क्रान्ति और समाजवादी क्रान्ति, दोनों का तालमेल कर अगला आन्दोलन करना चाहिए। उपरी तौर पर तो यह उचित प्रतीत होता था किन्तु वास्तविकता ऐसी नहीं थी। लोकतांत्रिक क्रान्ति के कार्य अभी अपूर्ण थे। जनता अभी भी कांग्रेस के प्रभाव में थी जिसने स्वतंत्रता दिलाई थी। कम्यूनिस्ट पार्टी 1942 के आन्दोलन की अपनी भूमिका के कारण जनता से दूर, काफी एकाकी थी। दो-चार राज्यों के कुछ विभाग छोड़ दें तो देश के विराट कृषक समुदाय में पार्टी का कोई आधार नहीं था। सेना दलों से तो पार्टी का सम्पर्क भी नहीं था किन्तु केंद्र सत्ता काफी मजबूत थी। ऐसी अवस्था में समाजवादी क्रान्ति के सपने देखना उसे लाने के लिए तैयारी करना, उस दिशा में कदम बढ़ाना बड़ी भूल थी और इस भूल के स्पष्ट दिखते परिणामों के बावजूद उसे एकांगी मार्ग से घसीटते हुए आगे ले जाना—ये सब एक के बाद एक बडी गलतियाँ थीं। किन्तु पार्टी ने ये सब गलतियाँ कीं। पार्टी ने कीं, कहने की बजाय, कॉ. रणदिवे ने की, ऐसा कहना अधिक उचित होगा क्योंकि पार्टी के अन्दरूनी लोकतंत्र का गला घोंट कर, पार्टी संगठन का पूरा ढांचा ध्वस्त कर, गुटबाजी अपना कर पार्टी की पूरी सत्ता उन्होंने अपने हाथों में केंद्रित कर ली थी।

इन गलतियों के परिणाम भयंकर हुए। पार्टी के दो गुटों में विभाजित होने से संगठन चरमरा गया। पार्टी नेतृत्व के सभी जन संगठन कमजोर हो गए। शासन को दमन तंत्र प्रणाली अपनाने का अवसर मिला। कुछ प्रदेशों में पार्टी को अवैध घोषित किया गया। अनेक प्रदेशों में कम्यूनिस्ट कार्यकर्ताओं को भूमिगत होना पड़ा।

41

हैदराबाद मुक्ति संघर्ष में पार्टी की भूमिका गौरवशाली थी किन्तु भारतीय सेना द्वारा हैदराबाद को मुक्त किये जाने के बावजूद संघर्ष चालू ही रखने के कारण उनका संघर्ष भारतीय सेना से ही हो गया। तेलंगाना में कम्यूनिस्टों ने किसानों को साहूकारों व जमींदारों से मुक्ति दिलाई। उन्हें उनकी जमीनें फिर से दिलवाईं। भूमिहीनों को जमीन दिलवाई। किन्तु उचित समय आन्दोलन पीछे न लेने से उनके साथ निर्दयी क्रूरता हुई। सैकड़ों कम्यूनिस्ट कार्यकर्ता, किसान, श्रमिक इस संघर्ष में मारे गए। जनरल चौधरी ने मौका मिलते ही कोई दया नहीं दिखाई।

स्वतंत्रता प्राप्ति के पूर्व ही कांग्रेस के वल्लभ भाई गुट ने श्रमिक वर्ग व श्रमिक संगठनों को अपने नेतृत्व में लाने के लिए इंटक की स्थापना की थी किन्तु पैतृक संगठन के नाते एन.एम.जोशी, मृणालकांति बोस, मैत्रेयी बोस जैसे अनेक उदारवादी श्रमिक नेता एटक के साथ ही थे। राजनीति के नये हथकण्डे के तहत कम्यूनिस्टों ने इन सभी का एटक से उच्चाटन किया और एटक का पूर्ण नियंत्रण अपने हाथों में ले लिया।

नियंत्रण ले तो लिया, लेकिन नियंत्रण में जो आया, वह पहले की एटक नहीं थी। पूर्णतः निस्तेज संगठन। जिसके पास पहले जैसी न तो ताकत थी न ही महत्त्व।

ऐसी ही राजनीति राज्यों में भी हुई। परिणामतः केवल पार्टी का ही नहीं, श्रम आन्दोलन को भी भारी नुकसान हुआ, क्षति पहुँची।

इस पतझड़ की अन्तर्राष्ट्रीय स्तर पर दखल ली गई। नहीं ली गई होती तो आश्चर्य की बात होती। कम्यूनिस्टों के अन्तर्राष्ट्रीय सूचना व सम्पर्क केंद्र–कॉमिन्फॉर्म ने इन घटनाओं का संज्ञान लेकर नीतियों और व्यवहार पर सारगर्भित समीक्षात्मक आलेख प्रकाशित किया।

आलेख के प्रकाशित होते ही पार्टी में तूफान आया। दबी हुई आवाजों के कंठ फूटे। पार्टी की इस दयनीय स्थिति का जिम्मेवार कौन? इस विषय पर वाद-विवाद शुरू हुआ। बिल्कुल तू-तू– मैं-मैं!

अन्त में प्रमुख कॉमरेडों की मीटिंग हुई। यह मान्य किया गया कि पार्टी की नीतियाँ गलत थीं। ऐसा कहा गया कि गलती उदारवादी सुधारवादियों की न होकर एकांगी वामपंथ के साहसवाद की है। केन्द्रीय समिति और राजनीतिक समिति का पुनर्गठन किया गया और पार्टी लोकतंत्र का गला घोंट कर, नियम तोड़ कर तानाशाही व्यवहार करने के आरोप में कॉ. रणदिवे को पार्टी से तीन वर्षों के लिए निलम्बित कर दिया गया।

चीन की क्रान्ति सफल होने से चीन की ओर सारी दुनिया का ध्यान आकर्षित हुआ। चीन एशिया महाद्वीप का सबसे बड़ा देश होने के बावजूद सभी मामलों में अत्यन्त पिछड़ा हुआ था। औद्योगिक श्रमिक वर्ग नहीं था। सर्वत्र अनपढ़ किसान और खेत मजदूरों के समुदाय। इस सबके बावजूद चियांग काई शेक के अत्याचारी व क्रूर राज, जिसके समर्थन में साम्राज्यवाद और जापान का आक्रामक साम्राज्यवाद होते हुए भी इनका मुकाबला कर क्रान्ति कैसे सफल हुई, इसकी चर्चा दुनियाभर में हो रही थी– विशेषकर कम्यूनिस्टों में। कुछ लोग इस बात के आग्रही थे कि चीन ने दिखाया हुआ रास्ता (China Path) हमारे लिए उपयुक्त है। टी. सी. राजेश्वरराव भी इसी राय के थे। इसीलिए पार्टी के सारे सूत्र उन्हें सौंपे गए।

किन्तु वैचारिक संभ्रम रुकने का नाम नहीं ले रहा था। दूध का जला छाछ भी फूँक-फूँक कर पीता है।

इस संभ्रम से बाहर निकलने के लिए फिर से पार्टी परिषद (अधिवेशन) बुलाना आवश्यक था। लेकिन पार्टी परिषद के समक्ष किस विचार को लेकर जाया जाए, कौन-सी 'लाईन' हो इस पर चर्चा होकर भी अनिर्णय की स्थिति थी। अन्त में मॉस्कों से सलाह लेना तय हुआ। उस दौरान तो उसे ही निर्णायक माना जाता था।

पार्टी के चार वरिष्ठ नेता–कॉ. डांगे, कॉ. अजय घोष, कॉ. राजेश्वर राव और कॉ. बसव पुनैया–मॉस्को पहुँचे। बिना पासपोर्ट के, सदैव निगाह रखे हुए गुप्तचरों की निगाहों से बच कर ये चारों किस प्रकार मॉस्को पहुँचे, यह प्रश्न आज तक अनुत्तरित है।

चारों वरिष्ठ नेताओं की सोवियत पार्टी के वरिष्ठ नेताओं से चर्चा हुई। स्तालिन ने भी कुछ समय के लिए चर्चा में भाग लिया।

चर्चा में तेलंगाना विद्रोह की चर्चा होना अवश्यंभावी था। चर्चा क्या हुई, यह जानने के लिए मैं बड़ा ही उत्सुक था। एक बार जब कॉ. डांगे मूड में थे और अकेले थे तब मैंने उन्हें इस बाबत छेड़ा।

''अरे, चर्चा किस बात की? अपने जैसी लम्बी बातें करने की उनकी आदत नहीं होती। समय भी नहीं रहता। इसीलिए वे क्रान्ति सफल कर सके। स्तालिन तो सिर्फ काम की ही बातें करते थे।'' डांगे बोले।

''विद्रोह की कितनी पक्की तैयारी की थी, यह बताने वाले से उन्होंने एक ही प्रश्न किया, विद्रोह के समय कितनी बन्दूकें थीं आप लोगों के पास?"

"साढ़े तीन हजार!''

43

स्तालिन ने मन्द-मन्द मुस्कुरा कर पास में बैठे मोलोतोव्ह से पूछा, "और जब हमने विद्रोह किया था तो अपने पास कितनी बन्दूकें थीं?" "पन्द्रह लाख" मोलोतोव्ह ने धीमी आवाज में कहा। इसके अलावा अनेक सैन्य विभाग उनके शस्त्रों के साथ हमारे साथ आने वाले थे और यह भी व्यवस्था कर रखी थी कि आवश्यकता पड़ते ही शस्त्रों के कारखानों से निकलने वाले शस्त्र सैनिकों की बजाय हमारे हाथ में होंगे।

स्तालिन ने बाद में कुछ नहीं कहा। किन्तु समझने वाले समझ गए थे।

आखिर में गए हुए 'लाईन' लेकर वापस लौटे। तीसरी पार्टी परिषद मदुरई (तमिलनाडु) में हुई और पार्टी कार्यकर्ता काम में जुट गए।

नई केन्द्रीय समिति से कॉ. रणदिवे का पत्ता कट गया था।

नई लाईन आई जरूर, लेकिन नेताओं व कार्यकर्ताओं की समझ का हिस्सा बनने तक कुछ समय तो जाना ही था। जिस प्रकार पुरानी आदतें आसानी से नहीं बदलतीं उसी प्रकार पुरानी समझ और पुरानी कार्य पद्धति केवल प्रस्ताव पारित करने से अपने आप नहीं बदलती। ऐसे प्रयासों में पुराने पूर्वाग्रह, अदावतें, अहंभाव आड़े आ रहे थे। इसके अलावा पुराने गुट तो थे ही। पार्टी जितनी पुरानी, उतनी ही गहरी बीमारी रहती है। मुम्बई, जो दोनों गुटों के दिग्गजों की कर्मभूमि थी—वहाँ तो यह बीमारी कभी पूर्ण रूप से ठीक हुई ही नहीं। बाहर का मौसम खुशनुमा हो तो वह दबी रहती और मौसम बदलते ही उफान खाती।

ऐसी स्थिति में पार्टी की गाड़ी लड़खड़ाती हुई चल रही थी। किन्तु जो गाड़ी रुकी हुई थी वह चलने लगी, यही सन्तोष की बात थी।

राष्ट्रीय व अन्तर्राष्ट्रीय स्तर पर महत्त्वपूर्ण परिवर्तन हो रहे थे। उनसे तालमेल व जनता की आवश्यकता और अपेक्षाओं का तालमेल कर पार्टी की नीतियाँ आगे बढ़ाना तार की कसरत थी।

निःसंकोच रूप से संसदीय लोकतंत्र स्वीकार करने के लिए पार्टी की पाँचवीं परिषद—अमृतसर कांग्रेस की राह देखनी पड़ी।

मुम्बई में मैं अब तक मेरे नये काम में रम गया था। कॉ. पाटकर ने मेरी नियुक्ति फर्ग्युसन रोड के विभाग में की थी। वहाँ के 'सुबेदार' थे—कॉ. हरिभाउ गरुड़। 1939 की हड़ताल में उन्हें नौकरी से हाथ धोना पड़ा और वे पूर्णकालिक कार्यकर्ता बन गए। शिक्षित नहीं थे फिर भी अनुभव व जनसम्पर्क व्यापक था। ऐसे हरिभाउ

के जूनियर के रूप में मैं विभाग में दाखिल हुआ। उनके साथ काम करते-करते एक दिन कॉ. पाटकर ने मुझे कॉ. भण्डारकर के सहायक के रूप में ऑफिस में काम करने का कहा।

44

कॉ. भण्डारकर यूनियन के सेक्रेटरी थे। फिर से टेबल वर्क। टेबल वर्क मुझसे छूट नहीं रहा था। इस बाबत मैंने कॉ. पाटकर से कहा तो वे बोले, "मैदानी काम सम्हाल कर, ये काम भी करो। दिनभर जुटे रहने लायक ऑफिस वर्क है कहाँ?" मिलों का समय सम्हाल कर कर सकते हो। और ऑफिस वर्क आप पूरी तरह कैसे छोड़ सकते हो? "You are a born chitinees." (मराठी में चिटणीस याने सचिव याने लिखने-पढ़ने वाला पदाधिकारी) मैं निरुत्तर था।

मैंने कॉ. बापूराव जगताप जो यूनियन के अध्यक्ष थे, से कहा, "मुझे आपके साथ काम करने की इच्छा है।"

"आइए! पूछते क्या हो?"

"कब से?"

"आज से। धनराज मिल पर रात के बारह बजे आओगे? मैं जाने वाला हूँ।"

"आऊँगा।"

मैं खुश हुआ। आखिर जो मुझे चाहिए था वह रास्ता मेरे लिए खुलने वाला था।

रात्रि सवा ग्यारह बजे ही मैं मिल पर पहुँच गया। बापूराव साढ़े ग्यारह बजे पहुँचे। तीसरी पाली के मजदूर मिल में जा रहे थे।

बापूराव बोले, "आप आ गए, अच्छा हुआ। आज आपका श्रीगणेश होने दो।"

अब तक मुझे पसीना छूटने लगा। मैंने बापूराव से कहा, "आज मैं आपकी सभा सुनता हूँ जिससे कि मजदूरों की समस्याएँ जान सकूँ।"

"ठीक है। अभी अन्दर जाने वालों की सभा मैं लेता हूँ। छूटने वालों की सभा तुम ले लेना।"

पन्द्रह मिनट बापूराव ने भाषण दिया। 'लाल झंडे की जय' के साथ सभा खत्म हुई।

"चलो, अब आपकी बारी। करो तैयारी।"

"बापूराव, अभी एक-दो सभाएँ सुन लेने दो। फिर देखेंगे।"

बापूराव कुछ नहीं बोले। सामने फुटपाथ पर पड़ी हुई म्युनिसिपॉलिटी की कोठी उलट कर रखी और कहा," ये आपका स्टेज।" मैं घबरा गया, पाँव काँपने लगे।

"हूँ, अब इस पर चढ़ो।"

मेरा हाथ पकड़ कर मुझे स्टेज पर चढ़ा दिया।

45

मिल से पाली खत्म होने का भोंपू बजा और श्रमिकों का पहला जत्था मिल से बाहर आया। बापूराव ने मजदूरों को रोका। "हू, करो शुरुआत।" बापूराव बोले।

मेरी जुबान हकलाने लगी। पाँव काँप रहे थे। मेरी स्थिति देख कर बापूराव ने सभा का कब्जा ले लिया। मेरा परिचय कराने के लिए थोड़ा भाषण देकर बोले, "अब अपने नये नेता सम्बोधित करेंगे।"

"मजदूर भाईयों" मैंने शुरुआत की।

अगले चार-पाँच मिनट मैं क्या बोल रहा था, मुझे भी समझ में नहीं आ रहा था। सोचे हुए मुद्दे भूल गया था। पाँव काँप ही रहे थे और इसीलिए स्टेज भी डोल रहा था।

'लाल झंडे की जय' कह कर मैंने अपनी बात समाप्त की और पसीना पोंछा।

बापूराव बोले, "चिटणीस जी, पहली बार में अपवाद छोड़ कर सभी के साथ ऐसा ही होता है। महीने भर में आप इतना बोलने लगोगे कि आपके बाद बोलने वाले के लिए मुद्दा ही नहीं बचेगा। लेकिन आज यदि आप पीछे हट जाते तो कल की सभा में आते ही नहीं। इसलिए मैंने तुम्हें उतरने नहीं दिया।"

बापूराव की बात सही साबित हुई। एक महीने में मैं अभ्यस्त हो गया। अकेले सभा लेने लगा।

अब रूटीन तय हो गया था। प्रातः छह बजे के पूर्व मिल के दरवाजे पर हाजिर। कहीं से भी स्टूल का जुगाड़ करना। लाल झंडे की सभा है तो स्टूल तो मिल ही जाता था। छह से साढ़े छह सभा। तीसरी पाली सात बजे छूटती थी फिर उनकी सभा। दस बजे ऑफिस, पत्राचार। मजदूरों से उनकी समस्याओं पर चर्चा आदि। फिर दोपहर तीन व साढ़े तीन बजे की सभाएँ।

ऐसा जीवन्त व सतत् का सम्पर्क ही यूनियन का बलस्थान था। इसी बल पर 'मान्यता' न होते हुए भी यूनियन संघर्ष कर पाती थी।

प्रमुख नेताओं में से रामभाउ भोगले, बापूराव जगताप, कृष्णा देसाई, गुलाबराव गणाचार्य का मजदूरों से सतत् सम्पर्क बना रहता था। कॉ. पाटकर के पास कार्य की अधिकता होने से उनकी गेट मीटिंग्स कम हो गई थी किन्तु श्रमिक क्षेत्र की हर जानकारी उनके पास रहती थी।

1950 के बाद, विशेषकर विधायक चुने जाने के पश्चात कॉ. पाटकर का गिरणगांव में सर्वत्र व सतत् संचार सम्पर्क रहता था। मिल मजदूर व अधिकारी तो ठीक, किन्तु वहाँ के फेरीवाले, कलापथकों के कलाकार, अखाड़ों के उस्ताद ही नहीं, वहाँ के नामी- गिरामी गुंडे भी उन्हें पहचानते थे।

1950 की हड़ताल टूटने के बाद समाजवादियों में मतभेद तीव्र होते गए। अशोक मेहता की सुधारवादी नीतियों के खिलाफ संघर्षवादी कार्यकर्ताओं में असन्तोष था। परिणामस्वरूप वाम समाजवादी गुट तैयार हो गया। अरुणा आसफ अली, ए. नारायणन् आदि उनका नेतृत्व कर रहे थे। मुम्बई में बापूराव जगताप, गुलाबराव गणाचार्य आदि प्रमुख थे। यूनियन पर कब्जे के लिए काफी संघर्ष हुआ। अन्ततः बापूराव गुलाबराव ने यूनियन छोड़ दी। उनके साथ मिल मजदूर सभा के सैकड़ों मजदूर भी बाहर आ गए और मिल मजदूरों के मैदान से समाजवादियों की चुनौती खत्म सी हो गई।

कॉ. पाटकर, कॉ. थोरात ने बापूराव व गुलाबराव से सम्पर्क बनाए रखा था। चर्चा हुई। दोनों ने एक साथ काम करना तय किया। राजकीय स्तर पर भी समाजवादी गुट भारतीय कम्यूनिस्ट पार्टी में शामिल हुआ था। इसलिए एकजुटता की प्रक्रिया सरल हो गई और इसी एकजुटता के कारण हमें हमारा ऐतिहासिक नाम 'गिरणी कामगार यूनियन' (मिल मजदूर यूनियन) भूलना पड़ा। नाम छोड़ा लेकिन विरासत नहीं छोड़ी। मजदूर वर्ग से ईमान रख कर संघर्ष करने की। यूनियन एटक से ही संलग्न रही।

नई यूनियन के अध्यक्ष बने—बापूराव और जनरल सेक्रेटरी बने—कॉ. पाटकर।

नई यूनियन को मजदूरों का अच्छा-खासा समर्थन मिला। राष्ट्रीय संघ (इंटक) से त्रस्त मजदूरों को एक हथियार चाहिए थाए वह उन्हें इस यूनियन के रूप में मिलेगा इस अपेक्षा से संघर्षशील मिल मजदूर यूनियन के समर्थन में खड़ा हुआ। पहले पगार के दिन ही 22 हजार मजदूरों ने यूनियन की सदस्यता ली।

लेकिन मूलभूत माँगों के निराकरण के लिए यूनियन को मान्यता आवश्यक थी लेकिन उसके आसार दूर-दूर तक नजर नहीं आ रहे थे।

इस कारण से कुछ समय बाद समर्थन की यह लहर उतरने लगी। सदस्य संख्या कम होने लगी। मजदूरों में फिर से निराशा फैलने लगी। इस निराशा का एकमात्र कारण था—बी.आई.आर. कानून। इस कानून को हथियार बना कर मालिक व सरकार मिल मजदूरों का संघर्ष भोथरा करना चाहते थे।

इन सभी व अन्य कई कारणों से प्रश्न खत्म नहीं हो रहे थे। मजदूरों में सुस्ती फैल रही थी और आन्दोलन खड़ा नहीं हो पा रहा था।

पार्टी का चौथा अखिल भारतीय अधिवेशन (परिषद) पालघाट (केरल) में हुआ। इसके पूर्व हुई मुम्बई की पार्टी परिषद में मैं मुम्बई कमेटी में चुना गया था।

मैं पार्टी में आया तब पार्टी में आना आसान नहीं था। काफी छानबीन, मैदानी कार्य की जानकारी, उस पर बारीक नजर रख कर अनुकूल रिपोर्ट आने पर ही पार्टी की सदस्यता दी जाती थी। कभी-कभी दो-दो साल लग जाते थे।

मुझे भी इस प्रक्रिया से गुजरना ही पड़ा। पार्टी में काम शुरू करने के एक साल बाद जब मैंने कॉ. डांगे से इस बाबत पूछने पर वे हँसते हुए बोले, "देखेंगे।"

मैं थोड़ा मायूस हुआ। पार्टी अभी भी मुझे इस लायक समझती नहीं, यह देख कर मन-ही-मन निराश हुआ।

किन्तु दो दिन बाद ही कॉ. घाटे के समक्ष कॉ. डांगे ने इस विषय को छोड़ते हुए मेरी उपस्थिति में पूछा, "चिटणीस पार्टी की सदस्यता माँग रहे हैं, देना है क्या?"

"आपके ही ऑफिस में काम करते हैं ना? तो आप ही बताइये!"

कॉ. डांगे ने हँसते हुए कहा, "भरो! फॅार्म भरो।"

दूसरे दिन फॅार्म भर कर कॉ. डांगे के समक्ष रखा। उन्होंने प्रस्तावक के रूप में हस्ताक्षर किये और अनुमोदक (समर्थक) के रूप में कॉ. घाटे ने। कॉ. डांगे ने मुझे कॉ. मिरजकर से मिलने को कहा। वे उस समय मुम्बई कमेटी के सेक्रेटरी थे। कॉ. डांगे पॉलिट ब्यूरो के प्रमुख सदस्य थे तो कॉ. घाटे कण्ट्रोल कमीशन के अध्यक्ष। दोनों के हस्ताक्षरों वाला फॅार्म देख कर कॉ. मिरजकर आश्चर्य में पड़ गए। मुझसे पूछा, "आपका कॉ. डांगे से परिचय कैसे?"

"मैं उनके ऑफिस में ही काम करता हूँ।"

"कितने दिनों से?"

"साल भर से।"

"फिर इतने दिनों में कभी दिखे नहीं?"

"रात में देर तक वहीं समय निकल जाता है।"

"कितने बजे तक?"

"ग्यारह बारह बजे तक।"

आश्चर्य व्यक्त कर कॉ. मिरजकर ने पार्टी कार्ड पर हस्ताक्षर कर मुझे दिया।

पार्टी कार्ड मिला। मैं भारतीय कम्यूनिस्ट पार्टी का, पर्यायस्वरूप अन्तर्राष्ट्रीय कम्यूनिस्ट आन्दोलन का घटक बन गया।

48

स्तालिन का एक सुवचन याद आया। 'लेनिन द्वारा स्थापित व नेतृत्व दी गई पार्टी का सदस्य होना, इससे बड़ा सम्मान जिन्दगी में और कोई नहीं हो सकता।'

एक क्षण के लिए मेरा मन ही नहीं, पूर्ण शरीर अत्यानन्दित हुआ।

पार्टी कार्ड अभी तक मैंने संभाल कर रखा है। मैं बी.कॉम. की डिग्री लेने नहीं गया लेकिन वह कार्ड संभाल कर रखा है।

श्रमिक संघ (इंटक) की मान्यता कैसे समाप्त हो, इसका विचार करते-करते कई बार मजदूरों का व्यवहार तय होता था। इसी विचार से वे समाजवादियों की मिल मजदूर सभा के समर्थन में तेजी से खड़े हुए थे। बोनस की माँग की लड़ाई में संघर्ष किया लेकिन माँग मंजूर न होते देख व मान्यता मिलने की सम्भावना के न देखते वे उतनी ही तेजी से फिर से इंटक में लौट गए थे।

संयुक्त महाराष्ट्र समिति ने 1957 के चुनावों में कांग्रेस को पराजित किया और मिल मजदूरों की मृतप्रायः आशा व आकांक्षाओं में नये अंकुर आए। किन्तु मिल मजदूरों के मुद्‌दों को हाथ में लेने के मुद्‌दे पर 'समिति' में प्रजा समाजवादियों का विरोध था। उनका मानना था कि इसके लिए यूनियन्स है।

उनकी इस नकारात्मक भूमिका से एक विचार प्रबल हुआ कि क्यों नहीं 'संयुक्त महाराष्ट्र समिति' की तर्ज पर यूनियन बनाई जाए?

हमें यह विचार पसन्द था। हमने तो मुहिम भी शुरू कर दी किन्तु प्रजा समाजवादी विरोध करने लगे। उन्हें तो कम्यूनिस्टों के साथ मोर्चा बनाने में भी आपत्ति थी। शेतकरी कामगार पार्टी, रिपब्लिकन पार्टी का न तो विरोध था न ही समर्थन।

किन्तु हमारे द्वारा अपनाई गई भूमिका अब अधिकाधिक समुदायों को आकर्षित कर रही थी। इसी प्रक्रिया से एक नई शक्ति आकार ले रही थी। कोई समुदाय यदि किसी विचार से प्रभावित हो जाता है तो वह एक शक्ति बन जाता है। तेजी से नई यूनियन के समर्थन में हवा बन गई। प्रजा समाजवादी बदनाम हो गए। अन्त में एस.एम. जोशी ने उन्हें समझाया। पसन्द न होते हुए भी यह अवश्यंभावी है, यह बताया और एकजुटता वाली यूनियन बनाना निश्चित हुआ। पाँचों पार्टियों की मिल कर यह यूनियन बनने वाली थी। निर्णय यह हुआ कि सभी को उचित प्रतिनिधित्व मिले। तदनुसार एस.एम.जोशी अध्यक्ष और कॉ. एस.ए. डांगे जनरल सेक्रेटरी बने। इन दोनों नामों पर मतभेद होना असम्भव था।

बाकी पदों का बँटवारा भी उचित रूप से किया गया। कालान्तर से यूनियन के नाम का प्रश्न उपस्थित हुआ। एस.एम.जोशी ने कॉ. डांगे से पूछा तो उन्होंने

कहा कि हमारा किसी भी नाम पर आग्रह नहीं है, कुछ भी रखिए। काफी चर्चाओं के उपरान्त नाम तय हुआ,

'मुम्बई गिरणी कामगार यूनियन'

49

एकजुटता वाली यूनियन बन रही है, यह समाचार फैलते ही मजदूरों में उत्साह का संचार हुआ। एक ही विषय था। इंटक वाले संगठन के नेताओं के चेहरों पर उदासी छा गई थी।

अधिकृत निर्णय लेने के लिए 1 फरवरी, 1959 को कामगार मैदान पर सभा बुलाई गई। 50 हजार मजदूरों की उपस्थिति से उनकी भावनाएँ प्रदर्शित हुईं। एकजुटता वाली यूनियन का प्रस्ताव एस.एम. जोशी के रखते ही तालियों की गड़गड़ाहट से मजदूरों ने उसे मान्य किया। पहली पगार पर चन्दा इकट्ठा करना तय हुआ। कॉ. डांगे का आकलन था कि पहली पगार पर एक लाख सदस्य बनेंगे।

सर्वप्रथम यूनियन का पंजीकरण करवाया गया। एक दिन में हुआ। अखबारों के साथ-साथ हर नाके पर यूनियन की ही चर्चा थी।

सदस्यता मुहिम के पहले ही दिन 93 हजार मजदूर सदस्य बने। दूसरे दिन यह संख्या एक लाख पार कर गई। मजदूरों ने कॉ. डांगे को दिया हुआ आश्वासन पूरा किया।

यूनियन के आह्वान को मजदूरों ने भरपूर प्रतिसाद दिया। अब मजदूर यूनियन के अगले कार्यक्रम की बाट जोह रहे थे।

पदाधिकारियों का चुनाव सर्वसम्मति से होने के पश्चात संगठन को मजबूत रूप देने के लिए विभागवार संगठक बनाने का विचार आया। इसके साथ ही घटक दलों में सक्रियता आकर प्रत्येक विभाग में प्रतिनिधित्व की माँग आने लगी। थोड़े ही दिनों में प्रत्येक काम में यह घटकवाद जागरूक होता गया। फिर से उठापटक। ऐसी स्थिति बनी कि एकजुटता का विकल्प नहीं और कांटों के सिवाय एकजुटता नहीं।

इन सब बातों की चर्चा पार्टी स्तर पर होना स्वाभाविक था। कम्यूनिस्टों का वर्षों से आग्रह था कि एकजुटता वाली यूनियन बने। वह बनाने हेतु सबसे ज्यादा कीमत भी उन्होंने ही अदा की। मान्यताप्राप्त बड़े-बड़े नेताओं, जैसे कॉ. पाटकर, कॉ. कृष्णा देसाई, कॉ. बापूराव व अन्यों ने अपने पद नवागतों के लिए रिक्त कर त्याग दिए,

क्योंकि यह श्रम आन्दोलन मुहिम की आवश्यकता थी।

एकजुटता वाली यूनियन बनी किन्तु एकजुटता बन नहीं पा रही थी। श्रमिकों के लिए दिशा, आन्दोलन की रूपरेखा कार्यक्रम नहीं दे पा रही थी। फिर 'मान्यता' के लिए आवेदन किया गया। वेरिफिकेशन में हमारी सदस्य संख्या एक लाख के आसपास तो संघ (इंटक) की 38 हजार निकली।

फिर शुरू हुआ तकनीकी मुद्दों पर वकीलों का विवाद। और इसमें संघ ने बाजी मार ली। मान्यता का आवेदन देते समय हमने कार्यकारिणी की अनुमति नहीं ली थी इस कारण से संघ ने आक्षेप लिया और कोर्ट ने उनके पक्ष में निर्णय दिया।

50

बी.आई.आर. कानून के तहत मान्यता के लिए आवेदन करना था, इसलिए नवगठित यूनियन ने श्रमिकों की तैयारी होने के बावजूद हड़ताल आन्दोलन संघर्ष को टाला था। इससे यूनियन की लड़ाकू छवि भी धूमिल हुई थी।

और अब मान्यता न मिलने से मजदूरों की अपेक्षा भंग हुई। बी.आई.आर. कानून ने संघ (इंटक) को पुनः एक बार बचा लिया था।

ऐसे माहौल में केन्द्रीय कर्मचारियों की हड़ताल हुई। इस हड़ताल को कुचलने के सारे प्रयास शासन ने किए। न्यायोचित माँगों के समर्थन में की गई हड़ताल के समर्थन में इंटक छोड़ कर सभी अन्य केन्द्रीय ट्रेड यूनियनों ने 'विरोध हड़ताल' का नारा दिया। हमारी यूनियन में एटक व हिन्द मजदूर सभा, दोनों के पदाधिकारी होने से हम भी इसमें शामिल होकर मिलें बन्द रखवाना तय किया।

हड़ताल असफल हुई। एक तो मिल मजदूरों को हड़ताल से अपनापन महसूस नहीं हुआ, दूसरे, प्रशासन की सख्ती से प्रचार भी ठीक से नहीं हो पाया।

असफल हड़ताल से यूनियन पर आघात हुआ। सदस्य संख्या फिसलती गई। बीच में आई हुई बाढ़ नदी की बाढ़ जैसी साबित हुई। अब नदी का पाट पूर्व स्तर पर आना शुरू हो गया था।

इसी दौरान 1960 में महाराष्ट्र एटक का वार्षिक अधिवेशन हुआ जिसमें कॉ. जोगलेकर अध्यक्ष, कॉ. धुमे जनरल सेक्रेटरी और मैं सेक्रेटरी चुना गया।

भारत-चीन सीमा विवाद की गूंज उठने लगी थी। दोनों देशों की सीमा का अधिकांश भाग हिमालय पर्वत और तिब्बत से निर्धारित होने के बावजूद उत्तर-पूर्व और उत्तर-पश्चिम वायव्य दिशाओं के कोने में वह विवादग्रस्त हो गई थी। उत्तर-पूर्व भारत

की सीमा 'मेकमोहन लाइन' के नाम से पहचानी जाती थी। चीन का कहना था, ब्रिटिश शासन यह सीमा लादी हुई होने के कारण हमें मान्य नहीं है। अब चूंकि चीन व भारत सार्वभौमिक व स्वतंत्र होने से इस सीमा का निर्धारण परस्पर चर्चा से सहमति से निर्धारित होना चाहिए। भारत का कहना था यह सीमा निर्धारित हुए सौ साल से अधिक हो गए है और चीन ने पहले भी कभी कोई आपत्ति दर्ज नहीं कराई। चीन को भी स्वतंत्र हुए भी काफी वर्ष हो गए। इस दौरान चीन के प्रधानमंत्री चाउ एन लाय समेत अनेक प्रतिनिधि भारत के दौरे पर आ गए। किन्तु इस दौरान इस प्रश्न का सादा उल्लेख भी नहीं किया गया। इसलिए अब चीन दावा नहीं कर सकता। तिब्बत ने वह चीन का अविभाज्य अंग है, ऐसा कभी भी स्वीकार नहीं किया है किन्तु फिर भी चीन ने तिब्बत पर जबरन कब्जा कर लिया है। अब नये दावे प्रस्तुत कर दोनों देशों के परम्परागत सम्बन्ध चीन न बिगाड़ते हुए जो सीमा है, उसे मान्य कर लेना चाहिए। चीन ने यह प्रस्ताव न मानते हुए अपना दावा जारी रखा और दोनों देशों में सीमा विवाद खड़ा हुआ।

51

इस समय तक विवादित भूभागों में किसी का भी राज नहीं था। किन्तु विवाद शुरू होते ही दावा की जा रही भूमि पर अपना कब्जा होना चाहिए, इस विचार से भारत सरकार ने हलचल शुरू कर दी। चीन ने केवल आक्षेप ही नहीं लिया बल्कि अपनी सेना भी रवाना कर दी। दोनों सेनाओं में संघर्ष हुआ। सेना दल पूरी तरह सुसज्जित न होने से भारतीय सेना को पीछे हटना पड़ा। मेक मोहन लाईन लांघ कर चीनी सेना असम तक आ पहुँची।

सारे भारत में इस आक्रमण के विरोध में असन्तोष फैला। लोकसभा में विरोधियों ने शासन की धज्जियाँ उड़ाई। इंच-इंच सीमा के लिए लड़ने की घोषणाएँ होने लगीं।

अचानक चीन शासन की नीतियाँ बदली। जितने आक्रामक ढंग से चीनी सेनाएँ आगे घुस आई थीं उतनी ही शान्ति से उन्होंने जाहिर किया कि हम भारत को सबक सिखा कर वापस जा रहे हैं।

चीनी सेनाएँ मेकमोहन लाईन के पास वापस गईं। सम्भावित बड़ा संघर्ष टल गया था। रक्षामंत्री कृष्ण मेनन से इस्तीफा लेकर यशवंतराव चव्हाण को रक्षामंत्री बनाया गया।

चीन के इस व्यवहार से पं. नेहरू बहुत व्यथित हो गए। चीन ने उनकी अपेक्षाओं को भंग किया था। उन्होंने चीन के सहयोग से साम्राज्यवादी देशों द्वारा नव स्वतंत्र

देशों के किए जा रहे शोषण के विरूद्ध संयुक्त मोर्चा बनाने के सपने देखे थे। बांडुंग सम्मेलन बुलाया था। पंचशील सिद्धान्त घोषित किया था। उनके इस कदम से यद्यपि साम्राज्यवादी देश गुस्से में थे लेकिन दुनिया भर के परतंत्र, नवस्वतंत्र विकासशील राष्ट्रों ने उनकी नीतियों का स्वागत किया था। पं. नेहरू के प्रयत्नों से ही गुट निरपेक्ष देशों की एक नई शक्ति अन्तर्राष्ट्रीय स्तर पर आकार ले रही थी। चीन का व्यवहार उन्हें विश्वासघाती लगा। अपनी नीतियों के समर्थन में उठने वाली उनकी मजबूत वाणी कमजोर होती गई। साम्राज्यवाद विरोधी प्रगतिशील आन्दोलन की यह अपार हानि थी।

किन्तु समाजवादी चीन को यह कौन समझाए? उनके मत से उन्होंने अस्थिर नीतियाँ अपनाने वाले भारत को सबक सिखाया।

चीन को आजकल कई बातें उल्टी-पुल्टी दिखने लगी थीं। पूर्व मान्य सिद्धान्त भी अमान्य होने लगे। पूर्व में अपनाई हुई नीतियाँ त्याज्य लगने लगी। पूर्व के मित्र अब विरोधी लगने लगे थे और पूर्व के विरोधी अब उतने बुरे नहीं लग रहे थे।

इतना बदलाव क्यों? दुनिया भर के लोकतंत्रवादी, प्रगतिशील, साम्राज्यवादी और कम्यूनिस्ट इस प्रश्न का उत्तर ढूँढ़ रहे थे। दूसरे महायुद्ध के बाद पूरी दुनिया में काफी फेरबदल हुआ था। साम्राज्यवाद कमजोर हुआ था जिसके कारण कई परतंत्र देशों को बिना बड़ी लड़ाई व रक्तपात के स्वतंत्रता प्राप्त हुई थी। परमाणु बम अब किसी एक की मिल्कियत नहीं रह गई थी। दो बड़े राष्ट्रों के पास परमाणु बम थे। इसलिए युद्ध होने पर दोनों का ही विनाश अटल था।

52

स्वाभाविकतः अब होने वाले मतभेद शान्ति के रास्ते सुलझाना क्रम प्राप्त था। लड़ाई हुई तो भी वह स्थानीय स्तर की होने की सम्भावना रह गई थी।

शान्ति के लिए आन्दोलन के रूप में अब एक बहुत बड़ी शक्ति खड़ी हो गई थी। युद्ध की आंच से गुजरे कई देशों की जनता का उन्हें समर्थन था।

विकसित पूँजीवादी देशों में श्रमिक वर्ग अपना जीवनस्तर सुधारने के लिए आन्दोलित था। उत्पादन में अपना हिस्सा बढ़ाने के उनके प्रयास दबाना पूँजीपति वर्ग के लिए कठिन होता जा रहा था।

इस प्रकार गुलाम देशों का स्वतंत्रता आन्दोलन, नव स्वतंत्र देशों का विकास के लिए आन्दोलन, अन्तर्राष्ट्रीय श्रम आन्दोलन व दुनिया भर में शान्ति के लिए

आन्दोलन ने मिल कर एक बड़ी शक्ति खड़ी कर दी थी। यह शक्ति प्रगतिवादी थी, जिसके कारण दुनिया में शक्तियों के सन्तुलन बदल गए थे। समीकरण बदल गए थे। साथ में थे, समाजवादी राष्ट्र समूह, समांतर समाजवादी अर्थ व्यवस्था व समांतर समाजवादी बाजार। इन सबका कुशलता से उपयोग किया जाए तो दुनिया में उचित व इष्ट बदलाव, वह भी शान्ति से लाया जाना अब संभावित की श्रेणी में था। दुनिया में होने वाले इन बदलावों से सीख लेकर तदनुसार अपनी नीतियों में भी बदलाव लाना कम्यूनिस्ट आन्दोलन के लिए आवश्यक हो गया था।

इसी उद्देश्य से सोवियत कम्यूनिस्ट पार्टी ने 1960 में दुनिया भर के कम्यूनिस्ट पार्टियों की बैठक मॉस्को में आमंत्रित की। बैठक तीन सप्ताह चली। चर्चाएँ होकर उक्त आकलन वाला सर्वसम्मत निवेदन प्रकाशित हुआ।

चीन का उच्चस्तरीय प्रतिनिधि मण्डल माओ त्से तुंग के नेतृत्व में इस बैठक में उपस्थित था। चर्चा में माओं ने कुछ अलग विचार प्रदर्शित किए। किन्तु अन्त में बहुसंख्यों को स्वीकार्य आकलन स्वीकार किया और एकमत वाला निवेदन प्रकाशित हुआ।

चीन की पार्टी बड़ी। माओं त्से तुंग भी बड़े। विशाल अनुभव वाले। चीन जैसे देश में सफल क्रान्ति करने वाले। कम्यूनिस्टों की दुनिया में बहुमान प्राप्त व्यक्तित्व।

माओ ने चीन वापस लौटने के बाद सर्वसम्मत निवेदन से विसंगत विचार व्यक्त करना शुरू किया। अलग-अलग देशों की कम्यूनिस्ट पार्टियों से सम्पर्क कर अपने पाले में लेना शुरू कर दिया। जो पार्टी अपने पाले में नहीं आ रही है उस पार्टी के उनके विचारों से सहमत नेताओं को अलग गुट और कालान्तर से पार्टी के रूप में एकजुट-संगठित होने के लिए प्रोत्साहित व मदद भी करना शुरू कर दिया। संक्षिप्त में चीन की कम्यूनिस्ट पार्टी ने कम्यूनिस्ट आन्दोलन में अपने नेतृत्व में एक स्वतंत्र केन्द्र संगठित करना शुरू कर दिया। उनकी यह गुटबाजी की सीख कम्यूनिस्ट कार्य पद्धति से पूर्णतः विसंगत थी।

53

सोवियत पार्टी ने चीन की पार्टी को पार्टी स्तर पर यह विसंगति बताई किन्तु चीन की पार्टी ने अपना स्वतंत्र व्यवहार जारी रखा। इसी में से कम्यूनिस्ट आन्दोलन के महाविवाद (The great debate) की शुरुआत हुई। चीन की पार्टी के अनुसार, 1960 का प्रकाशित निवेदन लेनिनवाद से दूर ले जाने वाला था। किन्तु वैसा कुछ नहीं था

बल्कि बदली हुई परिस्थिति में लेनिनवाद को समृद्ध करने वाला ही था। स्वयं लेनिन ने अपने कार्यों से बदलाव लाकर मार्क्सवाद समृद्ध किया था। मार्क्स के समय साम्राज्यवाद का उदय नहीं हुआ था। लेकिन लेनिन के समय साम्राज्यवाद वैश्विक राजनीति का महत्त्वपूर्ण घटक था। इसलिए उसका विवेचन करना, मत प्रदर्शित करना मार्क्सवाद से दूर हटना कैसे हो सकता है? बदलती स्थिति का आकलन कर ऐसे परिवर्तन करना आवश्यक होता है अन्यथा पुराने सिद्धान्त कालातीत हो जाते हैं, बदलती परिस्थितियों में मार्गदर्शन हेतु अनुपयुक्त हो जाते हैं। 1960 के निवेदन ने लेनिनवाद को और अधिक प्रभावी हथियार बनाया था।

अन्तर्राष्ट्रीय कम्यूनिस्ट आन्दोलन के इन विवादों का असर भारतीय कम्यूनिस्ट पार्टी पर पड़ना अपरिहार्य था किन्तु भारतीय कम्यूनिस्ट पार्टी में इस विवाद का केवल सैद्धांतिक स्तर पर रह पाना असम्भव था। भारत को सबक सिखाने हेतु चीन द्वारा उठाए गए कदमों की काली छाया का असर इस विवाद पर पड़ना अटल था। कम्यूनिस्ट धारणा के अनुसार, केवल साम्राज्यवादी राष्ट्र ही शोषण अबाधित रखने के लिए दूसरे देशों के भूभाग कब्जे में लेते हैं। समाजवादी देश ऐसा नहीं करते। इसी धारणा को पकड़ कर भारतीय कम्यूनिस्ट पार्टी के कुछ लोग कहने लगे कि चीन के साथ सीमा के बारे में मतभेद है। उसने आक्रमण न करके, ब्रिटिशों द्वारा निर्धारित मेकमोहन रेखा का आग्रह न रख कर दोनों देशों को सीमा विवाद सुलझाना चाहिए।

यह कहना कतई तर्कयुक्त नहीं है। मेकमोहन रेखा यद्यपि अंग्रेजों ने तय की थी किन्तु तत्कालीन चीनी राज्यकर्ताओं (मींग सम्राट) ने उसे स्वीकार किया था। चीन ने तिब्बत पर कब्जा किया तो उसका आधार क्या था? वर्षों तक तिब्बत पर चीन की सत्ता नहीं थी। किसी की थी तो धर्मगुरु दलाईलामा की।

मींग सम्राट के पश्चात–सन्-यत्-सेन् राष्ट्रपति बने फिर चिआंग-काई-शेक नामक तानाशाह आए। उन्होंने भी सीमा स्वीकार की। 1950 की क्रान्ति के बाद कम्यूनिस्ट शासन आया। उसने भी अगले दस साल इस बाबत सवाल नहीं किया। क्यों?

क्योंकि उस समय चीन की पार्टी और शासन की दृष्टि में सीमा से ज्यादा भारत-चीन की दोस्ती अधिक महत्त्वपूर्ण थी। एशिया के ये दोनों विशाल देश एक हुए, एक विचार किया, एक व्यवहार किया, एक रणनीति से चले तो पूरे एशिया महाद्वीप की राजनीति व अर्थनीति बदल सकती है। साम्राज्यवादियों का इस इलाके का प्रभाव खत्म होकर, दुनिया भर के समाजवादी आन्दोलन को बल प्राप्त होगा और कम्यूनिस्टों की चाहत 'जागतिक क्रान्ति' व परिवर्तन के लिए पोषक होगा, ऐसा हिसाब था। यह कम्यूनिस्टों की वैश्विक रणनीति का हिस्सा था।

54

इसी रणनीति के तहत चीन ने भारत से दोस्ती बढ़ाना शुरू किया। पं. नेहरू के नेतृत्व में भारत ने इन नीतियों को समर्थन दिया। हिन्दी-चीनी, भाई-भाई—की घोषणाएँ कीं। अन्य समाजवादी देश भी इन्हीं नीतियों का समर्थन करने लगे। भारत के औद्योगिक विकास में हर प्रकार का सहयोग देने लगे। भारत की न्यायपूर्ण कश्मीर नीति का भी समर्थन किया।

इस रणनीति से भारत की जनता में यह भावना पनपी कि समाजवादी देश भारत के सच्चे दोस्त हैं। इस भूभाग के अन्य देश भी इससे प्रभावित होने लगे। नव स्वतंत्र विकासशील देशों का निरपेक्ष गुट तैयार हुआ और वैश्विक नियंत्रण बनाए रखने की अमेरिका नीतियों को जबर्दस्त आघात पहुँचा।

चीन अब इन नीतियों से दूर हट गया था। उसे कुछ वर्ग किलोमीटर का बंजर व निर्जन भूभाग अधिक मूल्यवान लगने लगा था। सेना की सहायता से कब्जा चाहने लगा था। स्वयं द्वारा घोषित पंचशील नीतियों को कालिख पोतकर।

कितना बदलाव और कितनी अवनति? चीन की इन नीतियों में हुए परिवर्तन की अनदेखी करते हुए भारतीय कम्यूनिस्ट पार्टी में कुछ लोग पूर्व के भाई-भाई की नीतियों का समर्थन करते ही रहे। चीन की पार्टी ने यह देखते हुए उन्हें उत्तेजना देकर संगठित गुट होने के लिए प्रोत्साहित किया। पार्टी में बाद में हुए विभाजन के बीज इस प्रकार से बोए गए थे।

भारतीय कम्यूनिस्ट पार्टी में मतभेद तो थे ही। वे पार्टी की स्थापना से थे। कभी तीव्र होते थे तो कभी दबे हुए रहते थे। इन मतभेदों में एक महत्त्वपूर्ण मुद्दा था—राष्ट्रीय पूँजीपति वर्ग और कांग्रेस पार्टी, दोनों के बाबत अपनाने की नीति।

कांग्रेस मूलतः स्वतंत्रता के लिए ब्रिटिश सत्ता के विरुद्ध लड़ने के लिए बना एक मोर्चा था। उसे पार्टी का स्वरूप नहीं दिया गया था। इसलिए कम्यूनिस्ट पार्टी स्वतंत्र रूप से काम करते हुए भी उसमें शामिल रह सकती थी। यद्यपि इस मोर्चे का नेतृत्व पूँजीपति वर्ग के पास था फिर भी वह सर्वसमावेशक था। इस पूँजीपति वर्ग के बारे में मजदूर वर्ग की पार्टी कम्यूनिस्ट पार्टी ने कैसा रुख अपनाना चाहिए, इस बाबत कम्यूनिस्टों में सदैव मतभेद बने रहे।

कुछ यह मानने वाले थे कि पूँजीपति वर्ग छोटा हो या बड़ा, भारतीय हो या विदेशी, साम्राज्यवादियों की शरण गया हो या न गया हो, यहाँ से वहाँ तक एक जैसा ही है। गधे-घोड़े बराबर। सभी का विरोध एक जैसा। कड़वा विरोध।

ये नीति सीधी-सीधी लगती है लेकिन दुर्भाग्य से राजनीति इतनी सीधी नहीं रहती। राजनीति के अन्तर्विरोध, अपने विरोधियों के अन्तर्विरोध जान लेना आवश्यक

होता है, कुशलतापूर्वक उनका उपयोग भी करना पड़ता है। सफलता से उपयोग करने वाली पार्टी आगे जाती है। इसमें गलती हुई तो वह वर्ग विरोधी पक्ष के शरण में चला जाता है। अपने समर्थक वर्ग से दूर हट जाता है।

55

और ऐसी गलतियाँ हमारे आन्दोलन में, पार्टी के जीवन क्रम में हुई हैं। बार-बार हुई हैं और अनेक बार गलतियाँ करने वाले, उनका नेतृत्व करने वाले भी वे ही लोग रहे हैं।

भारत के स्वतंत्रता संग्राम के सच्चे संग्राम का स्वरूप आया 1930 में। गांधीजी ने दांडी सत्याग्रह की घोषणा कर जनता से इस संघर्ष में कूदने का आह्वान किया। कम्यूनिस्ट इस आन्दोलन से दूर ही रहे।

कम्यूनिस्ट इस सत्याग्रह से दूर रहे क्योंकि इस संग्राम के बारे में उनका आकलन गलत था। उनके मतानुसार, कांग्रेस पूँजीपतिवर्ग की पार्टी थी और गांधीजी पूँजीपति वर्ग के नेता। उनके द्वारा शुरू किये हुए संग्राम में मजदूर वर्ग की पार्टी का उनके पीछे पीछे जाने का मतलब होगा, अपनी स्वतंत्र छवि को नकारना, कालिख पोतना।

किन्तु ऊपरी तौर पर यह आकलन आसान लगने के बावजूद सही नहीं है। कांग्रेस यद्यपि पूँजीपति वर्ग की पार्टी थी किन्तु अभी वह ब्रिटिश-पूँजीपति वर्ग से लड़ने हेतु खड़ी थी। क्योंकि वह महसूस कर रही थी कि ब्रिटिश पूँजीपति वर्ग अपने विकास के आड़े रास्ते आ रहा है। भारत का पूँजीपति वर्ग यह समझ चुका था कि बिना ब्रिटिश सत्ता के गए अपना स्वयं का विकास असम्भव है। इसीलिए जनता की स्वतंत्रता की माँग लेकर वह लड़ने खड़ा था, उसका नेतृत्व कर रहा था और कम्यूनिस्ट?

वे केवल पूँजीपति वर्ग के विरोध के नाम पर स्वतंत्रता संग्राम से दूर रहे। परिणाम यह हुआ कि पूँजीपति वर्ग पूरी जनता भी साथ ले गया। उसका नेता बना और पोथीनिष्ठ कम्यूनिस्ट एकाकी रह गए।

पूर्णतः शुद्ध! किन्तु सम्पूर्ण एकाकी! गौरवपूर्ण सच्चा एकाकीपन! (Glorious isolation, indeed) गंगाघाट पर एकाकी तपश्चर्या करने पर शायद मुक्ति मिलती होगी किन्तु राजनीति तो समुदायों को साथ लेकर ही करनी पड़ती है।

इसी शुद्धता के चलते इसी काल में इन्हीं लोगों ने एटक तोड़ कर 'लाल एटक' (RedAITUC) ने, जो शुद्ध कम्यूनिस्टों के नेतृत्व की थी और 1929 की

अनिश्चित हड़ताल की घोषणा कर, उसे लम्बा खींच कर बलशाली गिरणी कामगार यूनियन का सत्यानाश किया था। हालाँकि बाद में अपनी नीतियों में परिवर्तन कर की हुई गलतियाँ सुधार ली गईं, किन्तु बड़े नुकसान के बाद। तबेले का खुला दरवाजा बन्द तो किया लेकिन घोड़ा भाग जाने के बाद।

1942 के स्वतंत्रता संग्राम के समय की परिस्थितियों को अन्तर्राष्ट्रीय संघर्ष का सन्दर्भ था। फासिज्म को रोकने का कम्यूनिस्टों का अन्तर्राष्ट्रीय कर्त्तव्य और देश के स्वतंत्रता संग्राम में खुद को झोंक देने का राष्ट्रीय कर्त्तव्य—इन दोनों के द्वंद्व में दोनों का तालमेल साध न सके और न प्राथमिकता तय कर सके। अन्तर्राष्ट्रीय कर्त्तव्य को अग्रणी रख कर राष्ट्रीय कर्त्तव्य को पीठ दिखाई, पीछे छोड़ा। स्वाभाविक रूप से जनता ने भी हमें पीठ दिखाई, पीछे छोड़ दिया।

56

पार्टी फिर एकाकी पड़ गई। अब तक के सारे काम पर, त्याग पर, बलिदान पर पानी फिर गया एक क्षण में! ब्रिटिश कम्यूनिस्ट पार्टी के नेता रजनी पाम दत्त और हॅरी पॉलिट से भारतीय कम्यूनिस्ट पार्टी के निकट के रिश्ते थे। उनसे समय-समय पर मार्गदर्शन लिया जाता था। इस मार्गदर्शन से क्या और कितना फायदा हुआ, यह कोई नहीं जानता लेकिन 1942 का मार्गदर्शन विनाशकारी सिद्ध हुआ। पार्टी दो दशक पीछे खिसक गई। कम्यूनिस्टों के हाथ से कम-से-कम दो पीढ़ियाँ छूट गईं।

इस पीछे हाट से संवरने से पहले ही छह साल में अर्थात् 1948 में फिर से गलती। और वही। अति वाम एकांगी दुस्साहसवाद की, और करने वाले भी वे ही—रणदिवे और उनके साथी। डेढ़ सौ वर्षों की गुलामी के बाद, लम्बे स्वतंत्रता संग्राम के बाद व क्रान्तिवीरों के बलिदान के बाद देश स्वतंत्र हुआ। लोकप्रियता के शिखर पर बैठी सरकार के खिलाफ, इस स्वतंत्रता को बेढंगी स्वतंत्रता कह कर एकाकी रह गई कम्यूनिस्ट पार्टी ने समाजवादी क्रान्ति की घोषणा कर निर्णायक आन्दोलन शुरू किया।

कितना बड़ा बालिश साहसवाद।

और जब देखा कि इस अपरिपक्व निर्णय को जनता तो ठीक मजदूर वर्ग भी समर्थन नहीं दे रहा है तो मजदूर संगठनों के पार्टी सदस्यों को गुटबाजी से काम पर लगा कर निर्णय आगे खींचने का प्रयास उन्होंने जारी रखा।

राजनीति की गलती को संगठन का गलत साथ मिला। परिणाम क्या होना था? राजनीति का दिवाला और संगठन का सत्यानाश।

इस गलत निर्णय के परिणामों के जिम्मेदार कई नेता आज भी यदि 'मैं नहीं

में नहीं' कह कर झटक रहे हों तो भी वास्तविकता यह है कि जब ये निर्णय लिए गए, वे एकमत से ही लिये गये थे।

साथ ही यह भी वास्तविकता है कि निर्णयों पर अमल शुरू होने के पश्चात् जब उसके परिणाम दिखने शुरू हुए तो कुछ लोग सावधान हुए और अपनी नापसन्दगी व्यक्त करने लगे। शुरू-शुरू में दबी जबान से, बाद में जरा ऊँची आवाज में। किन्तु इस बाबत अन्तर्राष्ट्रीय भूमिका स्पष्ट होने के पश्चात ही इस निर्णय का खुला विरोध शुरू हुआ।

बार-बार पूछा जाता है इन विरोधाभासों में कॉ. डांगे की क्या भूमिका थी? क्योंकि वे पार्टी के महत्त्वपूर्ण नेताओं में से एक थे। संस्थापक सदस्य थे। फिर उनका जनता में अपना विशिष्ट स्थान था। किन्तु कॉ. डांगे ने पार्टी की कलकत्ता कांग्रेस में इन नीतियों का विरोध नहीं किया था। सचिव पद पर कॉ. रणदिवे के चुनाव का भी विरोध नहीं किया था। क्यों? क्या कारण था?

शायद ऐसा होगा कि मेरा विरोध तो स्वीकार ही नहीं होगा। उलटे कॉ. डांगे को लगा होगा कि ऐसे विरोध से पार्टी में और अधिक संख्या में उनके विरोधी पैदा होंगे।

57

पार्टी की कलकत्ता परिषद तक कॉ. रणदिवे ने संगठन में अपना स्थान मजबूत कर लिया था। कॉ. डांगे ने शायद सोचा होगा कि अभी विरोध करूँगा तो पार्टीजन उसका कारण समझ नहीं पाएँगे। नई नीतियों का अनुभव आने पर उस पर कुछ कहना अधिक बुद्धिमत्तापूर्ण होगा। नई नीतियाँ और रणदिवे के कामकाज का विनाशकारी परिणाम स्पष्ट रूप से सामने आने लगने के पश्चात कॉ. डांगे ने कॉ. अजय घोष व कॉ. घाटे से विचार-विमर्श कर तीनों का संयुक्त निवेदन पार्टी नेतृत्व के पास देवली कारावास से भेज दिया किन्तु तब तक पार्टी में अन्दरूनी मामलों की चर्चाओं के द्वार बन्द हो चुके थे। नीतियाँ अधिकाधिक रूप से एकांगी, दुस्साहसवादी और पार्टी संगठन व्यक्ति केन्द्रित होने लगा था। अन्ततः कम्यूनिस्टों के अन्तर्राष्ट्रीय सूचना केंद्र द्वारा प्रकाशित एक पत्रिका में इन नीतियों पर समीक्षात्मक एक लेख प्रकाशित हुआ। ज्यों ही यह लेख प्रकाशित हुआ, त्यों ही पार्टी में संचित असन्तोष व क्रोध का विस्फोट हुआ। इस विस्फोट से विवादास्पद नीतियाँ व कॉ. रणदिवे, दोनों ही उड़ गए।

कॉ. रणदिवे सत्ता से बेदखल हुए, लेकिन गुटबाजी की विरासत छोड़ कर। पार्टी में गुटबाजी पहले भी थी। इसी कारण से मेरठ षडयंत्र के कम्यूनिस्ट राजबन्दी

अभियोग में एक समान निवेदन पेश नहीं कर सके थे। उनकी गैर मौजूदगी में कॉ. रणदिवे व कॉ. देशपांडे एकजुटता से कार्य न कर सके। उनमें तीव्र मतभेद हुए। एक-दूसरे पर आरोप-प्रत्यारोप भी हुए। दोनों ही ने अपने-अपने कार्यकर्ताओं के साथ स्वतंत्र रूप से कार्य करना शुरू कर दिया।

मेरठ जेल से बाहर निकले डॉ. अधिकारी, कॉ. घाटे व कॉ. मिरजकर के लिए पार्टी के इन दो धड़ों को एक कर फिर से पार्टी को खड़ा करना एक चुनौती बन गई थी। कॉ. रणदिवे के नेतृत्वकाल में गुटबाजी मजबूत हो गई थी।

कॉ. डांगे समुदाय के नेता थे, जन नेता थे और जिसे जनता में अपने स्थान का विश्वास होता है वह किसी एक स्थायी गुट को सँभाले नहीं बैठता। इसीलिए उनके इर्द-गिर्द दिखने वालों में गुटबाजी पद्धति से जुड़े हुए कम, उनके चाहने वाले लोग ही अधिक रहते थे। अर्थात् आड़े समय वे उनका उपयोग गुट के स्वरूप में भी करते रहते थे।

किन्तु स्थायी गुट को सँभाले रखने की उन्हें आवश्यकता महसूस नहीं होती थी इसीलिए रणदिवे का गुट मजबूत, अनेक बन्धनों से, नेतृत्व से जुड़ा हुआ रहता था। कॉ. डांगे का गुट झुंड पद्धति का होता था। कॉ. रणदिवे गुट की सदस्यता आजीवन होती थी। कॉ. डांगे गुट की सदस्यता समसामयिक होती थी। कॉ. रणदिवे के अनुयायी या चहेते केवल पार्टी स्तर पर या अधिक से अधिक कम्यूनिस्ट आन्दोलन के कारण। लेकिन कॉ. डांगे को चाहने वाले पार्टी के साथ-साथ पार्टी के बाहर भी। बल्कि पार्टी से ज्यादा पार्टी के बाहर ही अधिक। उन्हें भी इसका एहसास था और यह एहसास उनके आचरण में भी प्रतिबिम्बित होता था।

58

इसीलिए एक अंग्रेजी दैनिक के स्तम्भ लेखक ने उनके बारे में लिखा था, " He walks with the confidence of a General with whole army marching behind him, when actually he had none. (वास्तविकता में पीछे किसी के न रहते हुए भी वे ऐसे जनरल की चाल से चलते थे कि जिसके पीछे पूरी सेना चल रही हो)।

1950 के संकट से पार्टी काफी प्रयासों के पश्चात उबर सकी। तत्पश्चात 1954 में उपजे गोवा मुक्ति आन्दोलन और 1955-56 के संयुक्त महाराष्ट्र समिति के आन्दोलन में पार्टी ने एकजुटता दिखाई। ऐसे बड़े आन्दोलनों में गुटबाजी पीछे रह जाती है किन्तु जिनका जन आन्दोलन से निरन्तर सम्पर्क नहीं रहता उनके दिमाग गुटबाजी से घिरे ही रहते हैं। इसीलिए इन लोगों ने इस आन्दोलन के समय कहना शुरू कर दिया था कि कॉ. डांगे ने लेनिन की उपेक्षा कर शिवाजी को आगे बढ़ाया।

किन्तु 1957 के चुनावों के पश्चात भारत-चीन सीमा विवाद तीव्र हुआ और पार्टी की पुरानी बीमारी फिर से उठ खड़ी हुई। गुटबाजी पर जमा होती जा रही राख उड़ गई और अंगारे फिर से जलने लगे। पहले की दाहकता लिये, शायद अधिक ही।

चीन के साथ सीमा विवाद के मामले में वाम दुस्साहसवादी गुट ने चीन की भूमिका का समर्थन किया और फिर एक बार अपने ही खिलाफ विरोध को खड़ा कर लिया।

लेकिन कॉ. डांगे ने चीन के कृत्य को 'आक्रमण' के रूप में सम्बोधित कर चीन के दावे का खुला विरोध किया। पार्टी के दुस्साहसवादी गुट का इस दृष्टिकोण से विरोध होने के कारण पार्टी कोई स्वतंत्र भूमिका नहीं अपना सकी।

वास्तव में पार्टी लाईन के बाहर जाकर कॉ. डांगे ने जो बातें कहीं, उससे कुछ हद तक पार्टी की प्रतिष्ठा बनी रही। पार्टी को कॉ. डांगे का आभारी होना चाहिए। किन्तु उनके हिस्से आई पार्टी की अनुशासनात्मक कार्यवाही। पार्टी ने अनुशासन भंग करने के लिए उनकी जम कर भर्त्सना की।

1942 में पार्टी अनुशासन का पालन कर जनता से दूर होने वाले डांगे इस बार यह हिम्मत कैसे जुटा पाए?

उन्हें शायद मालूम था कि चीन की नीतियाँ व व्यवहार अन्तर्राष्ट्रीय कम्यूनिस्ट आन्दोलन की नीतियों के अनुरूप न होकर विरोधी हैं और उन्हें यह विश्वास भी था कि पार्टी की भूमिका भारतीय जनता को ही मान्य नहीं है।

गलत भूमिका लिए जनता से दूर खिसकी हुई पार्टी और जनता। इनमें से उन्होंने जनता का चुनाव किया और यही पथ दूरदर्शी व बुद्धिमत्तापूर्ण था।

59

किन्तु प्रत्यक्ष आक्रमण के पूर्व से ही भारतीय कम्यूनिस्ट पार्टी के चीन बाबत विवाद शिखर तक पहुँच चुके थे। पार्टी नीचे से ऊपर तक हिल गई थी। पार्टी के सेंट्रल कमेटी के सचिव मंडल से नीचे तहसील स्तर तक इस विवाद की गूंज थी। पार्टी के अधिवेशन निकट थे। दोनों गुटों की ओर से मोर्चे तैयार हो रहे थे। अधिवेशनों में किसी भी अन्य प्रश्न से ज्यादा यही विवाद गूंजेगा, यह स्पष्ट था।

महाराष्ट्र की कम्यूनिस्ट पार्टी में उस समय रणदिवे गुट का बहुमत था। वे स्वयं राज्य सचिव थे। अनेक वरिष्ठ नेता उनके साथ थे। पूरे राज्य में उनका प्रभाव था।

महाराष्ट्र का सामान्य सदस्य कॉ. डांगे को मानने वाला था किन्तु कमेटियों में रणदिवे गुट के कार्यकर्ताओं का बहुमत था।

इन सब कार्यकर्ताओं से निकटता स्थापित कर, विश्वास दिला कर कौन उन्हे तैयार करेगा और उनका नेतृत्व स्वीकार करने के लिए कॉ. डांगे को कौन तैयार करेगा, अनेक कम्यूनिस्ट नेता-कार्यकर्ता इसी विचार में थे किन्तु सूझ न पड़ने से सभी चुप थे।

लेकिन काम पर जुट गए कॉ. वी. डी. चितले। वे पुणे के थे। बहुत पुराने कॉमरेड। रणदिवे गुट की राजनीति के बारीक जानकार। उनकी मजबूती और कमजोरी, दोनों की पूर्ण जानकारी रखने वाले। गुटबाजी की राजनीति से तपकर निकले हुए। जुबान के पक्के कॉ. चितले 1942 के 'चले जाओ' आन्दोलन के कट्टर समर्थक। पार्टी की नीति के कारण खुले रूप से उसमें वे यद्यपि कुछ नहीं कर पाए किन्तु आन्दोलन में भाग लेने वालों को उन्होंने हर प्रकार से मदद की। भूमिगत कार्यकर्ताओं से उनका सम्पर्क था। गोवा मुक्ति और संयुक्त महाराष्ट्र आन्दोलन में उन्होंने उत्साह से भाग लिया था। इन कारणों से कांग्रेस और समाजवादी पार्टियों के लोग उनका आदर करते थे।

उन्होंने अपने पुराने साथियों से चर्चा की। सभी उनसे सहमत थे।

अपने सम्पर्कों के बल पर कॉ. चितले ने तूफानी दौरे कर अपनी व्यूह रचना मजबूत की। बंबई लौट कर कॉ. डांगे से मुलाकात की। डांगे ने कोई स्पष्ट उत्तर नहीं दिया। सभी चाहते थे कि पार्टी को नेतृत्व देने कॉ.डांगे आगे आएँ।

और मुम्बई कमेटी का अधिवेशन सम्पन्न हुआ। रणदिवे समर्थक कॉ. संझगिरी के स्थान पर कॉ. प्रभाकर वैद्य सचिव बने। कॉ. पाटकर, कॉ. बापूराव जगताप, कॉ. अहिल्या रांगणेकर और मैं सेक्रेटरीएट में चुने गए।

60

अब सभी का ध्यान महाराष्ट्र की परिषद अर्थात पार्टी के राज्य अधिवेशन की ओर था। अधिवेशन हुआ। कॉ. चितले की मेहनत रंग लाई। हमारा अच्छा-खासा बहुमत था। रणदिवे गुट के चेहरे लटके हुए थे। उनके पैरों के नीचे की जमीन खिसक गई थी लेकिन समझ में आने तक देर हो चुकी थी। चितले ने अधिवेशन जीत लिया था। कॉ. रणदिवे के स्थान पर कॉ. सरदेसाई राज्य सचिव चुने गए। रणदिवे गुट के हाथ से एक महत्त्वपूर्ण राज्य खिसक गया था। वह भी हलके से।

अब लक्ष्य था—अखिल भारतीय परिषद, विजयवाड़ा। महाराष्ट्र की तरह अन्य राज्यों में भी पार्टी में खड़ी दरारें थी। सच पूछो तो एक आवरण में दो पार्टियाँ चल रही

थीं। दोनों गुटों की पहले अलग-अलग बैठकें होती थीं बाद में संयुक्त बैठक। संयुक्त बैठक की चर्चा व निर्णय योजनाबद्ध तरीके से 'लिंक' नामक पत्रिका में प्रकाशित होते थे। पार्टी के कार्यकर्ता पार्टी के मुखपत्र 'न्यू एज' की बजाय 'लिंक' साप्ताहिक ही चटखारे लेकर पढ़ते थे।

'लिंक' साप्ताहिक को पार्टी की अन्दरूनी बातें कौन बताता है, यह एक रहस्य था। अन्त में कण्ट्रोल कमीशन के अध्यक्ष कॉ. घाटे को इसका पता लगाने का जिम्मा दिया गया। कॉ. घाटे ने जाँच की और नाम बताया—कॉ. एम. बसवपुनैया। एकांगी गुट के नेता। सेंट्रल कमेटी के सदस्य।

ऐसे वातावरण में विजयवाड़ा परिषद सम्पन्न हुई। कॉ. राजेश्वर राव और उनके साथियों ने बड़ी अच्छी व्यवस्थाएँ की थीं किन्तु माहौल में तनाव व कटुता थी।

परिषद में भाषण भी हो रहे थे तो गुटबाजी के अनुसार ही। न भाषण खत्म हो रहे थे न ही उपसूचनाएँ। राजनीतिक प्रस्ताव के पास होने की सम्भावनाएँ धूमिल होती जा रही थी। सबसे अधिक चिंतित थे तो कॉ. अजय घोष, पार्टी के महासचिव।

नेशनल कौंसिल द्वारा निर्धारित नीतियों पर अमल करने वाली केन्द्रीय कार्यसमिति (जिसका पार्टी के सचिव मंडल पर सतत् व सीधा अंकुश और नियंत्रण रहता है) के चुनाव की सूची की घोषणा के समय गुटबाजी चरम सीमा पर पहुँची हुई थी। रणदिवे गुट का प्रत्येक सदस्य अपना नाम वापस लेने लगा। सच पूछो तो इस गुट को अब रणदिवे गुट कहना निरर्थक था। क्योंकि इस गुट का नेतृत्व अब पश्चिम बंगाल, केरल व आंध्र प्रदेश के 'दादा' नेताओं के हाथों में चला गया था। कॉ. रणदिवे अब सिर्फ पुराने जानकार सदस्य के नाते इस गुट के थे।

एक-एक कर बत्तीस लोगों ने अपने नाम वापस लिये। प्रतिनिधियों की चिन्ता भय में तब्दील हो चुकी थी। सबसे अन्त में नाम वापस लेने वाले कॉ. रणदिवे थे।

पूरी कांग्रेस सन्न हो गई थी। कॉ. घोष को असहनीय मानसिक तनाव हो रहा था। कार्यवाही स्थगित कर दी गई। इसे स्थगित करने से पूर्व अध्यक्ष मंडल ने नाम वापस लेने वालों से पुनर्विचार करने का आग्रह किया। रात्रि बारह बजे फिर से परिषद शुरू हुई। कॉ. अजय घोष ने पुनः एक घंटे का भाषण देकर राजनीतिक प्रस्ताव की भूमिका विस्तारपूर्वक बताई।

61

फिर से खामोशी। फिर मतभेद वाले गुट के चार-पाँच नेताओं ने आपसी बातें कीं। एक नेता ने मंच पर आकर घोषणा की कि परिषद के समक्ष रखा हुआ प्रस्ताव

हमें अमान्य है किन्तु कॉ. अजय घोष का भाषण हमें मान्य है और हम हमारे नाम वापसी का आग्रह छोड़ रहे हैं।

अभूतपूर्व! प्रस्ताव अमान्य लेकिन प्रस्ताव के पक्ष में दिया गया भाषण मान्य!

मतभेद पहले भी थे। कम थे, लेकिन गुटबाजी भी थी। फिर भी ऐसा व्यवहार पहले कभी नहीं हुआ था।

फिर ऐसा चरम अतिवादी व्यवहार कर पार्टी की लगाम कसने की हिम्मत इन गुटबाजों के पास कहाँ से आई?

कॉ. डांगे के अनुसार, इसका कारण अन्तर्राष्ट्रीय कम्यूनिस्ट आन्दोलन में हुई फूट में खोजना चाहिए। इस आन्दोलन में अब एक की बजाय दो पीठ तैयार हो चुके थे। दोनों में छत्तीस का आंकड़ा। फूट का भी तत्वज्ञान था। पहले पीठ से बहिष्कृत होने पर दूसरे में स्वागत ही होगा, ऐसा विश्वास तैयार हो चुका था। फिर परिषद में अशान्त कॉमरेड्स एकदम शान्त कैसे हो गए? शायद उन्हें दूसरे पीठ के शंकराचार्य से चर्चा करने हेतु अधिक समय की आवश्यकता थी या फिर अपने इस व्यवहार का पार्टी में क्या परिणाम हो रहा है, यह देखना था।

कुछ भी कारण हो, एक अभूतपूर्व व्यवहार देखने को मिला। केंद्रीय कार्यकारिणी लगभग वैसी ही बनी रही।

विजयवाड़ा परिषद के पश्चात् काम की गति नहीं बन पा रही थी। वैसी अपेक्षा करना भी निरर्थक था। नेताओं के बीच वही मतभेद। उल्टे दरारें और मजबूत होती गईं लेकिन पार्टी में कॉ. अजय घोष की प्रतिष्ठा बढ़ गई थी। लेकिन दोनों गुटों को एक रखने के प्रयासों में उनकी कार्यक्षमता व पूरा समय खर्च हो रहा था। वे त्रस्त हो चुके थे।

चीनी आक्रमण के पूर्व एक और घटना ने कम्यूनिस्ट पार्टी को धक्का दिया था, असाधारण परिस्थिति निर्मित हो गई। वह घटना यानि पार्टी के जनरल सेक्रेटरी कॉ. अजय घोष की मृत्यु।

कॉ. अजय घोष शहीद भगतसिंह के साथी। भगतसिंह, राजगुरु व सुखदेव के साथ वे भी पकड़े गए थे। किन्तु आयु कम होने से फाँसी से बच गए थे।

किन्तु भगतसिंह की विरासत लेकर पार्टी में आए। 1948 के वाम दुस्साहसवाद की गलतियाँ सुधारने में कॉ. डांगे, कॉ. घाटे के साथ उनका भी बड़ा योगदान था। वाम दुस्साहसवाद के विरोध में हमेशा उन्होंने संघर्ष किया। साथ-ही-साथ पार्टी की एकाग्रता कायम रखने हेतु सतत् प्रयास किए। कॉ. डांगे ने उनके बारे में कहा था,'' वे मास लीडर नहीं थे, किन्तु एक बार पार्टी, जिसने जनता को आन्दोलित किया, के पास आने पर कॉ. अजय घोष की योग्यता व कार्यक्षमता पता चलती है।"

62

उनके निधन से पार्टी की एकजुटता फिर से तनावग्रस्त हो गई। उनके निधन के समय 1962 के आम चुनाव की धूम थी। कॉ. डांगे जो चुनाव में उम्मीदवार थे, समाचार प्राप्त होते ही दिल्ली चले गए।

अब विचार-विमर्श शुरू हुआ कि किसे नेतृत्व सौंपा जाए? गुट फिर से सक्रिय हो गए। पार्टी टूटने का डर था किन्तु चीन के आक्रमण से निर्मित परिस्थिति नेताओं की गिरफ्तारी और आम चुनाव की आवश्यकता ने असम्भव लगने वाली बात सम्भव बना दी। एकजुटता बनी रही। फिर एक बार अभूतपूर्व निर्णय लेते हुए पार्टी संविधान में संशोधन कर अध्यक्ष पद निर्माण किया गया। कॉ. डांगे को अध्यक्ष और कॉ. इ.एम.एस. नम्बूदरीपाद को जनरल सेक्रेटरी चुना गया।

लेकिन पार्टी के सामान्य कार्यकर्ता और सहानुभूतिदार सदस्यों के मन में शंका जरूर थी कि एकजुटता की यह मरहम-पट्टी कितने दिन काम आएगी।

चीन के आक्रमण के पश्चात निर्मित परिस्थितियों से पार्टी को उबार कर नया माहौल किस प्रकार बनाया जाए, कार्यकर्ताओं को किस नयी मुहिम में व्यस्त रखा जाए, कॉ. डांगे इसी चिन्ता में विचारमग्न थे। नम्बूदरीपाद गुट केवल जेल में बन्द नेताओं की रिहाई की मुहिम में था। कॉ. डांगे का कहना था इसके साथ जनता से जुड़े किसी मुद्दे को लेकर मुहिम छेड़नी चाहिए अन्यथा पार्टी में नया माहौल, नया चैतन्य निर्माण नहीं होगा। नम्बूदरीपाद गुट शायद यह नहीं चाहता था।

अपने नेताओं के बिना पार्टी चल सकती है, यह कल्पना उनके लिए असहनीय थी और जनता भी ऐसा ही समझ लें यह उन्हें नामंजूर था। विचारमग्न कॉ. डांगे की कल्पनाओं ने आकार लिया। मदद के लिए आये मोरारजी देसाई, भारत के तत्कालीन वित्तमंत्री।

नये बजट में मोरारजी देसाई ने करों में वृद्धि के साथ-साथ अनिवार्य बचत योजना लागू कर दी थी।

देशभर में इसके प्रति असन्तोष उपजा। कॉ. डांगे ने अन्दाजा लगाया कि इस असन्तोष का रूपांतर आंधी में कर दिया जाए तो पार्टी की रुकी हुई गाड़ी चल पड़ेगी, गति पकड़ लेगी, और योजना बनाई कि एक करोड़ हस्ताक्षरयुक्त प्रतिवेदन और एक लाख लोगों का मोर्चा संगठित कर संसद के समक्ष ले जाना। पार्टी का निर्णय हुआ और मुहिम शुरू हुई।

प्रतिवेदन संसद की याचिका समिति को देना तय हुआ। प्रतिवेदन में मुख्य माँग अनिवार्य बचत (जमा) योजना रद्द करना और बैंकों का राष्ट्रीयकरण करना थी।

कॉ. डांगे की रणनीति आसान थी, सर्वसामान्य जनता के गले उतरने वाली थी इसलिए उसे जनता का भरपूर समर्थन मिलने लगा। पार्टी का वातावरण बदलने लगा।

मोर्चा अत्यन्त सफल रहा। पं. नेहरू ने स्वयं संसद सौंध से मोर्चा देखा।

63

नम्बूदरीपाद गुट की मोर्चा और मुहिम, दोनों में सहभागिता नाममात्र की थी, यही अपेक्षित भी था।

इस मोर्चे के बाद अनिवार्य बचत योजना रद्द हो गई।

मुहिम की सफलता से पार्टी विरोधकों का नाराज होना स्वाभाविक था। 1962 के सदमें से पार्टी के इतने जल्दी उबरने की उन्हें अपेक्षा नहीं थी। अब उन्होंने पार्टी को एकाकी रखने की योजनाएँ बनाना शुरू किया।

और उन्हें विषय मिल गया, मजदूर कर्मचारियों की जेब व दिल को छूने वाला।

पिछले कई महीनों से महँगाई तेज गति से बढ़ रही थी किन्तु महँगाई भत्ता बढ़ने की गति धीमी थी। महसूस सब कर रहे थे लेकिन कोई समझ नहीं पा रहा था। महँगाई का सूचकांक शासन घोषित करता था।

कहीं कुछ दांवबाजी हो रही थी। किन्तु कहाँ? ढूँढ़ने की आवश्यकता थी किन्तु इससे पहले कि हम कम्यूनिस्ट ढूँढ़ पाते उसके पूर्व ही संयुक्त सोशलिस्ट पार्टी के मधु लिमये ने इस गलती का पता लगा लिया। सूचकांक निकालने में गलती हो रही थी। गलती तो क्या, चोरी ही थी। जो सूचकांक मजदूर कर्मचारियों को मिलने वाले महँगाई भत्ते में कटौती करे और मालिक वर्ग का फायदा तो उसे चोरी नहीं तो क्या कहेंगे? पता लगते ही समाजवादियों ने भरपूर प्रचार कर उसे सुधारने का संकल्प लेकर विराट मोर्चा निकालने की योजना बनाई। 20 जून को 'मुम्बई बन्द' का नारा भी दिया व इस कार्य में शामिल होने हेतु कम्यूनिस्टों को छोड़ कर अन्य सभी संगठनों को आमंत्रित किया। दोनों समाजवादी पार्टियों का समान उद्देश्य था—कम्यूनिस्टों को अलग-थलग करो।

जन आन्दोलनों के दरवाजे कम्यूनिस्टों के लिए बन्द करना, बिल्कुल शुद्ध कम्यूनिस्ट विरोध।

हमें आन्दोलन से दूर रखने की रणनीति के कारण हमें भी हमारी भूमिका निश्चित करना आवश्यक हो गया था।

हममें से कुछ का मत था कि इस कार्यक्रम में हमें शामिल होना चाहिए क्योंकि

माँग न्यायपूर्ण है। कार्यक्रम योग्य है। हम यदि इससे दूर रहे तो मजदूर कर्मचारी हमसे दूर बह जाएँगे। हम एकाकी हो जाएँगे। कुछ इस मत के विरोधी भी थे।

कॉ. डांगे ने चर्चा का समापन करते हुए कहा कि दिल्ली मोर्चा के पश्चात जाहिर किया हुआ कार्यक्रम हम छोड़ नहीं रहे हैं। समाजवादियों का कार्यक्रम 20 जून तक का ही है। उनका उठाया हुआ मुद्दा योग्य समय पर उठाया हुआ उचित मुद्दा है, कर्मचारियों के दिल को छू लेने वाला है। ऐसी स्थिति में हम उसे टाल नहीं सकते। अब अलग कृति भी नहीं कर सकते, हड़ताल की तारीख भी नहीं बदल सकते क्योंकि उसकी घोषणा हो चुकी है। आपने तारीख बदल कर नारा दिया तो मजदूर कर्मचारी इसे नेतृत्व का विवाद समझेंगे। किन्तु यह कार्यक्रम स्वीकार करते समय किसी पराभूत मानसिक अवस्था में जाने की आवश्यकता कतई नहीं है। अन्यथा अपने सदस्यों को भी पराभूत मनःस्थिति में ले जाओगे। हमारी भूमिका ऐसी होनी चाहिए कि हमारी यह स्वतंत्र कृति है। किन्तु हमारी मंशा यह थी कि यह कृति एकजुटता से हो जो कि समाजवादियों की राजनीति से असम्भव हो चुकी है।

64

अतः एकजुटता बनाए रखने के लिए यह समानान्तर कृति है। पूर्ण मुहिम स्वतंत्र रूप से चलाओ और अन्त भी स्वतंत्र रूप से करो।

तैयारी जोर-शोर से शुरू हो गई। हड़ताल जोरदार हुई। सभी मिलें, कारखाने, लोक वाहन, स्कूल-कॉलेज, स्थानीय शासन—सभी बन्द रहे। किसी ने भी विरोध नहीं किया। हड़ताल की सफलता से सभी प्रभावित हुए।

सूचकांक की सत्यता की जाँच के लिए राज्य शासन ने प्रो. लाकड़ावाला की अध्यक्षता में एक समिति बनाई। इस जाँच का निष्कर्ष था—सूचकांक में 28 प्वाइण्ट की गलती। सूचकांक दुरुस्त हुआ और परिणामस्वरूप महँगाई भत्ते में आठ रुपये बारह पैसे की वृद्धि हुई।

इस हड़ताल के बाद किसी ने भी हम पर समाजवादीयों के पीछे-पीछे जाने का आरोप नहीं लगाया।

1962 के चीन के आक्रमण के पश्चात पंडित नेहरू ने सीमा के बाबत हमारा दावा कितनी मजबूत नींव पर टिका हुआ है, यह अन्य राष्ट्रों को समझाने की मुहिम जोर-शोर से शुरू की। हमारे मंत्रीगण अन्तर्राष्ट्रीय महत्त्व के नेताओं से मिलने रवाना हो गए।

अब कम्यूनिस्ट राष्ट्र प्रमुखों से कौन मिलेंगे?

पंडित नेहरू को कॉ. डांगे याद आए।

उन्होंने अपने प्रमुख साथियों के समक्ष यह प्रस्ताव रखा। सभी चुप। एक ने हिम्मत कर कहा, "चीन के आक्रमण के बाद क्या कम्यूनिस्टों पर विश्वास किया जा सकता है?''

नेहरू ने पूछा, "क्या विदेशी कम्यूनिस्टों को आप डांगे की तुलना में अधिक अच्छें ढंग से विश्वास दिला पाओगे, समझा सकोगे?'' मंत्री निरुत्तर था।

नेहरूजी ने कॉ. डांगे से सम्पर्क कर सहयोग माँगा।

''हमारे जनरल सेक्रेट्ररी और सैकड़ों कार्यकर्ताओं को जेल में बन्द कर हमसे सहयोग की आशा रखते हो? चीनी फौजों को वापिस गए कितने महीने हुए?" डांगे ने कहा।

नेहरू ने कुछ नहीं कहा। लेकिन नम्बूदरीपाद व अन्य रिहा हुए और कॉ. डांगे अपनी मुहिम पर निकल पड़े।

65

मुहिम खत्म होने के पश्चात कॉ. डांगे ने नेहरूजी से मिल कर अपने काम की सविस्तार रिपोर्ट पेश की।

समाजवादी देशों की सीमा विवाद के सम्बन्ध की भूमिका और भारत के प्रति सहानुभूति अधिक स्पष्ट होती जा रही थी।

गिरफ्तार कम्यूनिस्ट राजबन्दी रिहा हुए और गुटबाजी की राजनीति फिर से धारदार हुई। सदैव वाद-विवाद, आरोप-प्रत्यारोप। नंबूदरीपाद गुट ने आरोप लगाया कि कॉ. डांगे ने मेरठ जेल में कारावास के समय पत्र लिख कर अंग्रेजों के समक्ष शरणागति दी थी। कॉ. डांगे ने इस आरोप का उचित उत्तर भी दिया था किन्तु गुट नेताओं को सन्तोष नहीं हो रहा था। उन्होंने कॉ. डांगे के पत्रों का सुनियोजित प्रकाशन करवाकर पार्टी के अन्दरूनी मामले को देश के चौराहे पर ला खड़ा किया और यह सिलसिला आगे चलता ही रहा। अध्यक्ष और जनरल सेक्रेट्ररी अलग-अलग बातें करने लगे। दोनों में मतभेद बढ़ने लगे। किसी विवादग्रस्त विषय पर कॉ. डांगे ने कुछ बोला कि कॉ. नंबूदरीपाद तत्काल पार्टी का परिपत्र निकाल कर पार्टी का अलग पक्ष रखते। इसी प्रकार यदि नंबूदरीपाद ने कोई बयान जो कॉ. डांगे को नापसन्द हो, दिया यह कह कर कि कॉ. डांगे भी वैसा ही करते थे।

पार्टी की यह स्थिति प्रसार-प्रचार माध्यमों के लिए मनोरंजन व मजाक का

विषय बन गई थी। पार्टी कार्यकर्ताओं में असमंजस की परिसीमा हो गई। पार्टी कार्य, मुहिम सब कुछ ठप्प-सा हो गया था।

ऐसी स्थिति लम्बे समय तक चलना असम्भव था। स्पष्ट दिख रहा था कि पार्टी टूटने वाली है। लेकिन कब? दोनों पक्ष एक-दूसरे की राह देख रहे थे। ठीकरा किस पर फूटे इसलिए।

अन्त में नंबूदरीपाद गुट ने निर्णय लिया। चीनी पार्टी से सम्पर्क व विचार-विमर्श हो चुका था शायद। अगला कदम बढ़ाया। अपने कार्यकर्ताओं का अपेक्षित अखिल भारतीय सम्मेलन बुलाया और स्वतंत्र रूप से कार्य करने का निर्णय घोषित किया। उन्होंने घोषणा की कि हम नई पार्टी नहीं बना रहे हैं बल्कि गलत रास्ते पर जा रही पार्टी को पुनर्गठित कर रहे हैं, मूल पार्टी की विरासत को सुरक्षित रख कर।

'पुनर्गठित' पार्टी का नाम तय हुआ—भारत की कम्यूनिस्ट पार्टी (मार्क्सवादी), जनरल सेक्रेट्री—इ.एम.एस. नंबूदरीपाद।

एक ही बात सच थी, दुनिया की कम्यूनिस्ट पार्टियों की संख्या में एक से वृद्धि हुई।

66

इसी समय के दौरान हमें एक और आघात सहन करना पड़ा। यूनियन के अध्यक्ष कॉ. बापूराव जगताप का निधन।

'हिन्दी-चीनी, भाई-भाई' के दौर में वे चीन के दौरे पर गए। दिलदार प्रवृत्ति के थे। पार्टी में प्रवेश के पश्चात रणदिवे गुट ने उनसे सम्पर्क बढ़ाया। इसलिए चीनी आक्रमण के बाद वे भी गिरफ्तार हुए। डेढ़-दो साल बाद रिहा हुए। अचानक तीव्र हृदयाघात से चल बसे। एक बार मुझसे बातचीत करते हुए बोले थे, "मुझसे गलती हो गई! किन्तु आपकी राजनीति की गुत्थी मेरी समझ के बाहर है।" मैंने उनसे कहा, "जाने दीजिए बापूराव, गिरफ्तारी क्या अपने लिये नई है?"

"गिरफ्तारी जाने दो। उससे कौन डरता है? लेकिन ये दाग नहीं लगना चाहिए था।" बड़ी करुणता से बापूराव ने कहा था।

पंडित जवाहरलाल नेहरू का निधन! भारत की राजनीति पर गहरा और अमिट परिणाम डालने वाली इस काल की घटना। स्वतंत्रता प्राप्ति से 1964 तक लगातार 17 वर्षों तक वे देश के प्रधानमंत्री थे। उनका कृर्तव्य इतना बड़ा और लोकप्रियता इतनी असीमित थी कि इस दौरान कोई भारतीय यह इच्छा भी नहीं कर सकता

था कि कोई अन्य व्यक्ति प्रधानमंत्री बने।

अन्त तक उनकी लोकप्रियता बनी रही किन्तु लोगों के मन में उनका स्थान कायम रहेगा तो केवल स्वतंत्रता संग्राम के उनके कार्यों से नहीं, बल्कि आधुनिक भारत के निर्माण का आधारभूत ढांचा तैयार करने के लिए।

दरिद्रता, पिछड़ापन, निरक्षरता, जातिभेद, रूढ़िवादिता, अंधश्रद्धा से ग्रस्त भारत के स्थान पर एक बलाढ्य, स्वस्थ और सुसंस्कृत भारत का सपना उन्होंने देखा था और उसके ऐसे अस्तित्व के लिए वे अन्त तक कार्यरत रहे। इसी दृष्टिकोण से भाखरा-नंगल जैसे बड़े बांध, भिलाई-स्टील, भेल जैसे विशाल सरकारी उद्योग बनाए। अनुसन्धान कार्य को प्रोत्साहन देने हेतु स्वतंत्र संस्थाएँ बनाईं। सुरक्षा हेतु स्वतंत्र आयुध कारखाने खड़े किए। अणु संशोधन को चालना दी। समाजवादी देशों से दोस्ती की। नवस्वतंत्र देशों का विकासशील देशों का संगठन खड़ा कर साम्राज्यवादी देशों की ओर से होने वाले शोषण को रोकने का प्रयास किया। स्वतंत्र विदेश नीति का आधार बनाया। आज के राष्ट्रीय जीवन के प्रत्येक भाग पर नेहरू की छाया स्पष्ट दिखाई देती है।

उनके जीवन के अन्तिम दिनों में स्वास्थ्य गिरता जा रहा था। चीनी आक्रमण का जख्म उनके दिल को छेद गया था। उत्साह टूट चुका था। इसीलिए इलाहाबाद से उन्होंने लालबहादुर शास्त्री को दिल्ली बुलाकर मंत्रीमंडल में शामिल कर लिया था। "दिल्ली आने पर शास्त्रीजी ने नेहरूजी से पूछा, मैं क्या काम करूँ?" पंडितजी ने कहा, "जो मैं करता हूँ वहीं।" नेहरूजी चले गए। कुछ समय के लिए देश में सन्नाटा छा गया। देश शोक में डूब गया। शास्त्रीजी के नेतृत्व में अगली राह पर चल पड़ा।

67

शास्त्रीजी का कार्यकाल अत्यन्त अल्पजीवी साबित हुआ। केवल डेढ़ साल। साथ में पाकिस्तान द्वारा लादा गया युद्ध। सोवियत यूनियन ने मध्यस्थता कर दोनों देशों के नेताओं को शान्तिवार्ता हेतु सोवियत यूनियन आमंत्रित किया। शास्त्रीजी-अयूबखान की भेंट ताशकन्द में हुई। चर्चा के अन्त में ताशकन्द शान्ति समझौता हुआ। युद्ध खत्म हुआ।

किन्तु करार हुआ और उसी रात तीव्र हृदयाघात से शास्त्रीजी का आकस्मिक निधन हो गया। शास्त्रीजी के स्थान पर सोवियत प्रधानमंत्री कोसिगिन और पाकिस्तान के अयुबखान शास्त्रीजी की शव पेटी को लेकर भारत लौटे।

शास्त्रीजी का कार्यकाल इतना अल्प था कि उसके बारे में कोई भी मत प्रदर्शित

करना व्यर्थ होगा। लेकिन उल्लेखनीय है कि पाकिस्तान युद्ध के बहाने भारतीय राजनीति में सक्रिय होने के अमेरिका के मन्सूबों और प्रयासों को उन्होंने कोई अवसर नहीं दिया।

शास्त्रीजी गये और कांग्रेस पार्टी में सत्ता की प्रतिस्पर्धा उफान पर पहुँच गई। उनका निधन इतना आकस्मिक था कि उनके वारिस के बाबत विचार कर निर्णय लेने के लिए रूढ़िवादी शक्तियों को समय ही नहीं मिल पाया। तात्कालिक व्यवस्था के रूप में कांग्रेस अध्यक्ष कामराज नाडर ने इन्दिरा गांधी के नाम का सुझाव दिया। इन्दिराजी उस समय शास्त्रीजी के मंत्रीमंडल में सूचना और प्रसारण मंत्री थी। रूढिवादी गुट ने विचार किया कि सत्ता हासिल करने की अपनी योजना को अन्तिम रूप देने तक 'गूंगी गुड़िया' को सत्ता में रहने दिया जाए।

वे लोग उस समय समझ ही नहीं पाए कि ये ही गूंगी गुड़िया अगले चार सालों में उनको और उनके कारनामों को नेस्तनाबूद करने वाली है।

इंदिराजी के प्रधानमंत्री बनने के पहले दिन से ही कांग्रेस पार्टी के सत्ता के दलालों ने उनके रास्ते रोकने के प्रयास करना शुरू कर दिया था। कांग्रेस पार्टी की गुटबाजी में माहिर मोरारजी देसाई, एस.के.पाटील, अतुल्य घोष, एस. निजलिंगप्पा, कामराज नाडर, संजीव रेड्डी—ये सब प्रदेशों के मठाधीश एक हो गए थे। पार्टी के बाहर के रूढ़िवादियों से उनके तार जुड़ गए थे और साम्राज्यवादियों से भी जोड़ने की तैयारी हो गई थी। एक होकर सिंडिकेट तरीके से व्यवहार करना शुरू कर दिया था। उनकी योजना थी कि इन्दिराजी के लिए काम करना असम्भव कर देना, उनके निर्णयों पर अमल न हो सके, ऐसी व्यवस्था कर उन्हें असफल प्रधानमंत्री साबित करना और फिर फैलने वाले असन्तोष का फायदा लेकर उन्हें पद से हटा कर सत्ता अपने हाथों में ले लेना। इसी दिशा में उनके कदम बढ़ रहे थे।

68

इन्दिराजी चिंतित थी। उनकी घेराबन्दी आक्रामक बना कर उसने जकड़ना शुरू कर दिया था। सामने 1967 के आम चुनाव थे और कांग्रेस के प्रति असन्तोष बढ़ रहा था। उपचुनाव के संकेत घातक थे। विरोधी पार्टियों में भी मोर्चे गठबन्धन आकार ले रहे थे। कांग्रेस को अलग-थलग रखने के प्रयास खुले रूप से नज़र आ रहे थे। कांग्रेस के लिए ये चुनाव कठिन साबित होने वाले थे।

और वैसा ही हुआ। आठ राज्यों में कांग्रेस के हाथों से सत्ता फिसल गई। लोकसभा में नाममात्र का बहुमत रह गया था। थोड़े-से सदस्यों के टूटने से सत्ता के छिन जाने का डर था। विरोधी पार्टियाँ 'बिल्ली के भाग्य से छींका टूटने' की राह देख रहे थे।

अपेक्षा के अनुरूप ठीकरा इन्दिराजी के माथे फोड़ने की कार्यवाही शुरू हो गई। सुगबुगाहट शुरू हुई कि प्रधानमंत्री को अनुभव नहीं है, जनता में स्थान नहीं है, कामकाज पर पकड़ नहीं है। शुरू-शुरू में दबी जुबान से, फिर जरा जोर से। किन्तु इन्दिराजी जान जाएँ इस तरीके से।

इन्दिराजी फिर से प्रधानमंत्री बनी किन्तु मंत्रीमंडल के गठन और विभाग वितरण में सिंडिकेट का ही हाथ था। वित्त विभाग के साथ-साथ उप प्रधानमंत्री का पद निर्माण कर मोरारजी भाई ने स्वयं लिया।

वास्तविकता यह है कि सिंडिकेट उसी समय मोरारजी भाई का राज्याभिषेक प्रधानमंत्री के रूप में कर देता, लेकिन उन्हें राष्ट्रपति जाकिर हुसैन पर विश्वास नहीं था। वे कोई भी कारण दिखा कर सभी के लिए मुश्किलें खड़ी कर देते। 'योजना' सुव्यवस्थित ढंग से अमल में लाने के लिए राष्ट्रपति विश्वास का होना आवश्यक होता है। दो वर्ष तक रुकना आवश्यक था। दो वर्षों बाद राष्ट्रपति चुनाव होने वाले थे। उस समय आवश्यक सतर्कता लेने से काम होने वाला था।

प्रधानमंत्री पद के वस्त्र लेकर मोरारजी के लिए राजनीति के पर्दे के पीछे खड़ा रहना बाध्यकारी था। अगले दो वर्षों में यह अन्तर्गत संघर्ष तीव्र होता गया। इन्दिराजी के लिए उनकी नीतियाँ अमल में लाना मुश्किल हो गया था। इन्दिराजी को बैंकों का राष्ट्रीयकरण करना था लेकिन बैंक वित्त विभाग के अधीन थे और वित्त विभाग मोरारजी भाई के। वे राष्ट्रीयकरण के लिए सहमत नहीं थे।

अन्ततः इन्दिराजी इस निष्कर्ष पर पहुँचीं कि सिंडिकेट की चौखट तोड़े बिना उन्हें काम करना सम्भव नहीं होगा और उसे यदि तोड़ना है तो संसदीय दल में अपना स्थान मजबूत करना अत्यावश्यक है। इसके लिए चुनाव जीतना आवश्यक है। किन्तु उससे पूर्व राष्ट्रपति चुनाव जीतना जरूरी था। यहीं से लड़ाई की शुरुआत होने वाली थी।

69

सिंडिकेट ने राष्ट्रपति के पद हेतु कांग्रेस की ओर से संजीव रेड्डी का नाम उम्मीदवार के रूप में निश्चित किया था। इन्दिराजी को यह नाम पसन्द नहीं था

किन्तु उनके विचार को ठुकरा कर पार्लियामेंट्री बोर्ड ने संजीव रेड्डी के नाम पर मुहर लगा दी थी। पार्टी का निर्णय मान कर इन्दिराजी ने उनके नामांकन पर हस्ताक्षर किये। रेड्डी की उम्मीदवारी निश्चित हुई।

वामपंथी पार्टियों के लिए संजीव रेड्डी की उम्मीदवारी मान्य करना असम्भव था। उन्होंने श्रमिक नेता वी. वी. गिरी को अपना उम्मीदवार बनाया। श्री गिरि एक समय एटक के अध्यक्ष रह चुके थे।

संजीव रेड्डी की उम्मीदवारी इन्दिराजी को मान्य नहीं है यह बात कम-से-कम संसद में तो छुपी हुई नहीं थी।

गिरि को उम्मीदवार बनाने के पहले वामपंथियों ने इन्दिराजी के विचार का एहसास जरूर कर लिया था। इसके पता चलने पर ही गिरि ने सहमति दी और नामांकन पत्र दाखिल किया। गिरि की उम्मीदवारी निश्चित हुई।

अब संघर्ष अटल था। कांग्रेस के संजीव रेड्डी और निर्दलीय वी. वी. गिरि। पीछे हटने की कोई गुंजाईश नहीं। न कांग्रेस को न ही इन्दिराजी को। अब पीछे हटने का मतलब था अप्रतिष्ठा, अविश्वसनियता को आमंत्रण देना। और इस संघर्ष में जीतना आवश्यक हो गया था। हारने का मतलब था–राजनीति में जबर्दस्त पीछे जाना। यह संघर्ष ऐसा था कि श्रीकृष्ण के अर्जुन को दिये उपदेश की याद आ जाए–"युद्ध में मारे गए तो स्वर्ग में जाओगे और जीतोगे तो पृथ्वी पर राज करोगे।"

अगले तीन सप्ताह रण संग्राम हुआ। प्रचार इतना जबर्दस्त था कि जनता असमंजस में थी कि कौन किस तरफ है। दोनों ओर के चाणक्य दांव-पेंच करते-करते थक गए।

सांसद और विधायक ही मतदाता थे। किन्तु पूरे देश का ध्यान इसी चुनाव पर केन्द्रित था। राष्ट्रपति चुनाव में इतनी उत्सुकता कभी भी नहीं थी।

मतदान का दिन आया। देश की साँसे रुक गईं। वी. वी. गिरि निर्वाचित घोषित हुए।

गिरि ही नहीं, इन्दिराजी विजयी हुई थीं। अनुभवी, गुटबाजी में सिद्धहस्त, राजनीति के धुरन्धर समझे जाने वाले नेताओं को जबर्दस्त थप्पड़ पड़ा था।

'गूंगी गुड़िया' ने अपना छुपा हुआ सामर्थ्य प्रकट जो कर दिया था। देशभर के रूढ़िवादियों और साम्राज्यवादियों को तगड़ा झटका लग चुका था। उनके सारे गणित, सारे अन्दाजे गलत साबित हो चुके थे। सभी 'योजनाएँ' नये तरीके से बनाने के लिए विवश हो जाना एक नया काम सामने था।

सिंडिकेट नेताओं की बोलती बन्द हो गई थी। एक दिन में उनका राजनीतिक अवमूल्यन हो गया था।

केंद्र में उनका सुखासन हिलने लगा था। राज्यों में भी ऐसे ही आसार स्पष्ट नज़र आने लगे थे।

अब दुनिया जान गई थी कि कांग्रेस विभाजन की ओर अग्रसर है। इन्दिराजी ने, 'मेरी कांग्रेस-असली कांग्रेस' का व्यवहार करना शुरू कर दिया था। विरोधियों ने व मीडिया ने यह भेद दर्शाने के लिए उनकी पार्टी को इन्दिरा कांग्रेस या कांग्रेस (आई) के रूप में सम्बोधित करना शुरू कर दिया।

राष्ट्रपति चुनाव की सफलता, उसके कारण पार्टी में और देश में बदले हुए माहौल का पूरा-पूरा फायदा यदि इन्दिराजी नहीं उठातीं तो ही आश्चर्य होता। उन्होंने सिंडिकेट नेताओं को सम्हल कर उठ खड़े होने का समय ही नहीं दिया। उन्होंने बैंकों का राष्ट्रीयकरण घोषित किया, 'गरीबी हटाओ' का नारा दिया और अपनी नीतियों को अमल में लाने हेतु जनता उन्हें ही बहुमत दे, यह कह कर लोकसभा के मध्यावधि चुनाव घोषित किये (1971)।

जैसे देश भर में करण्ट फैल गया हो। इन्दिराजी के इस साहसी कदम से देश आश्चर्यचकित और तो विरोधी स्तम्भित हो गए। किसी ने भी यह अपेक्षा नहीं की थी कि इन्दिराजी इतनी जल्दी-जल्दी ऐसे कदम भी उठाएँगी।

देश ने अपना सूचक आदेश दिया। इन्दिराजी को जनता ने माथे पर रखा। उनकी ऐसी विजय की कल्पना न तो समर्थकों ने नहीं विरोधियों ने की थी। अनेक स्थानों पर लाख-लाख वोटों के अन्तर से उनके प्रत्याशी जीते। सिंडिकेट नेतागण नेस्तनाबूद हुए।

कांग्रेस की फूट और बाद की घटनाओं से 'राष्ट्रीय पूँजीपति वर्ग और कांग्रेस' बाबत कॉ. डांगे का आकलन व उनकी भूमिका वास्तविकता के साथ थी, यह सिद्ध हुआ।

बैंकों का राष्ट्रीयकरण होना चाहिए, यह पार्टी एटक और बैंक कर्मचारी संगठनों की बहुत पुरानी माँग थी। बैंकों द्वारा एकत्र की जाने वाली जमा रकम का बड़ा भाग सामान्य जनता और मध्यम वर्ग से ही आता था किन्तु दिए जाने वाले कर्ज का बड़ा भाग कारखानों के मालिक, बड़े व्यापारी व धनाढ्य लोगों के पास ही जाता था। क्योंकि कर्ज प्राप्त करने की आवश्यक 'पात्रता' उनके पास ही

रहती थी। मजदूर, मध्यमवर्ग, छोटे व्यापारी इससे वंचित ही रहते थे। इस स्थिति में बदलाव आवश्यक था।

71

बैंको के राष्ट्रीयकरण का कम्यूनिस्ट पार्टी और बैंक कर्मचारी संगठनों द्वारा स्वागत करना स्वाभाविक था। कॉ. डांगे तो इस कदम से बहुत ही उत्साहित थे। वे इस कदम का राजनीतिक महत्त्व और अगले कार्यों से जनता को अवगत कराने की मुहिम छेड़ने के पक्ष में थे।

1967 के चुनावों से ही कॉ. डांगे इस निष्कर्ष पर पहुँचे थे कि अब संयुक्त महाराष्ट्र समिति की शक्ति अब खत्म हो चुकी है। उसके साथ रह कर पार्टी अब नई चुनौतियाँ स्वीकार नहीं कर पाएगी। इसलिए अब स्वतंत्र रूप से राजनीति करना शुरू कर देना आवश्यक है। पार्टी के रूप में राजनीतिक मुहिम छेड़नी चाहिए।

वास्तविक स्थिति यह थी कि पार्टी की ओर से मुम्बई महाराष्ट्र में तो पार्टी की ओर से कोई मुहिम नहीं छेड़ी जा रही थी क्योंकि संगठन में एक तरह से शिथिलता, स्थगन-सा आ गया था। इसे दूर करने के लिए संगठनात्मक मामलों को गम्भीर रूप से विचार करना आवश्यक हो गया था। स्तालिन ने एक बार कहा था, "नीतियाँ योग्य हों तो अगली प्रगति कार्यकर्ताओं पर ही निर्भर रहती है।"

ऐसी योग्य नीतियाँ विकसित होने में पार्टी की पुरानी बीमारी गुटबाजी आड़े आती थी। ऐसे समय आवश्यक होता है कि पार्टी के बड़े नेताओं द्वारा बड़े मन से स्वस्थ भूमिका से कार्यकर्ताओं का मूल्यांकन करना चाहिए। गुटबाजी तोड़नी हो तो पार्टी में नया खून लाने के निरन्तर प्रयास करना चाहिए।

ऐसे सतत् व सर्वांगीण प्रयास होते हुए मैंने नहीं देखे। एक बार कॉ. डांगे ने ऐसे प्रयास राजकीय शिक्षण शिविर लगा कर किये। कॉ. डांगे बहुत अच्छे शिक्षक भी थे। किन्तु इन प्रयासों में निरन्तरता नहीं रही।

बैंकों के राष्ट्रीयकरण के सन्दर्भ में मुहिम संगठित करने के इरादे से कॉ. डांगे दौरे पर निकल पड़े। मुम्बई आ पहुँचे। आने से पूर्व उन्होंने मुझे मुम्बई कौंसिंल की सभा निमंत्रित करने की सूचना भेजी।

मैं उस समय मुम्बई पार्टी का सेक्रेट्ररी था। कॉ. पाटकर के आकस्मिक निधन के पश्चात् मैं सेक्रेट्ररी चुना गया था।

कॉ. डांगे की सूचनानुसार सभा निमंत्रित की गई। वे किसी योजना के साथ ही आए थे किन्तु किसी को कोई संकेत भी नहीं दिए थे।

बैठक शुरू होने पर बैंक राष्ट्रीयकरण का महत्त्व, उससे देश की अर्थ व्यवस्था पर होने वाले परिणाम, राजनीति में हुए बदलाव आदि को सविस्तार बताया और इस मुहिम को चलाने की आवश्यकता प्रतिपादित की। इस हेतु कुछ संगठनात्मक बदलाव आवश्यक है, ऐसा कह कर पहले कदम के रूप में मेरी जगह कॉ. कारखानिस को सेक्रेट्ररी बनाया जाए, ऐसा सुझाव दिया। सभी सदस्य स्तम्भित रह गए। कॉ. डांगे कुछ ऐसा कहेंगे, कोई भी नहीं सोच रहा था।

72

"कुछ क्षणों के सन्नाटे के बाद कॉ. कृष्णा देसाई ने पूछा, यह बदलाव क्यों?"

"मुझे आवश्यक लगता है।" कॉ. डांगे ने कहा।

"लेकिन क्यों आवश्यक लगता है?" कॉ. धुमे बोले।

"मुझे चर्चा नहीं करनी है। आपको एतराज हो तो कहें।" कॉ. डांगे का जवाब था।

"लेकिन बदलाव का कारण हमें क्यों नहीं पता चलना चाहिए?" -कॉ. गुलाबराव ने पूछा।

"आप लोग सहमत नहीं है तो आप चलने दो। मैं वापस चला जाऊँगा। मेरा दिल्ली का टिकट बैग में ही है।"—कॉ. डांगे ने कहा।

इसके बाद कोई कुछ नहीं बोला। कॉ. डांगे ने कौन्सिल का मत लिया। हाजिर सदस्यों में से कॉ. कृष्णा देसाई, कॉ. गुलाबराव और कॉ. प्रभाकर वैद्य ने विरोध में मत दिया। कॉ. धुमे और अन्य ने अनुकूल मत दिया। मेरा ही मुद्दा होने से मैंने मत नहीं दिया। कॉ. कारखानिस ने भी नहीं। निर्णय हुआ। कॉ. कारखानिस सेक्रेट्ररी बने और बैठक खत्म हुई।

बैठक के बाद किसी ने कॉ. धुमे से पूछा," आपका विचार इतने जल्दी कैसे बदल गया?"

"विचार नहीं बदला, वही है। लेकिन उनकी परिपक्वता का विचार कर मैंने उनका विचार मान्य किया।" कॉ. धुमे ने कहा।

मैंने इस विषय पर कॉ. डांगे से कोई बातचीत नहीं की। बात करना निरर्थक था। दूसरे दिन से मैंने यूनियन के काम में अधिक ध्यान देना शुरू कर दिया।

मैं कुछ बोला नहीं, फिर भी इसकी चर्चा मुम्बई पार्टी और गुट में होना अवश्यंभावी था। चार दिन बाद कॉ. भगवान थोरात कॉ. डांगे से मिले तो उनसे इस विषय पर बात चली।

"अरे चिटणीस के काम की कोई शिकायत नहीं है। लेकिन वह किसी को

न नहीं कह पाता है। इसलिए उसे बदलना पड़ा। अन्ततोगत्वा काम तो चिटणीस ही करेगा। उसी ने करना चाहिए। कारखानिस पहलवान आदमी है। न कहना हो तो कह सकता है। काम चिटणीस को ही करना है। चिटणीस से कहो मुझसे मिले। कॉ. डांगे ने कहा।

कॉ. थोरात ने मुझसे ये बातें कहीं और कॉ. डांगे से मिलने को कहा लेकिन मैं नहीं गया। उन्होंने मुझे बदल दिया, इसका गुस्सा कतई नहीं था। लेकिन उनके काम करने का तरीका मुझे पसन्द नहीं आया। उनके मेरे ऐसे सम्बन्ध थे कि उनके केवल एक इशारे पर मैं खुशी-खुशी इस्तीफा दे देता किन्तु जिस प्रकार से मुझे अन्धकार में रख कर अपना एकतरफा निर्णय कौंसिल पर थोपा, वह मुझे किसी भी प्रकार से उचित नहीं लगा।

73

दो-चार दिनों बाद कॉ. येलकर ने मेरे पास आकर कहा, "कॉ. डांगे ने बुलाया है, चलो।"

मैं ठीक है कह कर चुप हो गया, "नहीं, नहीं। तुम्हें साथ लेकर ही आने का कहा है! अरे! उनकी एक गलती हुई। अब आप दूसरी गलती कर पूरी राजनीति को गढ्ढे में डालोगे क्या? हमारी ओर देखो! रात-दिन एक कर काम कर रहे हैं, क्या खुद के लिए?" कॉ.. येलकर ने समझाया।

कॉ. येलकर, कॉ. थोरात मेरे यूनियन व पार्टी के निकटवर्तीय सहकर्मी। सभी को दुःख पहुँचा कर मैं क्या हासिल करता?

मैं उठ कर उनके साथ कॉ. डांगे के पास गया। वे बोले किन्तु मेरे मत में कोई बदलाव नहीं आया लेकिन काम पर जुट गया। कुछ भी हो, कॉ. डांगे हमारे नेता जो थे।

मुम्बई-महाराष्ट्र के सेक्रेट्ररी बदले गए किन्तु संगठन में कोई सुधार नहीं हुआ। मूल बीमारी कायम रख कर कोई सुधार सम्भव ही नहीं था और उस बीमारी का उपचार करने कोई आगे नहीं आ रहा था। कुछ की इच्छा नहीं थी तो कुछ की काबिलियत।

नम्बूदरीपाद गुट द्वारा अपनी अलग पार्टी की घोषणा करने के बाद, इस वास्तविकता को मान्य करते हुए पार्टी के लिए जरूरी हो गया था कि वह अपनी अगली रणनीति तय कर आगे बढ़े। पं. बंगाल, केरल, आंध्र, त्रिपुरा, तमिलनाडु—इन प्रदेशों में पार्टी को तगड़ा झटका लगा था। इन सब बातों को ध्यान में रखते हुए पार्टी का पुनर्गठन आवश्यक हो गया था। मुम्बई में होने वाले पार्टी के सातवें अखिल भारतीय अधिवेशन के सामने बड़ी चुनौती थी। नए वातावरण में पार्टी की

राष्ट्रीय परिषद ने कॉ. राजेश्वर राव को महासचिव के रूप में चुना था। कार्यकर्ताओं को विश्वास था कि कॉ. डांगे और कॉ. राजेश्वर राव की जोड़ी पार्टी की नैया पार जरूर लगाएगी।

1966 में हमें एक और बड़ी जिम्मेदारी निभानी पड़ी, एटक का त्रिवार्षिक अधिवेशन आयोजित करने की। पार्टी के अधिवेशन के सफल आयोजन और अभी-अभी सम्पन्न मिल मजदूरों की सफल हड़ताल से सभी उत्साहित थे।

मार्क्सवादी लोग पार्टी से बाहर निकले थे लेकिन एटक से अभी तक अलग नहीं हुए थे। इसलिए इस अधिवेशन में उनकी भूमिका कैसी रहेगी, व्यवहार कैसा रहेगा, यह चिन्ता स्वाभाविक थी।

उन्हें उनके विचार रखने का अवसर मिलना जितना जरूरी था, उतना ही जरूरी यह भी सुनिश्चित करना था कि इस अवसर का नाजायज़ लाभ लेकर वे अधिवेशन में कोई गड़बड़ी पैदा न करें। साथ ही साथ एटक के संगठन में पार्टी का जो स्थान था उसे भी धक्का न लग सके, यह सुनिश्चित करना अति आवश्यक था।

74

मार्क्सवादियों की राजनीतिक नीतियाँ व पैंतरे देखते हुए इसे नज़रअन्दाज करना खतरनाक साबित होता।

पाँच दिन के अधिवेशन हेतु लगभग पाँच हजार प्रतिनिधियों की व्यवस्था करना आसान नहीं था। लेकिन आयोजन सफल रहा।

अधिवेशन के अन्तिम दिन प्रतिवेदन पर चर्चा के उपरान्त मंजूरी के लिए रखे जाने पर मार्क्सवादियों ने उसका विरोध कर उसे पुनर्विचार के लिए नई कार्यकारिणी के पास भेजने का सुझाव दिया। चर्चा पूर्ण होने के पश्चात आए अजीबोगरीब सुझाव का कॉ. डांगे ने विरोध किया। अब उस पर मतदान अटल हो गया।

अन्ततः 75 प्रतिशत प्रतिनिधियों ने प्रतिवेदन के पक्ष में मतदान किया।

परिषद ने कॉ. एस.एस.मिरजकर को अध्यक्ष और कॉ. डांगे को जनरल सेक्रेटरी के रूप में चुना।

इस अधिवेशन में एटक विभाजित नहीं हुई किन्तु समझदार और जानकार मार्क्सवादियों के व्यवहार को देख कर समझ गए थे कि यह एकजुटता अब और अधिक दिनों तक नहीं चलेगी, और वैसा ही हुआ।

अधिवेशन के कुछ समय बाद ही 'एटक लोकतांत्रिक तरीके से नहीं चल रही

है' का बहाना बना कर मार्क्सवादियों ने अपना स्वतंत्र ट्रेड यूनियन संगठन'' सेंटर फॉर इण्डियन ट्रेड यूनियन्स (सीटू) शुरू किया। कॉ. बी.टी. रणदिवे नये संगठन के अध्यक्ष बने।

हम मिल मजदूरों के संघर्षों में व्यस्त और अलग-अलग संगठनात्मक विवादों से निजात पाने के प्रयासों में थे कि उसी समय मुम्बई-महाराष्ट्र के राजनीतिक व सार्वजनिक जीवन पर दूरगामी परिणाम करने वाली एक नई शक्ति आकार ले रही थी—शिवसेना।

यद्यपि शिवसेना का जन्म 1966 में मुम्बई में हुआ किन्तु उसने अपने अस्तित्व और शक्ति का अहसास उसी वर्ष हुए ठाणे म्यूनिसिपल कॉरपोरेशन के चुनाव में करा दिया। पहले ही चुनाव में शिवसेना को नेत्रदीपक यश प्राप्त हुआ। थोड़े ही दिनों में 'मराठी माणुस' के हित के नाम दीगर प्रदेशों, विशेषकर तमिलों के खिलाफ जोरदार मुहिम शुरू की। बाद में साथ ही साथ मध्य मुम्बई के युवा मंडल, गणेशोत्सव समितियों, अखाड़े, व्यायामशालाएँ, क्रीड़ा संघ, कला पथक आदि को भेंट देकर युवा वर्ग से सम्पर्क करना शुरू कर दिया गया। प्रचार-प्रसार माध्यमों द्वारा और विशाल धनराशि खर्च कर शिवाजी पार्क पर दशहरे के दिन जमावड़ा कर संगठन की स्थापना घोषित की गई। मराठी माणुस को नौकरी, मराठी माणुस को घर, मराठी भाषा को प्राधान्य—यह कार्यक्रम घोषित हुआ।

75

प्रत्येक क्षेत्र में मराठी माणुस ही चाहिए—कहते-कहते हद पार करते हुए धीमी आवाज में 'गुंडा हो तो भी मराठी और वेश्या हो तो भी मराठी' कहने लगे। मराठी माणुस को जो रोजी-रोटी देगा वो हमारा ऐसा कहकर, 'टाटा हमारे—बिरला हमारे' ऐसा सिखा कर हड़ताल कर बेरोजगारी लाने वाले, एकजुटता के नाम पर दीगर प्रदेशवासियों को गले लगाने वाले कम्यूनिस्ट शत्रु हैं—ऐसा भी पाठ पढ़ाया जाने लगा। कम्यूनिस्टों को मारो-पीटो, उनकी सभा भंग करो कार्यकर्ताओं पर हमला कर उन्हें काम मत करने दो। ऐसा कार्यक्रम दिया गया। कॉ. डांगे तो उनके मुख्य निशाने पर थे। कॉ. डांगे की आवाज बन्द करो, "उन्हें उखाड़ फेंकों" ऐसी मौलिक सूचना जाहिर रूप से दी गई। कार्यक्रम पर अमल भी तत्काल शुरू हो गया।

शिवसेना की भूमिका और कार्यक्रम पूँजीपति वर्ग को पसन्द आना स्वाभाविक ही था। उन्होंने तुरन्त शिवसेना को अपने निकट कर लिया। उसके प्रत्येक

कार्यक्रम को उनका समर्थन मिलने लगा। शिवसेना भी तत्काल उन्हें उनकी आवश्यकतानुसार हड़ताल तोड़ने वाले सप्लाई करने लगी। कारखानों के लाल झंडे वाले कार्यकर्ताओं का बन्दोबस्त करने लगी। कारखानों के लड़ाकू संगठन तोड़ कर मालिक समर्थक संगठन खड़े करने लगी।

शिवसेना की आक्रामक हलचल और आपराधिक कृत्यों की ओर सरकार द्वारा आँखे मूँद कर देखना इतना स्पष्ट और योजनाबद्ध था कि यह सब कौन प्रायोजित कर रहा है इसकी खुले रूप से चर्चा होने लगी।

समझदारों की नजर बार-बार मुम्बई कांग्रेस के अध्यक्ष स.का. पाटिल, मुख्यमंत्री वसन्तराव नाईक और गृहमंत्री बालासाहब देसाई की ओर संकेत कर रही थी। अन्त में यह तथ्य इतना स्पष्ट हो गया कि जानकार लोग शिवसेना को सदाशिव सेना (सदाशिव का. पाटील) और वसन्त सेना के रूप में सम्बोधित करने लगे।

यद्यपि शिवसेना की स्थापना और विस्तार पूँजीपतियों के योजनाबद्ध नियोजन से हुआ था, परन्तु उसका दर्शन, घोषणा, प्रत्यक्ष व्यवहार और कार्यपद्धति से अल्पसंख्यक, दलित, श्रमिक, सुसंस्कृत-सुशिक्षित वर्ग को कभी भी प्रभावित नहीं कर पाया। कभी अपना नहीं माना। मुम्बई में शिवसेना को प्रतिष्ठा प्राप्त करवाने का कारनामा किया साधना शुचिता का उद्घोष कर राजनीति करने वाले समाजवादियों ने। 1968 के महानगर निगम के चुनावों में कांग्रेस विरोध के नाम पर उन्होंने शिवसेना से गठबन्धन किया। इस चुनाव में ठाकरे और मधु दण्डवते ने संयुक्त प्रचार किया पर हुआ उलटा। समाजवादियों की सीटें 13 से घटकर 12 हुईं और शिवसेना के 42 पार्षद चुन कर आए पहले ही चुनावों में।

76

जैसे-जैसे शिवसेना की ताकत बढ़ती जा रही थी, वैसे-वैसे उसकी उपयोगिता पूँजीपति वर्ग, कट्टरपंथियों और रूढ़िवादी शक्तियों के लिए अधिक स्वीकार्य होती जा रही थी। इन लोगों ने उसे हर प्रकार से 'बल' प्रदान करना शुरू कर दिया। शिवसेना भी अधिकाधिक आक्रामक होती जा रही थी। कम्यूनिस्टों और उनके संगठनों पर उसके हमले बढ़ते गए।

कम्यूनिस्ट भी इन हमलों का जवाब दे रहे थे। किन्तु अपार धन, गुंडों का बल और सरकारी संरक्षण के चलते शिवसेना अधिकाधिक बेलगाम होती जा रही थी। इसी की परिणति हुई मुम्बई जिला कम्यूनिस्ट पार्टी के कार्यालय पर हमले में।

उस समय पार्टी के सारे नेता कार्यकर्ता पार्टी के राज्य अधिवेशन हेतु

औरंगाबाद में थे। कार्यालय तहस-नहस कर दिया गया। पुलिस की ओर से कोई कार्यवाही नहीं हुई। बाद में एक सभा हुई। कम्यूनिस्टों ने सभा में शिवसेना द्वारा पैदा किए हुए उपद्रव का मुँहतोड़ जवाब दिया।

शिवसेना की गुंडागर्दी को पहली बार ही चुनौती मिली थी किन्तु गिरणगांव और मुम्बई के श्रमिक वर्ग को स्थिति की सत्यता पता चल चुकी थी जो सबसे महत्त्वपूर्ण था।

शिवसेना की गुंडागर्दी का उपद्रव अब कम्यूनिस्ट ही नहीं, कांग्रेस के और कांग्रेस के बाहर के प्रगतिशील व लोकतांत्रिक व्यक्ति, पार्टियाँ भी महसूस करने लगी थीं।

शिवसेना के फासिस्ट-तानाशाहीपूर्ण व्यवहार का संज्ञान पार्टी के केन्द्रीय नेतृत्व ने भी लिया था। ऐसे फासिस्ट हमलों से पार्टी, पार्टी के जन संगठन, कार्यकर्ता आन्दोलन-कार्यक्रमों की सुरक्षा हेतु एक समर्थ संरक्षक दल संगठित करने का निर्णय पार्टी ने लिया। मुम्बई में इसका कार्यभार गिरणगांव के निर्भय, साहसी नेता कॉ. कृष्णा देसाई को सौंपा था। इस कार्य हेतु उसके अलावा कोई अन्य सुपात्र था ही नहीं।

वह एक अच्छा संगठक भी था। वह दो बार नगर निगम में पार्षद और 1967 में लाल बाग परेल विधानसभा क्षेत्र से विधायक चुना गया था।

वह काम में लग गया। अपने कार्यकर्ताओं के माध्यम से उसने डेढ़ सौ नौजवानों की टीम बना कर उन्हें शारीरिक रूप से मजबूत बनाने हेतु प्रशिक्षण देना शुरू किया। कई लाल दल आकार लेने लगे।

77

शिवसेना के लिए यह बात हजम करना सम्भव नहीं था। कृष्णा का बन्दोबस्त करने की योजनाएँ बनने लगीं। और एक दिन टैक्सी में बैठकर आए चार गुंडों ने कृष्णा के पेट में गुप्ती घोंप कर उनका खून कर दिया।

दूसरे दिन लालबाग क्षेत्र पूर्ण रूप से बन्द रहा। सभी मिलें, कारखाने, दूकानें बन्द रहीं।

वातावरण में बहुत अधिक तनाव था। कम्यूनिस्ट कार्यकर्ता भड़के हुए थे। शिवसैनिक घबराए हुए बदहवास से होकर उसी रात से गायब हो गये थे। राज्य शासन भी दहल गया था। उन्होंने शिवसेना इस कदर कोई कदम उठाएगी, इसकी

कल्पना भी नहीं की थी। सर्वदलीय शोकसभा में सभी वक्ताओं ने इस जघन्य हत्या के लिए शिवसेना को ही जिम्मेदार ठहराया।

कृष्णा की हत्या की जाँच दो काबिल सी. आई. डी. अधिकारियों ने की और आठ शिवसैनिकों के खिलाफ कोर्ट में मामला दायर किया गया।

हत्या का आरोप सिद्ध हुआ और कोर्ट ने आठों शिवसैनिकों को सजा सुनाई।

अपेक्षा के अनुरूप उच्च न्यायालय में अपील की गई। सुनवाई के पहले राज्यसभा चुनाव निर्धारित थे। कांग्रेस के प्रत्याशी को एक-दो वोट कम पड़ रहे थे जो शिवसेना के पास थे। दोनों ओर के 'समझदार लोगों' के नामों की चर्चा हुई और कांग्रेस प्रत्याशी चुन कर आया। कृष्णा के हत्यारे भी रिहा हो गए। तकनीकी मुद्दों के आधार पर।

चर्चा थी कि सरकारी वकील ने ठीक से केस नहीं लड़ा। इन दोनों घटनाओं में आपसी घनिष्ठ सम्बन्ध था, ऐसी भी चर्चा हुई।

उच्च न्यायालय के निर्णय के विरोध में राज्य शासन द्वारा उच्चतम न्यायालय में अपील न करने से इस बाबत जनता के शक को बल ही मिला।

मुम्बई–महाराष्ट्र में जब शिवसेना में जब शिवसेना प्रकरण गूंज रहा था तब राष्ट्रीय पटल पर और भारतीय उपखण्ड में अलग ही नाटक घटित हो रहा था।

पाकिस्तान का निर्माण द्विखण्ड देश के रूप में हुआ था। पूर्वी पाकिस्तान और पश्चिमी पाकिस्तान, दोनों एक-दूसरे से सैकड़ों किलोमीटर दूर थे। उन्हें जोड़ने वाला कोई भू-प्रदेश भी नहीं था। दोनों प्रान्तों का धर्म यद्यपि इस्लाम था किन्तु भाषा, संस्कृति और परम्परा पूर्णतः भिन्न थी। दो दशकों के बाद भी उनमें एकात्मता नहीं बन पाई थी। उलटे भावनात्मक और मानसिक अन्त बढ़ ही रहा था।

78

लोक संख्या पूर्वी पाकिस्तान की अधिक थी किन्तु राजनीति में प्रभाव पश्चिमी पाकिस्तान के पंजाब प्रान्त का ही था। उत्पादन का बड़ा हिस्सा पंजाब भाग पर ही खर्च होता था। इस कारण न केवल पूर्वी पाकिस्तान बल्कि पश्चिमी पाकिस्तान के सिन्ध व बलूचिस्तान विभाग भी अविकसित ही रहे।

आगे-आगे पूर्वी पाकिस्तान का उपयोग पश्चिमी पाकिस्तान द्वारा अपने उपनिवेश के रूप में किया जाने लगा। स्वाभाविक रूप से पूर्वी पाकिस्तान में

इसके विरोध में तीव्र असन्तोष फैल रहा था, किन्तु इसकी सीमा तब पार हुई जब पश्चिमी पाकिस्तान ने पूर्वी पाकिस्तान पर राजभाषा के रूप में उर्दू थोपने का प्रयास किया। पूर्वी पाकिस्तानवासी बहुसंख्यक रूप से मुस्लिम होते हुए भी उनकी भाषा बांग्ला ही थी और इसका उन्हें असीमित अभिमान भी था। पश्चिम पाकिस्तान का यह प्रयास अपनी भाषा व संस्कृति नष्ट करने के लिए है, यह देख कर पूर्वी पाकिस्तानियों में असन्तोष भड़क उठा। पाकिस्तानी सेना ने भी अत्याचारों की सीमा पार कर दी। सैकड़ों लोग मारे गए, हजारों महिलाओं पर अत्याचार हुए। डरे हुए हजारों निराधार बांग्लादेशी जान बचाने के लिए, आश्रय लेने के लिए भारत की ओर दौड़ने लगे।

भारत के समक्ष धर्मसंकट था। सरहद बन्द करने का मतलब था—आने वाले हजारों लोगों को साक्षात मृत्यु की ओर धकेलना और सरहद खुली रखो तो आने वाले रुकने का नाम नहीं ले रहे थे। उनकी व्यवस्था करने में भारतीय अर्थ व्यवस्था पर तनाव बढ़ता जा रहा था इसके अलावा अन्य अन्तर्राष्ट्रीय समस्याएँ पैदा होती जा रही थीं।

प्रधानमंत्री इन्दिरा गांधी ने इस समस्या को अन्तर्राष्ट्रीय स्तर पर उठा कर बड़े राष्ट्रों और सुरक्षा समिति से इस समस्या के हल करने में मदद का निवेदन किया किन्तु किसी ने भी इस निवेदन की ओर ध्यान नहीं दिया। इन्दिराजी ने अमेरिका के राष्ट्रपति से भी भेंट की किन्तु अमेरिका अपने अन्तर्राष्ट्रीय प्यादे को नियंत्रित करने के लिए तैयार नहीं हुआ।

कई सप्ताह-माह बीत गए। बड़े राष्ट्र कुछ नहीं कर रहे थे। आने वाले जत्थे बढ़ रहे थे। इन्दिराजी के राजनीतिक विरोधी उन पर आरोप लगा कर लोकसभा में हंगामा कर रहे थे।

अन्त में इन्दिराजी ने साहसी निर्णय लिया। सोवियत यूनियन से शान्ति, मैत्री और सहकार की सन्धि कर अपने भावी कदमों के बारे में सभी को आश्चर्यचकित कर दिया।

पूर्वी पाकिस्तान में मुक्तिवाहिनी कार्यरत हो चुकी थी। बंगाली जनता को धीरज, सहारा और यथासम्भव सुरक्षा प्रदान करने का वह प्रयास कर रही थी। पाकिस्तानी सेना उसका खात्मा करने का प्रयास कर रही थी किन्तु उसकी गतिविधियाँ बढ़ रही थीं।

अपनी असफलता छुपाने के लिए पाकिस्तान भारत पर मुक्तिवाहिनी के समर्थन का आरोप लगाने लगा। इस समय तक भारत में आए शरणार्थियों की संख्या एक करोड़ पार कर गई थी।

इन्दिराजी ने एक बार फिर अमेरिका और सोवियत यूनियन के राष्ट्र प्रमुखों से भेंट की। वे लौटीं तो एक निश्चित दृढ़ संकल्प के साथ ही।

मुक्ति वाहिनी की गतिविधियाँ पूर्वी पाकिस्तान में अब काफी बढ़ चुकी थीं। जनता का अपार समर्थन उसे मिल रहा था। पाकिस्तानी सेना अपने देश में ही पराई समझी जाने लगी थी।

पाकिस्तान ने मुक्ति वाहिनी की गतिविधियों के लिए भारत को जिम्मेदार ठहरा कर उन्हें रोकने का उद्देश्य घोषित कर भारत पर आक्रमण किया। पाकिस्तानी सेना भारत में घुस गई। स्वतंत्रता प्राप्ति के बाद पाकिस्तान द्वारा भारत पर किया हुआ यह तीसरा आक्रमण था।

पाकिस्तान और उसका रिमोट कण्ट्रोलर अमेरिका, दोनों के विरोध में भारत में एक 'सुनामी' लहर उठी। सभी मतभेद, झगड़े व संघर्ष भूल कर पूरा देश इन्दिराजी के पीछे मजबूती से उठ खड़ा हुआ।

पाकिस्तान के ही द्वारा आक्रमण किए जाने से उसका प्रत्युत्तर देने के लिए अब इन्दिराजी स्वतंत्र थीं। पंजाब में पाकिस्तान का मुकाबला करते हुए भारतीय सेना पूर्वी भाग में, पूर्वी पाकिस्तान की राजधानी ढाका तक पहुँच गई; लड़ाई निर्णायक दौर में पहुँचाने के लिए।

भारतीय सेना के पूर्वी पाकिस्तान में घुसते ही वहाँ की मुक्तिवाहिनी ने तथा वहाँ की जनता ने उसका भव्य स्वागत किया। पाकिस्तानी सेना भारतीय सेना के सामने टिक नहीं पा रही थी।

पाकिस्तान ने अपने 'मित्र' अमेरिका को याद किया। अमेरिका ने फौजी कार्यवाही रोक कर शान्ति से विवाद सुलझाने की सूचना भारत को दी। उसके प्रभाव से संयुक्त राष्ट्र संघ की सुरक्षा समिति ने भी ऐसा ही निवेदन भारत से किया।

किन्तु इन्दिराजी अब ऐसी कोई भी सलाह या विनंति सुनने के मूड में नहीं थी। उन्होंने अपने द्वारा उठाया गया निर्णायक कदम अब पीछे न हटाने की जो ठान रखी थी।

पाकिस्तानी सेना के होश फाख्ता थे। उन्हें दिन में तारे नज़र आने लगे। उन्होंने अमेरिका का अखण्ड जाप जपना शुरू कर दिया।

अब अमेरिका भी भड़का। भारत की ये हिम्मत?

अब भारत को सबक सिखाना ही होगा। अमेरिका का सातवाँ बेड़ा उनके राष्ट्रपति के आदेश से भारत की ओर चल पड़ा। अमेरिका के नागरिकों को भारत छोड़ने के आदेश प्रसारित कर दिए गए।

80

स्थिति इस स्तर पर पहुँची हुई देख कर इन्दिराजी ने सोवियत संघ को शान्ति, मैत्री व सहकार सन्धि के तहत आमन्त्रण दिया। सोवियत रक्षामंत्री और वरिष्ठ रक्षा अधिकारी भारत आए। सविस्तार चर्चाएँ हुईं और सोवियत परमाणु पनडुब्बियाँ बंगाल की खाड़ी में पहुँचीं।

विनाशकारी परमाणु युद्ध के भय से सारी दुनिया थर्रा उठी। इंग्लैंड, फ्रांस, संयुक्त राष्ट्र संघ सहित सारी शक्तियाँ जाग्रत हुईं। अमेरिकन राष्ट्रपति से सम्पर्क कर सम्भाव्य भीषण परिणामों पर तीव्र चिन्ता व्यक्त की गई।

अमेरिका के राष्ट्रपति तो होश में ही थे। सोवियत फौजी शक्ति की उन्हें पूर्ण जानकारी थी, सम्भाव्य संघर्ष में इस बार अमेरिका भी सुरक्षित नहीं रह पाएगा, यह भी अहसास उन्हें था। पेंटागॉन से मशविरा कर उन्होंने सातवें बेड़े को रोक दिया। यह खबर लगते ही सोवियत पनडुब्बियाँ भी बंगाल की खाड़ी में ही रुक गईं।

पाकिस्तान के तानाशाह भी डर गए। अमेरिका ने ही जब शरणागति दी है तो अब किस भरोसे पर आगे बढ़ें? एक लाख पाकिस्तानी फौज पूर्वी पाकिस्तान में थीं। उसे मदद तो छोड़िए, फौजी सामग्री भी भेज पाने में पाकिस्तान अपने आपको असहाय महसूस करने लगा। दोनों देशों के बीच सैकड़ों मिलों का भारत का भूभाग था। हवाई मार्ग के उपयोग पर भारतीय वायुसेना ने असम्भाव्य स्थिति पैदा कर ही रखी थी।

पूर्वी पाकिस्तान में पाकिस्तानी फौज का नेतृत्व जनरल नियाजी के पास था। वे थक गए थे। भारतीय सेना भारी पड़ रही थी।

हताश नियाजी ने भारतीय सेना के पूर्वी भाग के प्रमुख लेफ्टीनेण्ट जनरल अरोरा से सम्पर्क कर तत्काल युद्ध समझौते की पेशकश की। अरोरा बड़े ही कठोर सैनिक अधिकारी थे। उन्होंने समझौता नकार कर पूर्ण हथियार डालने की माँग रखी। दो दिन बाद नियाजी ने हथियार डालने की बात मान कर नब्बे हजार से अधिक सैनिकों के साथ हथियार डाल दिए। भारतीय सेना ने ढाका में विजय प्रवेश किया। बंगाली जनता ने उनका अपार उत्साह से स्वागत किया।

पूर्वी पाकिस्तान की जनता के लाड़ले नेता मुजीबुर्ररहमान जो पश्चिमी पाकिस्तान की जेल में थे, रिहा हुए। वे ढाका पहुँचे तो जनता ने उनका प्रेम व उत्साह से स्वागत किया। रिहाई के बाद मुजीबुर्ररहमान ने घोषणा की कि पूर्वी पाकिस्तान अब बांग्लादेश नाम से स्वतंत्र राष्ट्र हो गया है जो धर्म निरपेक्ष और लोकतांत्रिक होगा।

नये देश की स्थापना सभा में इन्दिरा गांधी उपस्थित रहीं तब मुजीबुर्ररहमान भावनाओं से अभिभूत हो गए थे। उन्होंने इन्दिराजी का आभार माना।

भारतीय फौजें सुखद यादों के साथ लौटीं। इन्दिराजी के साहस, कूटनीति और सूझबूझ से सारी दुनिया स्तम्भित व आश्चर्यचकित थी। उन्होंने एक तीर से कई निशाने जो साधे थे। पाकिस्तान की कमर तोड़ी, नव स्वतंत्र बांग्लादेश से हमेशा के लिए दोस्ती जोड़ी और अमेरिका का नशा भी उतार दिया। दक्षिण पूर्व एशिया और विकासशील देशों में इन्दिराजी की प्रतिष्ठा बढ़ी।

भारत में तो इन्दिराजी की लोकप्रियता चरम सीमा पर थी। विरोधियों ने भी उनका लोहा माना। अटल जी ने लोकसभा में भाषण देते हुए उनका उल्लेख 'साक्षात दुर्गा' के रूप में किया।

कालचक्र घूमा और इनमें से अनेक बातें बाद में परिवर्तित हुईं।

अमेरिका की अपार मानहानि हुई।

'गरीबी हटाओ' का नारा देकर इन्दिराजी ने 1971 के लोकसभा चुनाव भारी बहुमत से जीते किन्तु उनके नारों और घोषणाओं से जाग्रत जनता की अपेक्षाएँ और आकांक्षाएँ पूरी करना उनके लिए कठिन हो गया था क्योंकि ये घोषणाएँ पूँजीवादी नीतियों के चलते पूरी होने वाली नहीं थीं, लेकिन इन्दिराजी इन्हीं चार दीवारियों के बीच रह कर कुछ सुधार कर, कुछ राहतें प्रदान कर उन्हें पूरा करने की कोशिशें कर रही थी। इससे समस्याएँ हल नहीं हो रही थीं बल्कि लम्बी होती जा रही थीं। अपेक्षाएँ भंग हुई जनता में असन्तोष बढ़ता जा रहा था। इस असन्तोष को हवा देने का काम इन्दिराजी की जीत से परेशान विरोधी पार्टियाँ कर रही थीं। विरोध के भी प्रकार एक नहीं थे, अनेकों प्रकार से विरोध। कुछ पूँजीवादी व्यवस्था चाहते थे। इसके लिए वे वैश्विक पूँजीवादी व्यवस्था व साम्राज्यवादी व्यूह रचना का हिस्सा बनने के लिए भी तैयार थे। इससे विपरीत वामपंथी पार्टियाँ पूँजीवादी व्यवस्था से अलग होना चाहती थीं। वे अर्थव्यवस्था में लोकतांत्रिक सुधार और समाजवादी समाज रचना की दिशा में कदम चाहते थे लेकिन इन्दिराजी पूँजीवादी कल्याणकारी राज्य व्यवस्था कायम करना चाह रही थी। दबे-कुचले लोगों को कुछ राहतें प्रदान कर उनका समाधान करने के प्रयास कर रही थी लेकिन भ्रष्ट नौकरशाही, भ्रष्टाचार में लिप्त उनकी पार्टी और सत्ता के दलाल बन चुके उनके सहयोगी ये राहतें भी गरीबों तक पहुँचने नहीं दे रहे थे।

अन्तर्राष्ट्रीय क्षेत्र में शीतयुद्ध तेज होता जा रहा था। बांग्लादेश युद्ध के समय इन्दिराजी की नीतियों से चिढ़े साम्राज्यवादी राष्ट्र उनकी कठिनाईयाँ और बढ़ा रहे थे। उनका राजकाज करना कठिन बना रहे थे। इस हेतु देश में प्रत्येक क्षेत्र के 'उपयुक्त'

लोगों का 'चयन' किया जा रहा था। राजनीतिज्ञ, विद्वान, कलाकार, मीडिया–अनेक क्षेत्र के लोग उनके जाल में फँसते जा रहे थे। देश का कालाधन व बाहर से आने वाला धन साम्राज्यवादियों व देश के उदारवादियों की राजनीति का पोषण कर रहा था। अलगाववादी आन्दोलन को खाद-पानी डाला जा रहा था, पैसा सप्लाई किया जा रहा था।

82

प्रसार माध्यमों में विशेष स्थान दिया जा रहा था। गुजरात का नव निर्माण आन्दोलन, आंध्र का तेलंगाना आन्दोलन और बिहार का सम्पूर्ण क्रान्ति आन्दोलन. ....सभी का समान उद्देश्य, समान दिशा–देश में राजनीतिक अस्थिरता पैदा करना, देश को उदारवादी मार्ग पर आगे ले जाना। इसी नीति से चलाया गया बड़ा आन्दोलन यानि 1974 की रेलवे कर्मचारियों की हड़ताल। योग्य माँगे, प्रभावी एकजुटता और कर्मचारीगणों का उत्तम प्रतिसाद–इन सब बातों के रहते हुए भी नेतृत्व की कुटिल राजनीति और उसी अनुसार बनाई गई गलत रणनीति के चलते यह हड़ताल आगे जाकर आन्दोलन को आगे ले जाने की बजाय पिचक गई। इन्हीं लोगों ने बिहार में जनसंघ व राष्ट्रीय स्वयं सेवक संघ जैसी कट्टरपंथी व उदारवादी शक्तियों को साथ लेकर 1974 में जयप्रकाश नारायण को नेता बना कर 'सम्पूर्ण क्रान्ति' का आन्दोलन खड़ा किया।

जयप्रकाश नारायण–मान्यता प्राप्त राष्ट्रीय नेता, लेकिन इन्दिरा विरोध से वे इतने पछाड़े गए कि उनके आन्दोलन में पीछे कौन-सी शक्तियाँ कार्यरत हैं, सूत्र संचालन कौन कर रहा है, आन्दोलन का सच्चा उद्देश्य क्या है–इन बातों का विचार किये बिना उन्होंने इन शक्तियों का नेतृत्व स्वीकार किया। लोकनायक जयप्रकाश नारायण के नेतृत्व में देश की फॉसिस्ट व कट्टरपंथी शक्तियाँ सत्ता में आने के सपने देखने लगी थी। इसी दिशा में दांवपेंच और मोर्चाबन्दी बनने लगीं।

अपनी माँगों व समस्याओं से उपेक्षित व ग्रस्त जनता सर्वत्र फैले हुए भ्रष्टाचार व अनाचार को देखते हुए इस आन्दोलन को समर्थन देने लगी। 'अँधेरे में एक प्रकाश जय प्रकाश...जयप्रकाश...' ऐसे नारे पटना के रास्तों पर गूंजने लगे। बिहार सरकार के इस्तीफे की माँग होने लगी। 'सिंहासन खाली करो, कि जनता आती है' के नारों से जनता सड़को पर निकल पड़ी।

इन्दिराजी ये सब हलचल, अव्यवस्था से वाकिफ हो सावधानीपूर्वक इसे देख रही थी। वे समझ गई थीं कि आज लक्ष्य यद्यपि पटना है फिर भी अन्तिम

लक्ष्य दिल्ली ही है। आन्दोलनकारियों द्वारा दी गई चुनौती राजनीतिक थी। इसका मुकाबला भी राजनीतिक स्तर पर ही कांग्रेस के द्वारा दिया जाना जरूरी हो गया था।

चुनौती को स्वीकार करना तो दूर, उसे झेलने की स्थिति में भी कांग्रेस पार्टी नहीं थी। सालोंसाल से सत्ता की मलाई खाकर वह सुस्त, मस्त और अस्त-व्यस्त हो चुकी थी। अब बचा था तो सत्ता के दलालों का गुट, ठेके बाँटने वाला, सम्पत्ति जमा करने वाला, चुनाव के टिकट बाँटने वाला और लाल बत्ती की गाड़ियों के लिए कार्यवाही करने वाला। प्रत्येक लड़ाई नौकरशाहों के माध्यम से लड़ने की पार्टी की आदत बन गई थी।

तीनों राज्यों में कट्टरपंथियों का मुकाबला कम्यूनिस्ट ही कर रहे थे। जनता को आन्दोलन की सच्चाई बता रहे थे। फॉसिस्ट शक्तियों का असली चेहरा जनता को बता रहे थे किन्तु उनकी शक्ति अपर्याप्त साबित हो रही थी और प्रगतिशील लोकतांत्रिक मोर्चा खड़ा नहीं हो पा रहा था।

83

देश के बड़े प्रचार–प्रसार संख्या वाले अखबारों ने जो बड़े पूँजीपतियों के घरानों के थे, इस आन्दोलन के नगाड़े पहले से ही बजाना शुरू कर दिया था इनमें सरताज था– इण्डियन एक्सप्रेस ग्रुप।

स्थिति की अनुकूलता देखते हुए आन्दोलनकारियों ने अपनी रणनीति के तहत अगला कदम घोषित किया। उन्होंने सशस्त्र दलों से आह्वान किया कि उनके द्वारा महामोर्चा निकाले जाने पर उसे दबाने के सरकारी आदेश को सशस्त्र दल ठुकरा दें।

अब इन्दिराजी का संयम खत्म हुआ। पानी सिर के ऊपर जाता देख उन्होंने शासन तंत्र की सहायता से ही आन्दोलनकारियों को सबक सिखाना तय किया। यह तरीका उचित नहीं था किन्तु यह भी सच था कि इसके अलावा अन्य उपाय उनके पास नहीं बचा था।

संविधान के प्रावधानों के तहत उन्होंने 25 जून, 1975 को देश में 'राष्ट्रीय आपातकाल' घोषित किया।

आपातकाल घोषित होते ही नौकरशाही के पास अपार अधिकार आ गए। नागरिक स्वतंत्रता की गारण्टी खत्म हो गई। भाषण स्वातंत्र्य, लेखन स्वातंत्र्य, अखबारों की स्वतंत्रता, संगठन की स्वतंत्रता–सब कुछ स्थगित हुआ। आन्दोलन के नेता, कार्यकर्ता–सभी गिरफ्तार हुए।

लोकतांत्रिक स्वतंत्रता स्थगित करने का कठोर कदम उठाने से पूर्व इन्दिराजी ने किसी से भी सलाह-मशविरा नहीं किया था। उन्हें अब न तो पार्टी के, न ही सरकार में उनके निकट सहयोगियों पर कोई विश्वास रह गया था।

आपातकाल के तहत व्यापक अधिकार प्राप्त होने के पश्चात इन्दिराजी ने सर्वप्रथम कट्टरपंथियों व उदारमतवादियों पर प्रहार किया। राष्ट्रीय स्वयं सेवक संघ पर बन्दिश लगा कर उनके नागपुर मुख्यालय पर ताले डाल दिये गए। करोड़ों रुपयों का कर अदा न करने के लिए जयपुर की महारानी गायत्रीदेवी को जेल भेजा गया। दबे कुचले लागों के लिए 21 सूत्रीय कार्यक्रम घोषित किया गया।

कार्यक्रम मूलतः ठीक था किन्तु प्रस्थापितों के हित में विचार करने वाली भ्रष्ट नौकरशाही के हाथ आने पर कार्यक्रम के कार्यान्वयन का स्वरूप विकृत होता गया। गन्दी बस्ती उन्मूलन के नाम पर बुलडोज़र चलाये जाने लगे।

नौकरशाही पर अब किसी का कोई अंकुश नहीं रह गया था। संजय गांधी द्वारा खड़े किये गए समानान्तर गैर संवैधानिक सत्ता केन्द्र और निरंकुश नौकरशाही ने कार्यक्रम के कार्यान्वयन के नाम पर अत्याचार व ज्यादतियाँ शुरू कीं। जनता त्रस्त होने लगी।

84

अखबारों की आवाज बन्द होने से सत्य परिस्थिति सामने नहीं आ रही थी। अफवाहों का बाजार गर्म हो रहा था। सत्ताधारियों की दहशत सर्वत्र फैल रही थी और इस सारी स्थिति के लिए उँगली उठ रही थी केवल इन्दिरा गांधी की ओर।

इन्दिराजी की लोकप्रियता घट गई। वे जनता के बीच तिरस्कार और दहशत का प्रतीक बन गईं। अगले वर्ष अर्थात् 1976 में लोकसभा का कार्यकाल खत्म होने वाला था। विद्यमान परिस्थिति में वे चुनावों का सामना करने की स्थिति में नहीं थी। उन्होंने बहुमत के रहते लोकसभा का कार्यकाल एक साल के लिए बढ़वा लिया।

1976 का वर्ष आया। वहीं सवाल फिर से खड़ा था, चुनावों का सामना करने का।

इन्दिराजी ने निर्णय लिया। हमेशा की आदत के अनुसार उन्होंने अचानक लोकसभा के चुनाव घोषित करवा दिये।

आपातकाल समाप्त किया गया। नेता रिहा हुए। अखबारों को स्वतंत्रता मिली।

और फिर संचित असन्तोष का तीव्र विस्फोट हुआ। दबी जुबान बोलने

लगी। राजनेता, लेखक, कवि, पत्रकार, कलाकार—सभी ने इन्दिराजी को अपना लक्ष्य बनाया। उनकी प्रतिमा सत्तालोलुप कुटिल राजनीतिक स्त्री के रूप में सामने आने लगी।

विरोधी पार्टियों में असमंजस की स्थिति थी। संचित असन्तोष का लाभ उन्हें मिलेगा, इसका उन्हें विश्वास था लेकिन उनमें अकेले इन्दिराजी के सामने जाने की हिम्मत नहीं हो रही थी। मतों के विभाजन का लाभ लेकर वे फिर से सत्तारूढ़ हो गईं तो? गुरु जयप्रकाश नारायण की सलाह पर संगठन कांग्रेस, जनसंघ, भारतीय लोकदल, समाजवादी पार्टी ने अपने झंडे सहित पार्टियों का विलय कर 'जनता पार्टी' का गठन किया।

ये सब वीर एकत्रित तो हुए फिर भी उन्हें विश्वास नहीं था। दलित मतों की कमी महसूस हो रही थी। इनमें कोई भी दलित मतों को खींचने की काबिलियत नहीं रखता था। किसी बड़े दलित नेता का सहयोग आवश्यक था। ऐसा कौन हो सकता है?

विचार करते-करते सबकी नजरें एक नाम पर स्थिर हुईं—बाबू जगजीवन राम। अत्यन्त काबिल नेता। मिल जाए तो सोने पर सुहागा। किन्तु उनसे कौन मिलेगा? कौन पटाएगा उन्हें?

हेमवतीनन्दन बहुगुणा आगे आए। एक दिन वेषांतर कर बाबूजी के बंगले पर गए। उनकी एकान्त में क्या चर्चा हुई, क्या आश्वासन दिया, प्रधानमंत्री पद का क्या होगा—किन्तु बाबूजी पट गए। बिल्कुल बढ़िया तरीके से। इन्दिराजी तानाशाह हो चुकी है और इसी तानाशाही के विरोध में लड़ने के लिए मंत्रीपद और पार्टी सदस्यता से इस्तीफा देकर वे कांग्रेस फॉर डेमोक्रेसी का झंडा लेकर जनता पार्टी के तम्बू में घुस गए। पाँच पांडव पूर्ण हुए और चुनावी रण आरम्भ हुआ। मार्गदर्शन के लिए कृष्णरूपी जयप्रकाश जी थे ही। उन्होंने पाँचजन्य से शंखनाद किया।

85

अपेक्षानुरूप नतीजे आए। इन्दिराजी बुरी तरह पराजित हुईं। हिन्दीभाषी क्षेत्र में कांग्रेस का पानीपत हुआ।

स्वयं इन्दिराजी रायबरेली से चुनाव हार गईं। केवल दक्षिण भारत के साथ देने से लोकसभा में कांग्रेस का अस्तित्व बचा रहा किन्तु विपक्ष की बेंचों पर। जीते हुए सांसदों ने महात्मा गांधी की समाधि पर एकजुटता से जनता की सेवा करने की शपथ ग्रहण की। जनता राज की घोषणा की गई किन्तु ये घोषणाएँ 28 माह के

अल्पकाल में ही खत्म हो जाएँगी, इसका एहसास किसी को भी नहीं था। स्वयं इन्दिराजी को भी नहीं।

आपातकाल की घोषणा हुई तब एटक की जनरल कौंसिल इन्दौर में चल रही थी। खबर आते ही कॉ. डांगे ने दिल्ली से सम्पर्क करने की कोशिश की किन्तु पार्टी प्रमुख नेता दिल्ली से बाहर थे। सेण्ट्रल कमेटी और राष्ट्रीय परिषद के अनेक नेता इन्दौर में बैठक में हाजिर थे। उनसे परामर्श कर कॉ. डांगे ने आपातकाल के समर्थन की घोषणा कर दी।

वास्तविकता में इन्दिरा गांधी का कदम राजनीतिक था। उस पर अपनाई जाने वाली नीतियों की चर्चा सर्वप्रथम पार्टी स्तर पर होना आवश्यक थी। पार्टी स्तर पर चर्चा के पहले ही जन संगठन स्तर पर निर्णय लेकर समर्थन की घोषणा करना तकनीकी रूप से गलत ही था किन्तु यह ध्यान रखना भी आवश्यक है कि कॉ. डांगे उस समय पार्टी अध्यक्ष थे और जन सामान्य की दृष्टि में वे पार्टी अध्यक्ष के स्तर से भी ऊँचे कद के नेता थे। पार्टी के सर्वश्रेष्ठ नेता थे। ऐसी बड़ी घटना के बाद पत्रकारों के द्वारा उनकी प्रतिक्रिया पूछना स्वाभाविक ही था और ऐसे समय "विचार कर बताऊँगा" या निर्णय राष्ट्रीय परिषद में होगा" ऐसा कहना कॉ. डांगे के मूल स्वभाव के विपरीत था। इसके अलावा उन्होंने समर्थन की जो घोषणा की। वह उस समय पार्टी द्वारा अपनाई जाने वाली भूमिका व नीतियों के अनुरूप ही थी।

इसीलिए लोकसभा के आम चुनावों में इन्दिराजी के पराजित होने तक और आपातकाल की नीतियाँ बदनाम होने तक पार्टी में इस 'गलती' का संज्ञान कभी किसी ने नहीं लिया, और चुनाव में बड़ा झटका लगने के बाद इसे बड़ा मुद्‌दा बनाया गया। उस समय तो पार्टी ने कॉ. डांगे के निर्णय पर मोहर लगा दी थी और आपातकाल के साथ इन्दिराजी के 21 सूत्रीय कार्यक्रम को समर्थन देकर उसके कार्यान्वयन के आदेश भी अपनी पार्टी के कार्यकर्ताओं को दे दिए थे।

पार्टी ने यह मुहिम चलाई। कांग्रेसियों से अधिक गम्भीरता से, किन्तु शासनतंत्र ने जो कार्यान्वयन किया उससे वह कार्यक्रम, आपातकाल और इन्दिराजी—सभी बदनाम हुए।

मार्क्सवादियों ने न तो आपातकाल का समर्थन किया न ही विरोध। सादी नापसन्दगी भी व्यक्त नहीं की थी। 'उड़ा तो पंछी और डूबा तो मेंढ़क' ऐसी व्यावहारिक भूमिका थी उनकी। इसका प्रतिफल भी उन्हें मिला या यों कहा जाए उन्होंने प्राप्त किया। आपातकाल बाद के चुनावों में जनता पार्टी के साथ सीटों का समझौता कर लोकसभा में अपना संख्याबल बढ़ाया।

कम्यूनिस्ट पार्टी की सीटें कम हुईं। उत्तर प्रदेश व बिहार के विद्यमान सांसद चुनाव हार गए। मार्क्सवादियों को प्राप्त यश की तुलना में अपनी पराजय पार्टी सदस्यों को चुभने लगी। अनेक बार नीतियों के सही गलत को नापने का पैमाना चुनावी नतीजे माने जाते हैं।

चुनाव में भारी पराजय के बाद पार्टी में वाद-विवाद, मतभेदों की बाढ़ आ गई। कुछ की धारणा "सब कुछ गलत हुआ" की हो गई और वैसी ही धारणा 'दूसरों' की करने के ईमानदार प्रयासों में वे जुट गए। कुछ ईमानदार कार्यकर्ता बहुत व्यथित हो गए थे। पूरी पार्टी में इसी चर्चा का तूफान आया।

मतभेदों का विस्फोट सर्वप्रथम पार्टी की केन्द्रीय कार्यसमिति की बैठक में हुआ। चुनावों में पराजय की सर्वांगीण चर्चा हुई किन्तु एक ही बिन्दू पर आकर स्थिर हुई कि आपातकाल को दिया हुआ समर्थन उचित था या अनुचित। कुछ इस मत के थे कि मूलतः समर्थन देना ही अनुचित था। इसी कारण से आगे गलतियाँ होती गईं। कॉ. डांगे का कहना था कि आपातकाल का समर्थन करना तत्कालीन परिस्थितियों से सुसंगत था और उस दौरान की पार्टी की नीतियों के अनुरूप था। अब उस समर्थन को गलत कहा जाए तो यह उस समय की नीतियों पर ही प्रश्नचिन्ह होगा। कॉ. डांगे का कहना गलत नहीं था। कॉ. डांगे भी उनकी नीतियों से समझौता करने के लिए तैयार नहीं थे। समझौता करने का अर्थ होता–अप्रत्यक्ष पराभव की स्वीकृति और कॉ. डांगे आसानी से पराजय स्वीकार करने वालों में से नहीं थे।

केन्द्रीय कार्यसमिति में इस प्रश्न पर एकमत न हो पाने से पार्टी की राष्ट्रीय परिषद में इन मतभेदों पर लड़ाई हुई। वहाँ भी निर्णय या समझौता न हो पाने से यह स्पष्ट था कि यह लड़ाई अब पार्टी के अखिल भारतीय अधिवेशन, जो भटिंडा में नियोजित था, में लड़ी जाएगी।

आगामी भटिंडा परिषद का स्वरूप उसी समय निश्चित हो गया। रणक्षेत्र–मैदान-ए- जंग।

दोनों ओर के नेताओं ने अपने-अपने राजनीतिक प्रबन्धकों की ओर देखा और प्रबन्धक काम में भिड़ गए।

मुम्बई परिषद की तैयारी शुरू हो गई। राष्ट्रीय परिषद ने चर्चा के लिए राजनीतिक प्रस्ताव का मसौदा तैयार किया था। कॉ. डांगे ने भी अपनी भूमिका समझाने वाली विस्तृत टिप्पणी तैयार की थी। इन्ही दो मसौदों पर रंगतदार चर्चा होने वाली थी।

राष्ट्रीय परिषद का मसौदा देश के राजनीतिक जीवन के सभी अंगों को स्पर्श करने वाला था जो कि स्वाभाविक भी था। इसके विपरीत कॉ. डांगे का मसौदा उसके मुकाबले में पूर्ण नहीं था। अनेक बातें जिनसे उनके मतभेद नहीं थे, उनका उन्होंने जिक्र भी नहीं किया था। उनका मुख्य मतभेद था–राष्ट्रीय परिषद के मसौदे में छुपे हुए राष्ट्रीय पूँजीपति वर्ग और उसकी पार्टी कांग्रेस के बाबत पार्टी द्वारा अपनाई जाने वाली नीतियों से।

पार्टी की स्थापना से ही यह विषय पार्टी में सदैव चर्चा, वाद-विवाद, मतभेद और फूट का रहा है। 1948 और 1960 में पार्टी में जो तीव्र अन्तर्गत संघर्ष हुए उनका केन्द्र बिन्दू यही मुद्दा रहा है और आगामी भटिंडा परिषद के एजेंडे पर फिर से चमक रहा था।

डांगे की इस बाबत भूमिका Unity and struggle (सहयोग व संघर्ष) की थी। जिस समय राष्ट्रीय पूँजीपति वर्ग साम्राज्यवादी, बहुराष्ट्रीय कम्पनियों के विरोध में खड़ा होगा तब उसे समर्थन और जब वह श्रमिकों, छोटे पूँजीपति व्यापारियों, लघु उद्योगपतियों, किसानों व अन्य श्रमजीवी लोगों पर हमला करेगा तब उसका विरोध कर संघर्ष करना। यह भूमिका मुझे भी मान्य थी।

वास्तविकता यह थी कि इस विवाद पर 1960 की विजयवाड़ा की परिषद में निर्णय हो चुका था। उस परिषद ने इस नीति को मान्यता दे दी थी और जो विरोध में थे वे पार्टी छोड़ कर मार्क्सवादी कम्यूनिस्ट पार्टी बना चुके थे। तत्पश्चात् चौदह वर्षों में पार्टी के तीन अधिवेशन सम्पन्न हो चुके थे किसी ने भी कभी यह मुद्दा उपस्थित नहीं किया था। इस दौरान पार्टी और उसके जन संगठनों का अच्छा विस्तार हो रहा था। पार्टी की सदस्य संख्या बढ़ रही थी, विशेषकर बिहार और आंध्रप्रदेश में। मित्र और विरोधी दल पार्टी को ही कम्यूनिस्ट आन्दोलन का प्रतिनिधि दल मानते थे। विदेशों की कम्यूनिस्ट पार्टियाँ इसे ही भारत की कम्यूनिस्ट पार्टी मानती थीं। इसके विपरीत मार्क्सवादी पार्टी को टूट-फूट वाली, विभाजित और प्रादेशिक पार्टी मानते थे। ऐसी स्थिति में केवल एक चुनावी पराजय से क्या हम इतने विचलित हो जाएँ कि अपनी अनुसरित नीतियाँ ही त्याज्य लगने लगें? हो सकता है कि अपनी नीतियों के अनुसरण में कुछ गलतियाँ हुई हों (और गलतियाँ हुई यह सत्य है।) तो गलतियाँ दुरुस्त करना ठीक या नीतियाँ फेंक देना ठीक? इसे Throwing away the baby with bath water (पानी के साथ बच्चे को भी फेंक देना) कहते हैं।

इस तरह आपातकाल को दिया समर्थन सही या गलत, यह मुद्दा पार्टी द्वारा अपनाई जाने वाली आपातकाल पूर्व की नीतियों और अब प्रस्तावित नीतियों के बीच

की सीमा रेखा बन गया था और इसीलिए दोनों तरफ के नेता इस मुद्दे पर हठवादी बन चुके थे।

आपातकाल की घोषणा के पूर्व ही संजय गांधी का राजनीति में प्रवेश हो चुका था। आपातकाल व उसके बाद उन्होंने जो 'गुण' दिखाए, उनका रंग दिखाना उन्होंने पहले ही शुरू कर दिया था। आपातकाल में तो उन्होंने कुछ मंत्रियों व अधिकारियों के साथ गैर संवैधानिक सत्ता केंद्र खड़ा कर दिया था। इसी को निशाना बना कर पार्टी के मुखपत्र में इनका उल्लेख 'कॉकस' (चांडाल चौकड़ी) के रूप में किया था। इससे कॉ. डांगे बैचेन हो गए थे। चिढ़ भी गए थे।

88

जिनसे अपने अच्छे सम्बन्ध हैं उनके बारे में ऐसे शब्दों का उल्लेख करना अनुचित है ऐसा उनका मानना था। इसी मनःस्थिति में जब वे थे तब मिलों के कार्यकर्ताओं की एक मीटिंग में मुम्बई मे वे उपस्थित हुए। नियोजित विषय से हट कर वे देश की राजनीतिक स्थिति, कम्यूनिस्ट पार्टी की भूमिका व उसके परिणाम, कांग्रेस के रूप में देश के लोकतांत्रिक शक्तियों का एक हिस्सा और कम्यूनिस्ट दोनों के बढ़ते सम्बन्ध में, से सम्बन्ध बिगाड़े जाने हेतु देशी-विदेशी कट्टरपंथियों के साथ-साथ कुछ कम्यूनिस्टों द्वारा किये जाने वाले प्रयास आदि विषयों पर विस्तार से बोले। इसी कड़ी में 'कॉकस' शब्द का अर्थ बताते हुए बिना कोई नाम लिए आलोचना की।

सभा समाप्ति के पश्चात मैंने कॉ. डांगे से कहा, "आपने कॉकस शब्द का उल्लेख को जरा ज्यादा ही दिल से लगा लिया है।"

कुछ क्षण चुप रहने के बाद कॉ. डांगे ने कहा, "काफी वर्षो के प्रयासों के बाद कांग्रेस व कम्यूनिस्ट पार्टियों में अब कुछ हद तक निकटता आ रही है। ये दो पार्टियाँ मतलब दो वर्ग हैं और मैं ऐसा मानता हूँ कि अति कट्टरपंथी शक्तियों से लड़ने के लिए दोनों में निकटता होनी चाहिए। यह न हो पाए इसलिए कट्टरपंथी ताकतें कांग्रेस के अनुयायियों से कहती है कि कांग्रेस पार्टी कम्यूनिस्टों की पिछलग्गू बनती जा रही है और कम्यूनिस्टों के समर्थकों से कहा जा रहा है कि कम्यूनिस्ट पार्टी कांग्रेस पार्टी की पूछट्टी बन रही है। 'कॉकस' शब्द का उपयोग भी ऐसे ही प्रयासों की अनजान रूप से हुई परिणति है। इसका समय रहते विरोध नहीं किया तो वह बढ़ता ही जाएगा और हम अपनी सारी राजनीति खतरे में डाल देंगे।''

''तो क्या यह बात राजेश्वरराव नहीं समझते हैं?'' मैं बोला।

"क्यों नहीं समझते? किन्तु आदमी के अहंकार को जब चोट पहुँचती है तब वह वस्तुनिष्ठ नहीं रह पाता।" कॉ. डांगे बोले।

"क्या मतलब?" मेरा प्रश्न था।

फिर से कुछ देर के लिए मौन रहने के पश्चात कॉ. डांगे ने कहा," राजेश्वरराव इन्दिराजी से मिलने गए थे। उससे दो सप्ताह पहले मैं इन्दिराजी से मिल कर आया था। आपातकाल की आड़ में चल रहे अत्याचार और उनमें उनके निकटवर्तियों की सहभागिता की बातें मैंने उन्हें बताईं। बड़े ही ध्यान से उन्होंने सुन कर उचित कार्यवाही का आश्वासन भी दिया था। तत्पश्चात् उन्होंने प्रधानमंत्री कार्यालय को कुछ निर्देश भी दिए और मैंने कुछ हलचल भी सुनी। इन्दिराजी से मिल कर आने के बाद मैंने राजेश्वरराव से बात भी की।"

"इतने में आपका कॉकस लेख प्रकाशित हुआ। इन्दिराजी के दिल में ठेस लगी होगी।"

इसके एक सप्ताह पश्चात् राजेश्वरराव ने इन्दिराजी से मुलाकात का समय माँगा जो उन्होंने तत्काल दिया। राजेश्वरराव ने काफी देर तक उनसे बातचीत की। इन्दिराजी ने धैर्यपूर्वक शान्ति से सब सुन लिया।

89

राजेश्वरराव के रुकने के बाद इन्दिराजी ने पूछा, "Have you finished ?"

"Yes". राजेश्वरराव बोले।

"Then you can go."

राजेश्वरराव बहुत चिढ़ गए। वे स्वयं को अपमानित महसूस कर, इन्दिरा विरोधी हो गए।" डांगे बोले।

मैं सुनकर सोच में पड़ गया कि क्या कहूँ? दोनों ही बड़े नेता थे।

सच पूछो तो मुझे तीनों की भूमिका पसन्द नहीं आई। 'कॉकस' शब्द के उपयोग को कॉ. डांगे ने इतना दिल से नहीं लगाना चाहिए था। इन्दिरा गांधी का बेटा और उसके निकटवर्तियों का कॉकस के रूप में उल्लेख करने के तत्काल बाद की भेंट में वे बहुत अच्छा व्यवहार करेंगी, ऐसी अपेक्षा राजेश्वरराव को रखना ठीक नहीं था और बुलडोजर चला कर जिनके परिवार व जीवन तबाह हुए उनके नेतागण बुलडोजर चलवाने वालों से काफी मर्यादा में बातें करेंगे, ऐसी अपेक्षा इन्दिराजी द्वारा रखना भी निरर्थक था और इन्दिराजी ने शिष्टाचार का पालन नहीं किया तो सारी राजनीति को छेद करने वाली भूमिका अपनाना राजेश्वरराव के लिए भी उचित नहीं

था। किन्तु कौन किसे समझाए?

मैं उठ कर घर आया।

कॉ. डांगे का वास्तव्य मुम्बई में था फिर भी निकट के सहयोगियों से उनकी चर्चाएँ या बातचीत कभी-कभार ही होती थी किन्तु कभी-कभी ऐसा संयोग हो जाता था। विशेषकर जब वे अकेले और मूड में रहते थे तब।

मैं एक बार सांयकाल उनके घर गया। बारिश के दिन थे। वे अकेले ही थे। मुझे देख कर बोले, “बोलो, क्या काम निकाला है?” मैं यूनियन द्वारा चलाई जा रही मुहिम के बारे में बताना चाह रहा था। मुझे बीच में ही रोक कर कॉ. डांगे ने पूछा,” मिलों के क्षेत्र में पार्टी सदस्यों की संख्या कितनी है?”

“नौ सौ।”

“पिछले साल कितने थे?”

“साढ़े छः सौ के आसपास थी।”

कॉ. डांगे को सन्तोष हुआ। मैंने उनसे कहा कि आपके निर्देशानुसार हम लोग काम करते हैं किन्तु कुछ आंशकाएँ फिर भी तकलीफ देती हैं और उसका परिणाम काम पर होता है।

“कैसी आशंकाएँ?”

“पार्टी स्थापित होकर पचास से अधिक वर्ष हो गए किन्तु अभी तक वह ठीक से क्यों नहीं खड़ी हो पा रही है? उसके बाद स्थापित पिछले पच्चीस वर्षों में कई पार्टियाँ बढ़ती हुई दिख रही हैं।

90

कॉ. डांगे गम्भीर हुए। कुछ क्षण चुप रहे। फिर बोले, “कैसे पचास वर्ष? शुरू के बीस वर्ष सरकार दमन तंत्र का सामना करते हुए अस्तित्व के संघर्ष में गुजर गए।”

पहले कानपुर केस, तत्पश्चात मेरठ केस और बाद में युद्ध विरोधी भूमिका लेने के कारण कारावास–इनमें से बाहर आकर पार्टी खड़े रहने का प्रयास करती है तो फिर 1942 की महाभूल और फिर 1948 की भूल। एक ने राजनीति का दिवाला निकाला तो दूसरी ने संगठन की कमर तोड़ दी और बाद में तब से अन्तर्गत संघर्ष-विवाद।

चार दिन ठीक रहे। राजनीति की गाड़ी पटरी पर आई। चार लोग पार्टी के बारे में ठीक बातें करने लगे। अब संगठन की ओर ध्यान देने का सोचा तो चीन ने सत्यानाश किया और बाद में उसी की राजनीति में से कोई भी एक कारण किसी अन्य पार्टी को समाप्त करने के लिए पर्याप्त था। ये ही पार्टी थी जो टिक सकी।"

कॉ. डांगे अपना गुस्सा नहीं रोक पा रहे थे। उसी समय फोन की घंटी बजी। वे फोन पर बातें कर रहे थे तब मेरी नज़र मेज पर रखी किताब–फ्रेंच लेखक मोपा साँ के कथा संग्रह पर पड़ी। "यह सब पढ़ने के लिए आपको समय मिल जाता है?"

''समय निकालता हूँ और इसीलिए इन विपत्तियों और आप सब से पूरा पड़ता हूँ। आप भी मिलों और पार्टी से बाहर थोड़ी नज़र दौड़ाया करो। चार दिन ज्यादा जिओगे।''

मुस्कुराकर मैंने कहा, ''प्रयास करता हूँ।''

भटिंडा परिषद के बाद अगले दो-तीन वर्षों में महाराष्ट्र के नये पार्टी नेतृत्व ने दस्तावेजों के माध्यम से कॉ. डांगे व उनके समर्थकों की गुटबाजी के बारे में गैर वाजिब और अतिशयोक्ति पूर्ण प्रचार किया। ऐसा आभास निर्माण करने का प्रयास किया कि सिर्फ डांगे और उनके समर्थकों ने ही गुटबाजी की किन्तु यह अर्धसत्य था। सम्पूर्ण सत्य तो यह था कि गुटबाजी दोनों तरफ से हुई। किन्तु विरोधियों के गुटबाजों ने डांगेवादियों की गुटबाजी पर मात कर भटिंडा परिषद जीत ली। और एक बार जीत जाने पर 'जो जीता वहीं सिकंदर।'

भटिंडा परिषद के समक्ष तीन दस्तावेज़ थे जिनमें से एक था राजनीतिक प्रस्ताव, दूसरा पिछली परिषद से अब तक किए गए राजनीतिक कार्यों की रिपोर्ट और कॉ. डांगे की टिप्पणी।

91

प्रथम राजनीतिक कार्य की रिपोर्ट पर चर्चा हुई। आपातकाल को दिए समर्थन के मुद्दे पर जोरदार चर्चा हुई। दोनों ओर के, सभी राज्यों से बोले किन्तु कॉ. डांगे कुछ भी नहीं बोले।

मतदान हुआ और इस प्रश्न पर नेशनल कौंसिल की भूमिका बहुमत से पास हुई। पार्टी ने आपातकाल को दिया समर्थन गलत था, यह निष्कर्ष निकाला।

किन्तु मुझे यह बात पसन्द नहीं आई। न तब न आज तक। कट्टरपंथियों, उदारवादियों की शक्तियाँ सत्ता काबिज़ कर सकने का धोखा पैदा हो गया था, ऐसा राजनीतिक रिपोर्ट में मान्य कर लेने के पश्चात, इन्दिराजी ने यदि संवैधानिक प्रावधानों का उपयोग कर आपातकाल घोषित किया था तो इसमें उनकी क्या गलती थी? तत्कालिन स्थितियों में इन्दिराजी के समक्ष दो ही विकल्प थे—चुपचाप बैठ कर कट्टरपंथी शक्तियों के पास सत्ता का समर्पण या आपातकाल घोषित कर स्थिति का सामना करना। इन्दिराजी ने दूसरा विकल्प पसन्द किया था।

इन्दिरा गांधी को छोड़िये, वे तो पूँजीपति वर्ग की ही नेता थी किन्तु 75 वर्ष तक सत्ता में रहने वाली और 40 लाख सदस्यता वाली सोवियत कम्यूनिस्ट पार्टी भी येल्तसिन का मुकाबला राजनीतिक स्तर पर क्यों नहीं कर पाई? और येल्तसिन द्वारा सत्ता काबिज कर देश में पूँजीवादी सत्ता स्थापित करने का प्रयास शुरू करने पर ब्यूरों के पाँच सदस्यों के लिए येल्तसिन की गैर मौजूदगी में आपातकालीन प्रावधानों का उपयोग कर उनका मुकाबला करने का प्रयास क्यों करना पड़ा?

मेरे मतानुसार, आपातकाल को शुरुआत में दिया गया समर्थन योग्य था। तत्कालिन परिस्थितियों में वह अटल था। उस समय देश में अलग-अलग वर्गों और उनका प्रतिनिधित्व करने वाले राजनीतिक दलों की जो स्थितियाँ थीं उसी में से इन्दिराजी के काल में राजनीतिक परिस्थितियाँ पैदा हुई थीं और जनता के मतदान से जन्मी थीं और ऐसे में इन्दिराजी की सरकार गिरा कर प्रतिगामी शक्तियाँ सत्ता काबिज करने हेतु तत्पर थीं। उन्हें यह चुपचाप बैठ कर करने देना क्या लोकतांत्रिक आन्दोलन के लिए उचित था?

मेरे मतानुसार, शुरू में दिया गया समर्थन योग्य व आवश्यक था किन्तु आवश्यकता से अधिक समय समर्थन जारी रखना गलत था। जिस क्षण आपातकाल की धार प्रतिगामी वर्ग व शक्तियों से हट कर श्रमिक वर्ग और लोकतांत्रिक शक्तियों के विरोध में उनकी ओर मोड़ी गई उसी क्षण आपातकाल को दिया समर्थन वापस लेकर नागरिक स्वतंत्रता के संघर्ष हेतु लड़ने के लिए हमें तुरन्त खड़ा रहना था। वह क्षण हम पहचान ही नहीं पाए, यहाँ हमारी राजनीतिक अपरिपक्वता साबित हुई। यदि ऐसी भूमिका ली जाती तो शायद यह विवाद इतना उग्र रूप नहीं लेता। मुझे ऐसा लगता है कि शायद कॉ. डांगे भी इससे सहमत होते और नेशनल कौंसिल की रिपोर्ट के समर्थक भी।

पंजाब के सर्वमान्य नेता सत्यपाल डांग ने इसी आशय की एक उपसूचना रखी थी किन्तु वह अमान्य की गई।

ऐसी वास्तविक भूमिका यदि ली जाती तो शायद अगला इतिहास कुछ अलग ही होता।

किन्तु सत्य यही था कि यह होना नहीं था। क्योंकि अब पार्टी के अन्दरूनी संघर्ष ने युद्व का स्वरूप ले लिया था। राजनीतिक रिपोर्ट मंजूर हुई। अब राजनीतिक प्रस्ताव।

उस दौरान परिषद के प्रतिनिधि कांग्रेस विरोध से इतने ग्रस्त थे कि उन्हें लगने लगा था कि कांगेस से किसी भी प्रकार कभी भी, कोई भी सम्बन्ध न रखा जाए। विशेषकर चुनावी सम्बन्ध।

एक उप सूचना आई कि कांग्रेस को कभी भी समर्थन न दिया जाए।

कॉ. राजेश्वर राव उठे। उन्होंने उप सूचना का विरोध किया। उन्होंने कहा "पार्टी की भूमिका स्पष्ट है। लेकिन इस उप सूचना को स्वीकार कर हमें हमारे हाथ-पाँव नहीं बाँध लेने चाहिए। चुनावों के समय परिस्थिति देख कर निर्णय लेना पड़ते हैं। यह स्वतंत्रता हमें चाहिए।" उपसूचना नामंजूर हुई।

कॉ. राजेश्वर राव होश में थे। उन्होंनें योग्य भूमिका निभाई थी।

अब चुनाव। खूब गुटबाजी हो रही थी। बैठकें हो रही थीं। प्रबन्धकों की भागदौड़ हो रही थी।

नेशनल कौंसिल के लिए महाराष्ट्र से प्रतिनिधि भेजने के लिए हमारी बैठक सुबह हुई। दूसरे गुट की ओर से सुझाव आया कि चूंकि पार्टी में दो विचारधाराओं का प्रवाह है अतः चार स्थानों के लिए दो-दो स्थान बाँट कर चुनाव टाला जाय। माधवराव गायकवाड़ की सूचना मंजूर होकर चार नाम घोषित भी हो गए। कॉ. वर्धन, कॉ. माधवराव, कॉ. एकनाथ भागवत व कॉ. रोज़ा देशपांडे (कॉ. डांगे की पुत्री), कॉ. सुदाम देशमुख ने प्रश्नवाचक मुद्रा से मेरी ओर देखा। मेरा रुख नकारात्मक था। मेरे नकार के पीछे पार्श्वभूमि थी। सुदाम देशमुख ने मुझसे पूछा, "क्या आप चुनाव लड़ोगे? मैं आपका नाम प्रस्तावित करता हूँ।" मैंने इन्कार किया। क्योंकि मेरा नाम यदि आगे आता तो चुनाव होते। यदि चुनाव होते तो मेरा चुना जाना और रोज़ा का पराजित होना सुनिश्चित था किन्तु मैंने चुनाव के लिए मना किया वह केवल 'आगे क्या होगा?' इस डर से नहीं। दूसरा विचार मेरे मन में प्रबल था। पार्टी में आने के बाद पिछले 27 वर्षों से मैं कॉ. डांगे के सहयोगी के रूप में ही परिचित था। कॉ. पाटकर के देहान्त के बाद तो मैं ही उनका प्रमुख सहयोगी था। उनका मुझ पर अगाध विश्वास था। ऐसी स्थिति में नेशनल कौंसिल पर जाने के लिए चिटणीस ने डांगे का विश्वासघात किया, धोखा दिया ऐसी समझ पैदा हो सकेगी यह मैं नहीं चाहता था।

नए नेशनल कौंसिल व कार्यसमिति की घोषणा हुई।

कॉ. वर्धन को नई कार्यसमिति में सम्मिलित किया गया था। पार्टी संविधान में संशोधन कर अध्यक्ष पद समाप्त कर दिया था। कॉ. डांगे अब पार्टी अध्यक्ष नहीं रहे।

परिषद समाप्त हुई।

93

परिषद में मुझे कॉ. डांगे का व्यवहार कई मामलों में रास नहीं आया। नीतियों के प्रति इतना विवाद खड़ा करने के उपरान्त अखिल भारतीय अधिवेशन में ठीक से लड़ना था।

परिषद में जो कॉ. डांगे दिखे वो अब तक देखे डांगे नहीं थे। उनकी लड़ाकू प्रवृत्ति लुप्त-सी हो गई थी। किन्तु मुझे विश्वास था कि यह अवस्था क्षणिक है।

वे फिर से दिखेंगे–'बचेंगे तो और भी लड़ेंगे' के तैश में।

कॉ. डांगे निश्चित तौर पर क्या चाहते थे इस बाबत सामान्य पार्टी का हर सदस्य संभ्रमित था। ऐसी भी चर्चा दबी जुबान में चल पड़ी कि कॉ. डांगे नई पार्टी बनाना चाहते हैं। रोज़ा और बाबूराव रणदिवे पार्टी से बाहर निकलने बाबत आग्रही थे। मैं और दाद पूरब इस बात के विरोधी थे। अन्ततः मुम्बई कमेटी के हमारे गुट की बैठक आमंत्रित की गई। बैठक में रोज़ा और बाबूराव रणदिवे आक्रमक थे। मैं और दादा पूरब ने स्पष्ट विरोध किया, बचे हुए कुछ भी नहीं बोल रहे थे।

सभी के समक्ष सवाल था कि डांगे क्या सोचते हैं और डांगे तो बैठक में उपस्थित ही नहीं थे। अर्थात् बैठक अनिर्णित रही।

इसके पश्चात् मुम्बई में गुट की मर्यादित स्वरूप में भी बैठक नहीं हुई। हुई हो तो मुझे सूचना नहीं दी गई। शायद दादा पूरब को भी नहीं। रोज़ा ने हम दोनों को दूर रखने का निर्णय लिया होगा।

इसके बाद कॉ. डांगे हम लोगों के सामने कभी आए ही नहीं। इस बाबत उन्होंने उनके विचारों के बारे में भी हमसे कभी चर्चा नहीं की। उनके खराब स्वास्थ्य का कारण बताकर रोज़ा ही उनके विचार सबको बताती रही। वह कॉ. डांगे की प्रवक्ता ही बन गई थी।

इस प्रकार गुट में संभ्रम की स्थिति थी। अन्ततः मैंने एक दिन रात के समय कॉ. डांगे को फोन कर इस संभ्रम की जानकारी दी और जल्द से जल्द इसे खत्म करने की आवश्यकता पर बल दिया।

कॉ. डांगे अच्छे मूड में नहीं थे। उन्होंने इतना ही कहा, "Let it be so. We are now in two camps." मुझे झटका लगा। "क्या मतलब?" मैं बोला।

मतलब कुछ नहीं! डांगे बोले।

फोन बन्द हुआ। मुझे बहुत दुख हुआ। कोई भी चर्चा किए बिना, जानकारी लिए बिना, जाँच किये बिना डांगे द्वारा ऐसा बर्ताव करना मेरे लिए खेद का विषय था। उन्होंने आज तक मुझसे ऐसा बर्ताव नहीं किया था।

94

इस प्रकार कॉ. डांगे ने एक तरह से सम्बन्ध खत्म किए जाने जैसा बर्ताव किया था। इसके बावजूद मैंने इसे गम्भीरता से नहीं लिया। बीच-बीच में मैं उनसे मिलता रहा। स्वास्थ्य की जानकारी लेता रहा।

मैं कॉ. डांगे से व्यक्तिगत रिश्ते तोड़ने हेतु कतई तैयार नहीं था किन्तु अन्य ऐसे नहीं थे। पार्टी नेतृत्व का, विशेषकर महाराष्ट्र में व्यवहार बदल गया था। डांगे से सम्बन्ध बनाए रखने की अपेक्षा मार्क्सवादी पार्टी से निकटता बढ़ाए जाने को पार्टी में अधिक महत्त्व प्राप्त हो चुका था।

भटिंडा अधिवेशन के बाद का पहला 'मई दिवस'। महाराष्ट्र एटक ने मई दिवस पर कामगार मैदान पर आमसभा आयोजित की थी।

'मई दिवस' की सभा होने के कारण मैंने 'सीटू' से सम्पर्क किया और यह दिन संयुक्त रूप से मनाने का सुझाव दिया। सीटू की ओर से जवाब आया," विचार कर बताएँगे।" एटक की ओर से मैं कॉ. डांगे को आमंत्रित करना चाहता था। डांगे एटक के अध्यक्ष थे और अब तक पार्टी में ही थे। सामान्य स्थिति में कॉ. डांगे को आमंत्रित करने के लिए किसी से पूछने की आवश्यकता नहीं थी किन्तु भटिंडा अधिवेशन के बाद मैंने कार्यकारिणी की बैठक में निर्णय लेना उचित समझा। मैंने एटक के सचिव के नाते बैठक बुलाई जिसमें सहमति प्राप्त हुई।

मैंने कॉ. डांगे से मिल कर उन्हें निमंत्रण दिया जो उन्होंने स्वीकार भी किया। दो दिन बाद पार्टी की प्रादेशिक समिति की बैठक में मैंने अन्य बातों के साथ इस बात का भी जिक्र किया।

राज्य सचिव माधवराव गायकवाड़ ने सन्तप्त होकर डांगे को बुलाने का कारण पूछा। मैंने कहा, वे श्रमिक नेता हैं और साथ ही एटक के अध्यक्ष भी तो हैं।"

"सीटू को दिए निमंत्रण का क्या हुआ?" माधवराव ने पूछा।

"उन्होंने अब तक जवाब नहीं दिया है।" मैं बोला।

वहीं से सीटू के कार्यालय में सम्पर्क किया गया। कॉ. कुरणे ने जवाब दिया,'' कॉ. डांगे यदि आ रहे हैं तो हम वहाँ नहीं आएँगे।''

''कुरणे आ रहे होंगे तो डांगे भी नहीं आएँगे।'' एक सदस्य बोला।

कॉ. डांगे से सम्पर्क किया गया। उन्होंने कहा, 'सीटू' का वक्ता उन्हें तय करना है। कोई भी हो तो भी मुझे कोई आपत्ति नहीं है।

95

''अब क्या होगा?'' कमेटी सदस्य बोले।

''फिर डांगे को नहीं बुलाएंगे।'' माधवराव का कहना था।

''मैंने उन्हें निमंत्रण दिया है जो उन्होंने स्वीकार भी किया है''—मैं बोला।

''फिर उसे निरस्त कीजिए।'' माधवराव ने कहा।

''मैं कैसे निरस्त करूँगा? वह महाराष्ट्र एटक ने दिया है।'' मैं जवाब दिया।

''फिर एटक कार्यसमिति की आपातकालीन बैठक बुलाईये और निमंत्रण निरस्त कर उन्हें सूचित कीजिए। डांगे नहीं भी होंगे तो चलेगा। सीटू तो चाहिए ही।'' माधवराव ने निर्णय स्वरूप में सलाह दी।

दूसरे दिन एटक की आपातकालीन मीटिंग में निमंत्रण निरस्त किया गया। रद्द किया जाने वाला पत्र कॉ. गोविंद पानसरे ने लिखा और सचिव के रूप में मुझे मजबूरन हस्ताक्षर करने पड़े। पत्र डांगे के पास पहुँचाने के लिए मुझे दिया गया।

''यह जिम्मेदारी किसी और को दीजिए। निमंत्रण पत्र मैंने जाकर दिया था मैं बोला अब निरस्त करने वाला पत्र पहुँचाना मेरे बस में नहीं हैं।'' मैं बोला।

फिर यह जिम्मेदारी जी.एल. रेड्डी को सौंपी गई। रेड्डी—अनुशासित सिपाही। उसने आदेश पर अमल किया। पूरे घटित प्रकरण का कॉ. डांगे के अभिमानी कार्यकर्ताओं को पता लगते ही वे दुखी हो गये। उन्होंने जल्दबाजी में गिरणी कामगार यूनियन की ओर से महाराष्ट्र हाई स्कूल मैदान पर 'मई दिवस' की दूसरी सभा आयोजित कर दी। इस सभा में मुख्य वक्ता कॉ. डांगे रहे।

और इस प्रकार 'दुनिया के मजदूरों—एक हो...एक हो...' का सन्देश देने के लिए एक किलोमीटर के फासले से मुम्बई में दो सभाएँ हुईं।

मैंने नया सबक सीखा। दूसरे संगठनों से एकजुटता दिखाने के लिए अपने स्वयं के संगठन की एकजुटता टूटने दो। हालाँकि कभी अमल में नहीं लाया।

रात में कॉ. डांगे से फोन पर बातचीत की। मुझे लग रहा था कि वे फोन पर नहीं आएँगे किन्तु वे आए। मैंने घटित घटना के लिए स्पष्ट तौर पर माफी

माँगी। मैं सोच रहा था कि वे गुस्से से बात करेंगे किन्तु वैसा कुछ भी नहीं हुआ। उन्होंने इतना ही कहा,'' जाने दो, मैं मेरी पार्टी को जानता हूँ और उसके नेताओं को भी।"

कॉ. डांगे से पार्टी द्वारा किया हुआ उक्त व्यवहार राजनीतिक व संगठनात्मक रूप से गलत महसूस हुआ किन्तु उससे भी अधिक सभ्यता व सुसंस्कृति के विपरीत था।

96

राजनीतिक रूप से गलत इसलिए कि दूसरे संगठन से एकजुटता बनाने के लिए अपने संगठन में कभी टूट-फूट नहीं होने देना चाहिए। संगठन की दृष्टि से गलत इसलिए कि संयुक्त सभा में अपना वक्ता या प्रवक्ता तय करने का अधिकार अपना, केवल अपना ही होना चाहिए। दूसरे संगठन का इस बाबत का अधिकार मान्य करना यानी (appeasement) तुष्टीकरण और तुष्टीकरण से सच्ची एकजुटता कभी निर्मित नहीं होती।

हालाँकि यह सत्य हम सभी जानते हैं किन्तु बार–बार भूल जाते हैं और बार-बार सीखते रहते हैं। प्रत्येक अवसर पर पहले से अधिक कीमत चुका कर।

संस्कृत भाषा में एक सुविचार है कि दूसरे के अनुभवों से जो सीख लेता है वह उत्तम, स्वयं के अनुभव से सीख लेता है वह मध्यम और स्वयं के अनुभव से भी सीख नही ले वह? उसे क्या कहा जाए?

भटिंडा अधिवेशन के बाद कॉ. डांगे से मेरा नियमित सम्पर्क कम होता गया लेकिन खत्म नहीं हुआ। बीच-बीच में मैं उनके पास जाता रहा, उनके कदम अलग दिशा की ओर जाने लगने के बाद भी। शुरू-शुरू में उनका व्यवहार टालमटोल का था। किन्तु दो वर्ष बाद उनका गुस्सा थोड़ा ठंडा हुआ। उन्हें मेरी ईमानदारी पर कभी भी शक नहीं था। इसी कारण से राजनीतिक सम्बन्धों को छोड़कर अन्य सम्बन्ध सौहार्दपूर्ण होते गए। कभी-कभी बातचीत में रंग भर जाता था, विशेषकर वे अकेले होते थे तब। ऐसे समय मुझे सताने वाले किसी प्रश्न के बारे में उनके विचार जानने का मैं प्रयास करता था।

ऐसे ही एक मौके पर मैंने उनसे पूछा, "आपने हमें राजनीति सिखाई, अनुशासन भी। मार्क्सवादियों ने नई पार्टी बनाई तब मतभेद होने पर कम्यूनिस्टों ने कैसा बर्ताव करना चाहिए, यह बताने के लिए आपने 'When communists differ.+ नामक पुस्तिका भी लिखी। उस पार्श्वभूमि पर आपके आज के व्यवहार

का अर्थ क्या है?''

डांगे गम्भीर हुए। वे बोले, ''आप नहीं समझ पाओगे।''

''क्यों? इतना बेवकूफ़ हूँ क्या मैं?''

''नहीं।'' डांगे बोले।

''फिर निकम्मा?'' मैं बोला।

''निकम्मा भी नहीं'' डांगे ने जवाब दिया।

"फिर अचानक बोले, आपकी उम्र क्या है?''

''बावन। लेकिन उसका क्या सम्बन्ध?''

''है। मैं अस्सी पार हूँ। आपसे अट्ठाईस साल अधिक। पिछले साठ सालों से इन्हीं लोगों से इसी मुद्दे पर लड़ रहा हूँ। वहीं विषय वही लोग। कितना लड़ूँगा? Now it acts on my nerves. आप मेरी उम्र के होने तक रहोगे तो ठीक से समझ पाओगे।''

कॉ. डांगे उठे। यह मेरे लिए जाने की सूचना थी।

मैं भी उठा।

97

गुट का केन्द्रीय नेतृत्व खत्म हो चुका था। रोज़ा ने नागपुर में बैठक आयोजित कर National Communist Party of India की स्थापना की घोषणा की। इस पार्टी की स्थापना के बारे में हमने समाचार पत्रों में पढ़ा। बाबूराव रणदिवे ने मुम्बई कमेटी के सचिव पद से इस्तीफा दिया। इस बारे में हमें खबर नहीं थी। उनके स्थान पर केन्द्रीय नेताओं के कहने पर राज्य कौंसिल ने मेरी नियुक्ति की। यह नियुक्ति न तो मुम्बई न ही राज्य स्तर के नेताओं को पसन्द थी। क्योंकि मेरी पहचान डांगेवादी के रूप में थी। विरोध हुआ। तब केन्द्रीय सचिव मंडल के प्रमुख सदस्य कॉ. एन.के.कृष्णन ने उनसे एक ही सवाल किया। "If you cannot work with Chitnis, with whom are you going to work ?" (यदि आप चिटणीस के साथ काम नहीं कर सकते तो किसके साथ कर पाएँगे?) मेरी मदद के लिए (या नज़र रखने के लिए) कॉ. सीताराम जगताप को सह-सचिव बनाया गया। पार्टी नीतियों के कट्टर समर्थक के रूप में उनका विशेष उल्लेख किया गया।

ऐसी स्थिति में 1980 के लोकसभा चुनाव आए। इन्दिरा गांधी ने यह चुनाव अकेले के दम पर जीता। उनके विरोध में खड़े कट्टरपंथी और वामपंथी–सभी

शक्तियों को पराजित कर और 66 प्रतिशत से अधिक बहुमत प्राप्त कर। खबरे सुन कर मन ही मन सन्तोष हुआ। इन्दिराजी से राजनीतिक विरोध था फिर भी उनके जुझारू प्रवृत्ति के प्रति मन में आदर तो था ही।

कॉ. डांगे की याद आई। वे अभी भी पार्टी में ही थे। उनकी प्रतिक्रिया की प्रति उत्सुकता थी। उनके घर पहुँच गया।

98

मेरे अपेक्षानुरूप कॉ. डांगे खुश थे। रोज़ा अन्दर थी। मैंने पूछा, "आपकी क्या प्रतिक्रिया है?"

"काहे की प्रतिक्रिया? My horse has won. (मेरा घोड़ा जीत गया)"

इतने में फोन की घंटी बजी। वे फोन लेने उठे।

मेरी नजर टेबल पर रखे डांगे के लिखे एक कागज़ पर पड़ी। कॉ. डांगे ने केन्द्रीय सचिव मंडल का इस्तीफा माँगने वाला टेलीग्राम दिल्ली भेजा था।

मेरे प्रश्न का उत्तर मिल गया था।

डांगे आकर बैठे।

"क्या कहती है तुम्हारी पार्टी?" डांगे बोले।

"अभी न्यू एज़ नहीं आया।" मैं बोला।

"आपकी राजनीति का दिवाला निकल चुका है। थोड़ी भी शर्म हो तो आपके नेताओं ने इस्तीफा दे देना चाहिए।"

"क्या फिर से शंखनाद?" मैंने कहा।

"कैसा शंखनाद? आप जैसे लोग साथ हों तो शंख ही बजाना पड़ेगा।"

डांगे का मेरे प्रति गुस्सा कभी-कभी ऐसे ही व्यक्त होता था।

"मेरे अलावा भी अन्य है न?" मैंने पूछा।

"उनसे चल जाता तो ठीक था।"

दरवाजे की घंटी बजी। कुछ लोग आए थे। अब रुकना ठीक नहीं था। मैं निकल पड़ा।

वापसी में एक विचार त्रस्त कर रहा था। पूरे सचिव मंडल का इस्तीफा माँग कर कहीं डांगे ने सभी को अपने स्वयं के खिलाफ एकजुट तो नहीं कर लिया है?

डांगे कुशल रणनीतिज्ञ थे। वे ऐसी गलती करेंगे, यह आशंका नहीं थी। लेकिन मन में आशंका आती रही और दुर्भाग्य से वह सच साबित हुई।

हम कह सकते हैं कि रोज़ा की नेशनल कम्यूनिस्ट पार्टी मृतावस्था में ही जन्मी। उसका निर्जीव अस्तित्व गुट में निराशा उत्पन्न करने वाला एक विषय हो चुका था। सौभाग्य इतना ही कि डांगे उसमें ज्यादा उलझे नहीं या दिखे नहीं।

लेकिन इस अपार असफलता से रोज़ा ने कोई सबक नहीं लिया। फिर से उन्होंने 13 मार्च, 1980 को मेरठ (उत्तर प्रदेश) में एक बैठक आमंत्रित की।

इस बैठक में कॉ. डांगे भी आमंत्रित थे। पता नहीं चल रहा था कि वे जाएँगे या नहीं। हाजिर रहते तो अनुशासन भंग की कार्यवाही होती, यह न समझने वाले डांगे कतई नहीं थे, किन्तु साथ ही साथ हाजिर रहने के लिए उन पर दबाव बढ़ता जा रहा था, घर से और निकट के सहयोगियों की ओर से। क्योंकि केन्द्रीय नेतृत्व के न रहते हुए भी अलग-अलग राज्यों में छोटी-बड़ी हलचलें तो हो ही रही थीं। आंध्र, उत्तर प्रदेश, पंजाब, तमिलनाडु आदि में छोटे-छोटे गुट स्वतंत्र रूप से खड़े हो गए थे। अनुशासनात्मक कार्यवाही आमंत्रित की थी। अगली राह ढूँढ़ रहे थे। कॉ. डांगे को आवाज़ दे रहे थे। मोहित सेन जैसा साथी प्रतीक्षा कर रहा था।

अनेक व्यक्ति और गुट डांगे की राजनीति लेकर खड़े थे, लड़ रहे थे। उस राजनीति पर डांगे का आज भी विश्वास था। उन्हीं की नीतियाँ थीं। उन्होंने ही सहयोगियों को लड़ने के लिए प्रेरित किया था, उत्साहित किया था। भटिंडा में पराजित हुए लेकिन सहयोगियों ने मैदान नहीं छोड़ा था। "अतः अब मेरा किसी से कोई सम्बन्ध नहीं" ऐसा यदि डांगे कहते तो सहयोगी उसे विश्वासघात समझते। ऐसे में कॉ. डांगे ने सहयोगियों को बलि देकर स्वयं को सुरक्षित रखा, ऐसा लेबल डांगे पर सदा के लिए चिपक जाता। डांगे जैसे के लिए यह असम्भव था। इसी कारण से अपनी शुरुआती भूमिका छोड़ कर कॉ. डांगे इस सम्मेलन में हाजिर हुए। उन्होंने भाषण भी दिया। शुभकामनाएँ भी दी होगीं।

नई पार्टी की स्थापना हुई—"All India Communist Party " कॉ. डांगे ने नई पार्टी में प्रवेश नहीं किया।

यद्यपि नई पार्टी में प्रवेश नहीं किया, फिर भी सम्मेलन में उपस्थिति से अनुशासन तो भंग हुआ ही था। उनके हाजिर रहने की खबर लगते ही मैं समझ गया इसकी कीमत कॉ. डांगे से वसूली जाएगी।

और वैसा ही हुआ। एक हफ्ते में ही केन्द्रीय नेतृत्व ने घोषणा की कि डांगे ने स्वयं ही पार्टी की परिधि के बाहर कदम रखने के कारण पार्टी सदस्यों की सूची से उनका नाम हटाया जा रहा है।

सामान्य लोग इसे पार्टी से 'निष्कासित किया' कहते हैं।

पार्टी और कॉ. डांगे–दोनों का पचपन वर्षों का सम्बन्ध टूटा, खत्म हुआ। पार्टी और डांगे–दोनों ही मुक्त हुए, एक अस्वस्थ सम्बन्ध से।

जब नई पार्टी का जन्म हुआ तब डांगे उसके सदस्य नहीं बने किन्तु यह निग्रह वे अधिक समय तक नहीं रख पाए। रोज़ा नई पार्टी की महासचिव बनी थी। नई पार्टी खड़ी करना कोई आसान काम नहीं था। पार्टी अपनी जड़ें नहीं जमा पा रही थी। डांगे के कट्टर समर्थक भगवान थोरात, येलकर भी इस पार्टी में शामिल नहीं हुए थे।

इन दोनों का और कार्यकर्ताओं का कॉ. डांगे से आग्रह था कि वे आगे आएँ और सम विचारी कार्यकर्ताओं का अखिल भारतीय सम्मेलन बुलाएँ और फिर निर्णय लें।

किन्तु शायद रोज़ा की ओर से यह न करने हेतु दबाव आया हो और डांगे झुक गए हों। अन्ततः IICP की एक आमसभा में उन्होंने इस पार्टी में प्रवेश करने की घोषणा की।

रोज़ा ने झट से उठ कर घोषणा की कि आज तक मैं पार्टी की महासचिव थी। आज से कॉ. डांगे महासचिव होंगे।

डांगे की इस भूमिका से उनके कई सहयोगी स्तब्ध रह गए।

इस घटना के कुछ दिनों बाद मैं कॉ. डांगे के घर गया। मुझे देख कर उन्होंने बैठने का कहा।

"क्या कहती है तुम्हारी पार्टी?" वे अखबार पढ़ते-पढ़ते बोले।

पढ़ते-पढ़ते उनकी नज़र पार्टी के किसी कार्यक्रम के समाचार पर थी।

"इसका मतलब कुछ कर रही है पार्टी, Good." डांगे बोले।

इतने में रोज़ा आकर बैठते-बैठते बोली, "बस कीजिए आपका पार्टी प्रेम। उस पार्टी ने निष्कासित किया। फिर भी आपका पार्टी, पार्टी का राग खत्म होने का नाम ही नहीं लेता।"

चश्मा निकालते हुए डांगे रोज़ा से बोले,

"बेटा, कैसे खत्म होगा? कुछ भी हो, मेरी पार्टी है वो। उस पार्टी का निष्कासित सदस्य कहलाने में जो गौरव है वह तेरी पार्टी का जनरल सेक्रेटरी कहलाने में नहीं है।"

मैं आश्चर्यचकित था। यह कैसा पार्टी प्रेम? पुराने घर का आकर्षण। फिर क्यों सारी बातें इस स्तर तक पहुँचने दीं?

101

रोज़ा काफी नाराज़ हो गई थी, लेकिन बोली कुछ नहीं। शायद सामने मैं था, इसलिए।

डांगे और डांगेवादियों के पार्टी से हटने के बाद पार्टी का 'गरीब रथ' तेजी से गंतव्य की ओर दौड़ने लगना था किन्तु वैसा नहीं हो पा रहा था।

भटिंडा अधिवेशन के बाद कॉ. वर्धन मुम्बई आए और बोले, "यह मरा हुआ पक्षी है, इसे फिर से जिन्दा करना होगा।"

अगले कई महिनों तक कॉ. वर्धन ने रात-दिन एक कर मेहनत की किन्तु मुम्बई में पार्टी राजनीतिक दृष्टि से खड़ी नहीं हो पाई, उल्टे बैठती ही गई। इसके वस्तुनिष्ठ कारण ढूँढ़ने के बजाय डांगेवादियों पर ठीकरा फोड़ने की प्रवृत्ति कायम थी। वास्तविक कारण और अपनी कार्यक्षमता ढकने का कितना आसान रास्ता था।

पार्टी का सबसे प्रमुख जन संगठन 'गिरणी कामगार यूनियन' जड़ से हिल गया था। सीधे रूप से टूट गई था। आधे से अधिक पदाधिकारी पार्टी छोड़ गए थे, बचे हुए निष्क्रिय हो गए थे। लाल झंडे का अभिमान रखने वाला मिल मजदूर यह सब खेल देख कर राजनीति से दूर हो गया और बाद में दत्ता सामन्त जैसे नेता का गिरणगांव में उदय हुआ।

इन सारी परिस्थितियों का विचार न करते हुए कुछ लोगों ने मुझे लक्ष्य बनाया। उनका कहना था कि जब तक चिटणीस जनरल सेक्रेटरी है तब तक यूनियन खड़ी नहीं हो सकती। उसे यूनियन से या पद से तुरन्त हटाओ। कुछ व्यापक दृष्टिकोण वालों को तो पार्टी की हर दुरावस्था की जड़ में चिटणीस ही दिख रहा था। अन्ततः कॉ. वर्धन एक बार उनसे बोले, "आप तो ऐसी बात कर रहे हो कि अब तक जैसे चिटणीस ही पूरी पार्टी चला रहा था, तो आप सब लोग क्या कर रहे थे?"

इसके बाद शायद कुछ लोगों को समझ में आया और विरोध का प्रदर्शन कम हुआ।

किन्तु कॉ. तारा रेड्डी को अकेले लड़ने की आदत थी। पार्टी की एक साधारण सभा में उन्होंने फिर अपने विरोधी तेवर दिखाए।

अब कॉ. वर्धन चिढ़ कर बोले, "माना कि चिटणीस नास्तिक है, पापी है। लेकिन आप सभी तो खुदा के बन्दे थे न? फिर आप क्यों नहीं कुछ कर पाते? आपके जन संगठन का, महिला फेडरेशन का क्या हाल है? इसका कारण भी चिटणीस ही है?"

102

इन्दिरा गांधी को सत्ता से हटा कर सत्तारूढ़ जनता राज मुश्किल से अट्ठाइस महीने चला। जनता पार्टी के अन्तर्विरोध उफान पर आए। जनता पार्टी के पूर्ववर्ती

जनसंघ सदस्यों की दोहरी सदस्यता, दोहरी निष्ठा को लेकर विवाद निर्माण हुआ और पार्टी टूट गई। जनता राज धराशायी हुआ और मध्यावधि चुनाव हुए।

जनता पार्टी के झंडे तले पूंजीपति, उच्च वर्णीय सधन किसान, बड़े व्यापारी और जातिवादियों ने सत्ता काबिज़ की थी। इस राज में अल्प भूधारकों, खेत मजदूरों, अल्पसंख्यकों, दलितों और आदिवासियों पर अत्याचार हुए थे। ये सभी वर्ग इन्दिरा गांधी को याद कर रहे थे।

बिहार में बेलछी में दलितों पर भीषण अत्याचार की खबर आते ही और किसी के वहाँ पहुँचने से पहले इन्दिराजी पहुँच गईं। दलितों से मिल कर उन्हें ढांढस बँधाया। देश भर में इसकी चर्चा हुई।

जनता राज में स्वयं इन्दिराजी बदले की भावना की प्रतीक बन गई थी। उन पर कई मामले कोर्ट में दायर किये गए। वे कदम-कदम पर अपमानित की जा रही थीं। राजनीति से बाहर करने के हरसम्भव प्रयास किये जा रहे थे। चिकमंगलूर से उप चुनाव में विजयी होने के पश्चात अनेक आरोप मढ़ कर लोकसभा में प्रस्ताव द्वारा उनकी सदस्यता समाप्त की गई थी। फिर भी इन्दिराजी हिम्मत से सामना कर रही थीं। कार्यकर्ताओं से, जनता से सतत् सम्पर्क कर रही थीं। देशव्यापी दौरे जारी थे।

चुनावों की तैयारी शुरू हुई। इन्दिराजी चिन्ताग्रस्त थीं। उनके पार्टी के बाहर के और पार्टी के भी विरोधी एक हो चुके थे। उनकी स्वयं की पार्टी उनके साथ नहीं थी। चुनाव भारी साबित होने जा रहे थे। राजनीति में स्थिर होने के लिए चुनाव जीतना जरूरी था। इन्दिराजी को कम्यूनिस्ट पार्टी की याद आई। पार्टी से उनके मतभेद तो थे किन्तु पार्टी की ईमानदारी के प्रति उन्हें विश्वास था। विश्वासघाती, मौकापरस्त कांग्रेस वालों की बजाय सिद्धान्तवादी, ईमानदार कम्यूनिस्ट उन्हें शायद अधिक विश्वसनीय लगे होंगे।

इन्दिराजी ने पार्टी से सम्पर्क किया। सहयोग का हाथ बढ़ाया। ऐसा कहा जाता है कि लगभग 80 सीटों की पेशकश की थी लेकिन पार्टी ने यह पेशकश ठुकरा दी। कॉ. राजेश्वरराव उस समय जालंधर (पंजाब) में थे। पत्रकारों के पूछने पर वे बोले, इन्दिराजी अब हमसे गठजोड़ करना चाहती हैं, लेकिन हम नहीं करेंगे।''

इस जाहिर इंकार से इन्दिराजी अपमानित हुईं। पत्रकारों द्वारा छेड़ने पर भी कुछ नहीं कहा। किन्तु उनके एक निकट सहयोगी ने बाद में कहा, अब तक वे सीटों के लिए हमारे पास चक्कर काटते थे अब मार्क्सवादियों के पास काट रहे हैं, बस! दोनों पार्टियों के बीच रिश्तों की दरार और अधिक चौड़ी हो गई।

103

टूटी हुई पार्टी लेकर इन्दिराजी ने अकेले, हिम्मत के साथ चुनावों का सामना किया। एक पत्रकार परिषद में पत्रकारों ने उनसे पूछा, "आपके सहयोगी कहते हैं, आपने आपातकाल लगाया।"

इन्दिराजी पत्रकार की ओर देखते हुए बोलीं, "मैंने आपातकाल की बाबत अपनी जिम्मेदारी को कभी भी नकारा नहीं है। आपातकाल घोषित करने का निर्णय मैंने लिया, तात्कालिक परिस्थितियों को देखते हुए मुझे आवश्यक लगा, इसलिए संविधान के प्रावधानों के अनुसार ही निर्णय लिया और मैं लिए हुए निर्णय की जिम्मेदारी स्वीकार करने के लिए भी उतनी ही मजबूत हूँ।"

पत्रकार—"चुनावों के बाद फिर आपातकाल घोषित करेंगी? "

इन्दिराजी—"नहीं।"

पत्रकार—"फिर से वैसी ही स्थितियाँ बनीं तो?"

इन्दिराजी—"मैं नहीं मानती की वैसी स्थितियाँ बनने के आसार होंगे।"

"No historical situation repeats itself in an identical way."

सहयोगियों की रणछोड़ नीति की पार्श्वभूमि पर इन्दिराजी की लड़ाकू भूमिका चमकदार थी।

इस पार्श्वभूमि में इन्दिराजी ने चुनाव जीत लिया। अपेक्षा से बड़ी जीत हासिल की।

हिन्दीभाषी बेल्ट में जहाँ वे 1977 में हारी थी, जोरदार विजय हासिल की।

दिल्ली में विरोधियों के शिविर में सन्नाटा था। जनता आपातकाल भूल गई थी। अत्याचार भूल गई थी। जनता भूतकाल भूल कर वर्तमान से नाता जोड़ रही थी और वर्तमान सुधारने के लिए उसे इन्दिराजी ही योग्य और आवश्यक प्रतीत हुईं।

104

आपातकाल खत्म होने के बाद उससे सम्बन्धित वह लादने वाले, चलाने वाले, समर्थन देने वाले, उसके अत्याचारों को भुगतने वाले—सभी लोग आपातकाल को भूल गए। लेकिन आपातकाल को समर्थन देने के अपराध बोध से बाहर निकलने के लिए भारतीय कम्यूनिस्ट पार्टी को काफी समय लगा। इस अपराध भावना की काली छाया बहुत दिनों तक पार्टी के कार्यकलापों पर मँडराती रही।

1982 के आरम्भ में ही मिल मजदूरों की वेतन बढ़ोत्तरी और अन्य मांगों का मामला सामने था। 1981 से ही मिल मजदूरों में इसकी चर्चा थी। श्रमिकों की अपेक्षाएँ अब बढ़ गई थीं। उन्हें कामचला और अल्प बढ़ोत्तरी नहीं चाहिए थी। अन्य उद्योगों व कारखानों में होने वाले वेतन समझौते उन्हें पता चल रहे थे। वे स्पष्ट तौर पर देख रहे थे कि अन्य क्षेत्रों के श्रमिक वेतन व सेवा शर्तों के मामले में उनसे काफी आगे निकल चुके थे। वे इस निष्कर्ष पर पहुँच चुके थे कि मान्यता प्राप्त यूनियन (इंटक) की रवानगी किए बिना प्रगति होना असम्भव है। सच पूछो तो वे नये समर्थ संगठन की खोज में थे।

अब तक मिल मजदूरों ने लाल झंडे तले मिल मालिकों से, उनके पीछे खड़ी सरकार से संघर्ष किया था। लाल झंडे का अभिमानी एक वर्ग मिलों में खड़ा हुआ था। वह बहुमत में नहीं था, फिर भी आकार में बड़ा था, अनुभव से समृद्ध था और उसकी ईमानदारी श्रमिकों का विश्वास था।

जिस प्रकार से श्रमिक वर्ग लाल झंडे की ताकत थी उसी प्रकार से राजनीतिक समझ और निष्ठा उन श्रमिकों की शक्ति थी।

श्रमिक व यूनियन, दोनों को जोड़ने वाला कारक था—यूनियन का विभागीय संगठक—पूर्णकालिक कार्यकर्ता।

इनमें से अनेक पार्टी की कौंसिल के, कार्यसमिति के सदस्य थे। अपने-अपने क्षेत्रों में पार्टी के मजबूत आधार स्तम्भ थे किन्तु पिछले चार वर्षों में घटित पार्टी के अन्तरंग संघर्ष, अनुशासनात्मक कार्यवाहियों से यह कार्यकर्ता जड़ से हिल गया था। मिलों का कार्यकर्ता शुरू-शुरू में निराश हुआ, फिर हताश, विफलता से ग्रस्त हुआ, राजनीति से दूर हुआ और अन्ततः निष्क्रिय होता गया। गिरणगांव में उनकी सक्रियता ठंडी होने से अपरिहार्य रूप से एक बड़ा शून्य खड़ा हुआ।

पार्टी में अन्तरंग संघर्ष शुरू होते ही गिरणी कामगार यूनियन के कार्यकर्ता भी स्वाभाविक रूप से उसमें उलझते गए। इतने उलझे कि उनके रोजमर्रा के कार्यक्रम और आन्दोलनों की अवहेलना होती गई।

श्रमिक यह सब कुछ देख रहे थे। उनमें यह भावना बलवती होती गई कि लाल झंडा निष्क्रिय हो गया है और नये संघर्ष के नेतृत्व के लिए नया नेता ढूँढ़ना चाहिए।

और ऐसा नेता दिखा—डॉ. दत्ता सामन्त।

105

जब मिल मजदूर नये नेता की खोज कर रहे थे उसी समय मध्य मुम्बई के एम्पायर डांइग मिल में चल रही बोनस की लड़ाई ने उसका ध्यान आकर्षित किया। इस

मिल में कपड़े का उत्पादन नहीं होता था सिर्फ प्रोसेस होता था। इस मिल में समाजवादियों की मिल मजदूर सभा एक मान्यता प्राप्त यूनियन थी।

1980 में इसी मिल में बोनस के मुद्दे को लेकर हड़ताल हुई थी। मान्यता प्राप्त यूनियन का किया हुआ समझौता मजदूरों को मान्य नहीं था। मजदूरों ने फिर हड़ताल की—दत्ता सामन्त की यूनियन के नेतृत्व में। हड़ताल दो महीने चली। मिल मालिक ने शिवसेना के गुंडों के सहयोग से हड़ताल तोड़ने का प्रयास किया किन्तु दत्ता सामन्त के संगठन ने बराबरी से मुकाबला कर हड़ताल जारी रखी। अन्ततः मिल मालिक ने जब देखा कि मान्यता प्राप्त यूनियन कुछ नहीं कर पा रही है, दत्ता सामन्त की यूनियन से बातचीत कर मान्यता प्राप्त यूनियन से किये समझौते से अधिक राशि देकर हड़ताल खत्म की।

इस समझौते की चर्चा मिल मजदूरों में होना स्वाभाविक था। उन्हें सन्देश मिला कि यदि नेतृत्व सक्षम हो तो मान्यता प्राप्त यूनियन को अनदेखा कर कायदा कानून दूर रख कर माँगें मंजूर करवाई जा सकती हैं और उसी समय मिल मजदूरों को 'अगली लड़ाई का नेता कौन?' के सवाल का जवाब दिखाई देने लगा किन्तु निर्णय अभी होना था। होने के लिए थोड़ा समय था।

मफतलाल की स्टैंडर्ड मिल भारी मुनाफे में चलने वाली मिल थी। बोनस मुद्दे पर श्रमिक हड़ताल पर गए। हड़ताल के चार दिन बाद भी मालिक नहीं झुक रहा था। किसी ने विचार व्यक्त किया—दत्ता सामन्त के पास चलो! विचार पक्का हुआ।

और उसी रात कमेटी के लोग डॉ. दत्ता सामन्त के पास गए।

दत्ता सामन्त यह काम हाथ में लेने हेतु अनिच्छुक थे। एक तो कितना समर्थन मिलेगा, इसका उन्हें संभ्रम था। दूसरा, बी.आई.आर.कानून की बाधाओं का उन्हें एहसास था। उन्होंने इंकार किया।

किन्तु कमेटी के लोग उनका इनकार स्वीकार करने के मूड में नहीं थे। उन्होंने जिद पकड़ी। अन्ततः डॉ. सामन्त ने दूसरे दिन आकर परिस्थिति का जायजा लेने की स्वीकृति दी। दूसरे दिन डॉ. सामन्त आए बड़ी सभा हुई। किन्तु सामन्त ने निर्णय नहीं लिया। उन्होंने और अधिक जाँच-परख करना तय किया। दो दिन बाद श्रीनिवास मिल पर सभा हुई। 15 हजार की उपस्थिति। दो दिन बाद प्रकाश मिल पर सभा। वही अनुभव।

अब दत्ता सामन्त ने बड़ी एकत्रित सभा लेना तय किया। नरे पार्क मैदान। बहुत बड़ी सभा हुई। पूरा मैदान व आजू-बाजू के रास्ते भर गए थे।

आत्मविश्वास दिलाने वाली सभा। बस, डॉ. सामन्त ने निर्णय लिया मिल मजदूरों के आन्दोलन में कूदने का। महाराष्ट्र गिरणी कामगार यूनियन की स्थापना हुई। स्थिति ऐसी थी He came, he saw and he conquered. (वे आए, उन्होंने देखा और वे जीते) जिस दत्ता सामन्त का कपड़ा इस्तेमाल करने के अलावा मिलों से या मिल मजदूरों से दूर-दूर तक कोई रिश्ता नहीं था वे एक महीने में मिल मजदूरों के नेता बन गए। सभी विचारधाराओं के श्रमिक उनकी ओर आकर्षित हुए। उनमें इंटक वाले थे, शिवसेना वाले थे, लाल झंडे वाले थे और किसी भी संगठन को न मानने वाले भी थे। मजदूरों की व्यापक एकता निर्मित हुई थी सिर्फ गलत नेता के पीछे, किन्तु यह समझ पाने के लिए दो वर्ष लग गए और तब तक पूर्ण बर्बादी हो चुकी थी।

डॉ. सामन्त की सफलता का राज क्या है—यह चर्चा बाद में निरन्तर होती रही। डॉ. सामन्त इतनी व्यापक एकजुटता कैसे बना पाए?

पहली बात यह है कि योग्य नेतृत्व के जो पैमाने मिल मजदूरों ने सोच रखे थे उसमें दत्ता सामन्त पास हो गए थे। उन्हें बी.आई.आर. कानून ताक पर रख कर विजयी हो सकने वाला लीडर चाहिए था। एम्पायर डाईंग में विजयी होकर दत्ता सामन्त ने सिद्ध कर दिया था।

दूसरी बात, उन्हें लड़ाकू नेता चाहिए था। माँगों की प्राप्ति के लिए हड़ताल करनी पड़ेगी और मजदूर यह मान कर चल रहे थे कि हड़ताल लम्बी चलेगी। सामन्त इस कसौटी पर भी खरे उतर रहे थे। अनेक छोटे-बड़े कारखानों में उन्होंने हड़ताल की थी और लड़ाइयाँ जीती थीं। एक लड़ाकू, आक्रामक नेता के रूप में उनकी पहचान बन गई थी।

तीसरी बात—डॉ. सामन्त निर्दलीय थे। किसी भी राजनीति का लेबल उन पर चस्पाँ नहीं था इसलिए वे सभी को स्वीकार्य लग रहे थे।

राजनीति का न होना और प्रत्येक मामले में राजनीति लाना—दोनों अलग-अलग बातें हैं। नेता के पास राजनीति होनी ही चाहिए। बिना राजनीति के आसपास की परिस्थिति का आकलन नहीं हो पाता, योग्य रणनीति नहीं बन पाती और संघर्ष में योग्य दांवपेंच भी नहीं किये जा सकते।

किन्तु प्रत्येक मामले में राजनीति लाना और केवल राजनीति को पैमाना बना कर ही निर्णय लेना फूट का कारण बन सकता है। जो बात डॉ. सामन्त के उदय का कारण बनी, वही उनके पराजय—अस्त का भी कारण बनी। राजनीति के अभाव में वे परिस्थिति का ठीक से आकलन नहीं कर पाए। रणनीति गलत हुई, दांवपेंच गलत साबित हुए और अन्ततः अपयश प्राप्त हुआ।

जब डॉ. सामन्त की लहर आई तब ही हमारे यूनियन की मुहिम भी शुरू हो चुकी थी। किन्तु मजदूरों का ध्यान उसकी ओर नहीं था। उन्हें नया 'रुस्तम' पहलवान दिखा था जो काला कानून तोड़ कर, मान्यता प्राप्त यूनियन को उठा के फेंक कर माँगे मंजूर करवाने वाला था। आमतौर पर कोई 'पराई' लहर आने पर लाल झंडे वाले मजदूर उसका डट कर मुकाबला करते थे किन्तु अबकी बार लाल झण्डे का कार्यकर्ता निष्क्रिय हो चुका था। इसी कारण से यूनियन की मुहिम न तो जोर पकड़ पा रही थी न ही डॉ. सामन्त की लहर रोक पा रही थी, जिससे आने वाली लहर सुनामी बन गई थी। उसमें सर्वप्रथम नया 'निर्दलीय' युवा वर्ग बह गया। फिर इंटक वाला, पीछे-पीछे शिवसेना वाला और अन्त में लाल झंडे का अभिमानी मजदूर भी गया। पूरा गिरणगांव डॉ. सामन्त के पीछे मजबूती से खड़ा हो गया।

सामन्त की सेना अगले निर्णय का इन्तजार कर रही थी लेकिन डॉ. सामन्त अनिर्णय की स्थिति में थे।

इधर गिरणगांव में डॉ. सामन्त का बढ़ता महत्त्व शिवसेना के गले उतरना मुश्किल था वे बाला साहब ठाकरे के पास गए। मिल मजदूरों की समस्याएँ स्वयं ठाकरे कितनी समझ पाए मालूम नहीं लेकिन अपने अनुयायियों की समस्या समझ गए।

घोषणा हुई। ठाकरे मिल मजदूरों की समस्याएँ हल करेंगे।

मिलों में फिर हलचल हुई। ठाकरे भी निडर और लड़ाकू नेता के रूप में पहचाने जाते थे। उनके पास सेना थी। हड़ताल करवाने या तुड़वाने में 'प्रशिक्षित'।

डॉ. सामन्त का निर्णय नहीं हो पा रहा था। उनकी सभा नरे पार्क पर होने वाली थी। जवाब में ठाकरे की सभा उसी दिन कामगार मैदान पर आयोजित की गई। दोनों सभा स्थलों में अन्तर मात्र डेढ़ सौ मीटर का।

मिलों में वातावरण चैतन्यमय हो गया। चर्चाएँ उफान पर थीं। हड़ताल कौन करेगा—ठाकरे या सामन्त? उत्सुकता शिखर पर थी।

दोनों सभाओं में अपार भीड़। मजदूर हड़ताल की तारीख सुनने की तैयारी से आए थे।

और ठाकरे ने तारीख जाहिर करने की बजाय हड़ताल की बाबत निर्णय बाद में लेने की घोषणा की। ठाकरे का निर्णय सुनकर आधी सभा उठ कर दत्ता सामन्त की सभा में जाकर बैठ गई।

और इसी हड़ताल की लड़ाई में ठाकरे की भूमिका खत्म हुई।

मजदूरों ने हड़ताल बाबत निर्णय लेने का अधिकार या स्वतंत्रता शेष रखी ही नहीं थी। यह निर्णय तो वे ले चुके थे। वे केवल नेता द्वारा इसकी घोषणा चाहते थे। लड़ाई शुरू करने हेतु डॉ. सामन्त को हड़ताल की तैयारी की कोई आवश्यकता ही नहीं रही थी।

पिछले कई वर्षों से लाल झंडे ने जमीन की उत्तम सिंचाई कर रखी थी। अब सिर्फ बुवाई बाकी थी और यह सम्मान वे डॉ. सामन्त को देने के लिए उत्सुक थे। डॉ. सामन्त सम्मान स्वीकार करने में विलम्ब कर रहे थे।

अन्त में डॉ. सामन्त झुके। अब अधिक विलम्ब करने से उनकी विश्वसनीयता पर ही प्रश्नचिन्ह खड़ा हो जाता। उन्होंने निर्णय लिया और काफी समय से राह देखते हुए खड़े घोड़े पर सवार होकर शंखनाद किया।

तारीख की घोषणा हुई—18 जनवरी, 1982।

मजदूर आन्दोलन के इतिहास के एक रोमांचक, अद्वितीय लड़ाई का आरम्भ हुआ। सचमुच, सभी दृष्टि से अद्वितीय।

हड़ताल आरम्भ हुई। अभूतपूर्व सफलता के साथ। इतनी सफल कि मिलों में वॉचमैन के अलावा कोई भी नहीं बचा। पिकेटिंग की आवश्यकता ही नहीं पड़ी। मजदूरों ने मिलों का रास्ता ही छोड़ दिया।

हड़ताल शुरू होते ही डॉ. सामन्त ने घोषणा की कि हड़ताल लम्बी चलेगी। अतः मजदूर अब मुम्बई में न रुकें और अपने-अपने गांव निकल जाएँ।

यह तो वैसा ही हुआ कि लड़ाई शुरू होने के बाद सेनापति सारी सेना को बर्खास्त करे। ऐसे ऑर्डर जारी कर डॉ. सामन्त ने शासन की चिन्ता कम कर दी क्योंकि हड़ताल लम्बी चलने पर गुस्साया हुआ मजदूर कानून और व्यवस्था भंग कर सकता था।

इंटक की यूनियन को छोड़ कर मिल उद्योग की सभी यूनियनों ने दत्ता सामन्त के नेतृत्व वाली हड़ताल को हार्दिक और बिना शर्त समर्थन दिया था। विशेषकर हमारे और लाल निशान वाले संगठनों के सदस्य हड़ताल की सफलता के लिए दिन-रात एक कर रहे थे। हड़ताल सफल हो, यह उनकी भी आवश्यकता व अनिवार्यता बन गई थी।

हड़ताल के संचालन के लिए दत्ता सामन्त ने कभी कोई कमेटी नहीं बनाई। क्योंकि लोकतंत्र पर उनका विश्वास होगा, ऐसा कभी महसूस नहीं हुआ। समर्थन देने वाले संगठनों ने ही आगे बढ़कर एक 'सम्पर्क समिति' का गठन किया था। दत्ता सामन्त के बड़े भाई दादा सामन्त उस समिति के सदस्य थे किन्तु डॉ. सामन्त कभी-भी इस समिति की बैठकों में नहीं आए। दादा सामन्त आते थे किन्तु महत्त्वपूर्ण निर्णय के समय कहते थे, "डॉक्टर से पूछना पड़ेगा।" इस कारण अन्य संगठन और डॉ. सामन्त कभी-भी एकत्रित होकर विचार-विनिमय नहीं कर पाए। इसी कारण से अन्य संगठनों के नेता डॉ. सामन्त से नाराज रहते थे।

हड़ताल जारी ही थी। कई सप्ताह-महीने चले गए। हड़ताल का नया रेकॉर्ड बनने जा रहा था। छह माह होने आए। अब मजदूर चिन्ताग्रस्त होते जा रहे थे किन्तु हड़ताल अब तक अभेद्य थी। उसमें एक भी दरार नहीं पड़ी थी।

इस हड़ताल ने पूरे देश का ध्यान आकर्षित किया था, विशेषकर वस्त्रोद्योग के मजदूरों का। इस हड़ताल की सफलता से उनकी समस्याओं का समाधान हो सकने वाला था।

इस हड़ताल के समर्थन में 8 जुलाई 1982 को पूरे महाराष्ट्र में वस्त्रोद्योग मजदूरों ने सफल हड़ताल रखी।

तीन महीने गुजर गए। हड़ताल की स्थिति अभी-भी अच्छी थी। कोई फूट नहीं। लेकिन अब मजदूर-कर्मचारियों को चिन्ता होने लगी। दत्ता सामन्त ने हड़ताल की डोर ठीक से पकड़ी है न? दिशा योग्य है न?

हड़ताली कर्मचारियों की मदद हेतु दत्ता सामन्त और एटक की ओर से मदद की मुहिम चलाई गई। सभी क्षेत्रों से मदद प्राप्त हुई किन्तु ढाई लाख मजदूरों की आवश्यकताएँ कोई कब तक पूरी कर पाता?

एटक की पहल पर वस्त्रोद्योग क्षेत्र में हड़ताल के समर्थन में देशव्यापी सफल हड़ताल हुई।

इस हड़ताल की सम्मानजनक समाप्ति हेतु देश के उदार मतवादी लोकतांत्रिक नेता प्रयास कर रहे थे। क्योंकि उन्हें एहसास था कि इतनी दीर्घकालिक शिद्दत से की गई हड़ताल यदि असफलता से टूट गई तो प्रगतिशील आन्दोलन का बड़ा नुकसान होता। ऐसे ही नेताओं में से एक थे—एस.एम.जोशी। उन्होंने हड़ताल पर चर्चा हेतु इन्दिरा गांधी से समय माँगा। उनसे मिल कर उन्होंने इन्दिराजी से अनुरोध किया कि वे पहल कर हड़ताल समाप्त करवाएँ।

110

इन्दिरा गांधी ने बातों-बातों में तीस रुपये प्रतिमाह की वृद्धि का सुझाव दिया।

एस.एम.जोशी ने कहा, "यह वृद्धि काफी अपर्याप्त होगी।"

इन्दिराजी ने एस.एम.जोशी से एक ही सवाल किया, "Are you in a position to deliver the goods ?" (क्या समझौता करने सम्बन्धी अधिकार आपके पास है?)

एस.एम. जोशी गड़बड़ा गए। "हड़ताल की कमेटी वालों से बातचीत कर सूचित करता हूँ।" ऐसा कह कर एस.एम. जोशी मुम्बई लौटे।

संपर्क समिति की बैठक बुलाई गई। सभी को उत्सुकता थी कि एस.एम.जोशी दिल्ली से क्या सौगात लाए हैं।

बैठक शुरू हुई किन्तु डॉ. सामन्त गैर हाजिर रहे। हड़ताल के नेता गैर हाजिर। क्यों? मेरे मन में बुरी शंकाएं आने लगीं। दादा सामन्त बैठक में थे। इन्दिरा गांधी से हुई बातचीत का ब्योरा देकर सम्पर्क समिति ने सरकार से सम्पर्क कर बातचीत शुरू करना चाहिए, ऐसा सुझाव एस.एम.जोशी ने दिया।

सभी चुप। डॉ. सामन्त की अनुपस्थिति में कौन बोले? चर्चा कैसे होगी? दादा सामन्त भी चुप। मुझे मेरा मत व्यक्त करने के लिए कहा गया।

मेरे मतानुसार चर्चा करनी चाहिए थी। हड़ताल का रास्ता सामने से बन्द हो गया था। शासन की ओर से किसी भी प्रकार की कोई पहल नहीं हो रही थी। हड़ताल शुरू हुए काफी समय हो चुका था। फिर भी वह मजबूत थी। लेकिन अब आगे जाने की गति रुक गई थी। चर्चाओं के प्रयास अभी से करना आवश्यक था।

एस.एम.जोशी ने पहल कर इन्दिराजी से चर्चा के उपरांत मिले प्रतिसाद से चर्चा के लिए आधार प्राप्त हो गया था। एक धागा हाथ आया था, वह पकड़ कर चर्चाएँ कर गतिरोध तोड़ा जाना समझदारी का काम था। 30 रुपयों की वृद्धि स्वीकार करने का प्रश्न ही नहीं था किन्तु वार्ता शुरू होने पर अपनी बात कहने के लिए हम स्वतंत्र थे किन्तु वार्ताओं के लिए प्राप्त अवसर को ठुकराना गलत था। धोखाधड़ी थी।

किन्तु मैं नहीं बोला। कैसे बोलता? दत्ता सामन्त की अनुपस्थिति पर्याप्त सन्देश देने वाली थी। उनकी कार्यपद्धति और स्वभाव भी मालूम ही था। दादा सामन्त भी कुछ नहीं बोल रहे थे।

"हड़ताल के नेताओं के विचार जान लेने के बाद ही मैं मेरे विचार व्यक्त कर सकूँगा।"

111

अन्य नेताओं ने भी सावधानीवश विचार प्रकट नहीं किए।

अन्त मे दादा सामन्त से उनके मत के बारे में पूछा।

“दत्ता से पूछना होगा।” दादा सामन्त।

“आपका मत क्या है? आप भी हड़ताल के नेता हैं। ” सीटू प्रतिनिधि बोले।

“मेरा मत अनुकूल है। लेकिन दत्ता से पूछ कर ही बता सकूँगा। ”

एस.एम.जोशी ने कहा, “ठीक है, पूछकर बताएँ।” सभा समाप्त हुई।

दत्ता सामन्त ने न तो एस.एम.जोशी से, न ही दिल्ली से सम्पर्क किया। दिल्ली का दरवाजा बन्द हुआ।

एस.एम. जोशी अपने प्रयासों से दूर हट गए।

मैं बेचैन हुआ। हड़ताल के भविष्य की आहट महसूस होने लगी।

और तीन माह खत्म हुए। हड़ताल का एक वर्ष पूरा हुआ। हड़ताली श्रमिकों की दुर्दशा होने लगी। बिना वेतन के खाने-पीने के लाले पड़ गए। मकानों का किराया बाकी रहने लगा। मजदूर कर्ज के बोझ तले डूब गए।

हड़ताल चालू ही थी। सभाएँ चालू थीं लेकिन घोषणाएँ क्षीण हो गई थीं। डॉ. दत्ता सामन्त के नाम का नशा अब उतर गया था। भूखे मजदूर मिलों के दरवाजों पर मँडराने लगे। कुछ इधर-उधर देख कर अन्दर घुस जाते थे।

किन्तु हड़ताल का आवरण साबुत था। गतिरोध तोड़ना है तो अभी प्रयास करना आवश्यक था। अधिक विलम्ब विनाशकारी साबित होता।

किन्तु ऐसी स्थिति में भी डॉ. दत्ता सामन्त समझौते के लिए कोई खास प्रयास नहीं कर रहे थे। हाथ आए अवसर ठुकरा रहे थे।

हड़ताल के भविष्य की काली छाया देख कर कुछ समझदार मजदूर कॉ. डांगे से मिले। कॉ. डांगे ने कहा, “डॉ. सामन्त यदि चाहेंगे तो मैं मदद के लिए तैयार हूँ।”

112

प्रतिक्रिया में दत्ता सामन्त यूनियन के नेता तुकाराम बोराड़े ने आमसभा में डांगे के कहने का मजाक उड़ाते हुए कहा कि, “डांगे अपनी पार्टी चला न पाए, चले हैं हमारी मदद करने। पहले वे अपनी पार्टी सम्हालें।”

हड़ताल की ऐसी अवस्था में हड़ताल के नेता का ऐसा व्यवहार? क्या कहा जाए!

पूर्व श्रममंत्री और इंटक के श्रमिक नेता गुलजारी लाल नंदा और पूर्व रक्षामंत्री, उप प्रधानमंत्री यशवंतराव चव्हाण ने भी हड़ताल समाप्ति हेतु परोक्ष-अपरोक्ष तरीके से प्रयास किये किन्तु डॉ. सामन्त ने ध्यान नहीं दिया।

इसे आत्मविश्वास कहेंगे या अहंकार या फिर गैर जिम्मेदाराना व्यवहार? यह अवसर भी निरर्थक सिद्ध हुआ।

लोकसभा में वामपंथी पार्टियों ने इस मुद्दे पर सरकार की निन्दा की। अन्ततः इन्दिराजी ने महाराष्ट्र के मुख्यमंत्री को पत्र लिख कर हस्तक्षेप के लिए कहा। मुख्यमंत्री थे—वसन्त दादा पाटील। उन्होंने इन्दिराजी को लिखा कि अब हड़ताल अन्तिम अवस्था में है, अब कुछ करने की आवश्यकता नहीं है। सरकारी हस्तक्षेप की सम्भावना खत्म हुई और हड़ताल का भविष्य निश्चित हो गया।

और तीन महीने गए। अब काफी संख्या में मजदूर काम पर लौटने लगे। फिर भी बड़ी संख्या में नहीं। क्योंकि काम पर लौटने वालों पर हमले शुरू हो गए। कुछ के हाथ-पाँव टूटे तो कुछ ने प्राण गँवाए। दहशत का वातावरण था।

गांव से काम पर लौटने चाहने वालों के माँ-बाप, पत्नी-बच्चे उन्हें रोक रहे थे। कुछ आ रहे थे कुछ रुक रहे थे। लौटे हुए मजदूरों ने गांवों में पत्र लिख कर सूचना दी कि अफवाहों पर विश्वास न करते हुए लौट आओ, मिलें चालू हो गई है, नहीं आओगे तो पछताओगे। और फिर मजदूरों के लौटने का सिलसिला चल पड़ा।

मिलों में सबसे पहले घुसे इंटक समर्थित यूनियन वाले। पीछे-पीछे सेना वाले।

पीछे रह गए लाल झंडे वाले और प्रभावी प्रचार से अभिभूत, भावना प्रधान ईमानदार मजदूर।

विशेषकर गांव लौटने के बाद झूठे प्रचार के कारण वहीं रुका हुआ मजदूर।

अन्ततः मिल मालिकों की ओर से अखबारों में सूचना प्रकाशित की गई कि एक मई 1983 के पूर्व जो मजदूर काम पर नहीं आएँगे, उन्हें बाद में नौकरी में नहीं लिया जाएगा। हमारे समक्ष प्रश्न उपस्थित हुआ कि अब अपने मजदूरों और कार्यकर्ताओं को क्या बताया जाए?

113

हड़ताल के नेता दत्ता सामन्त हड़ताल की वास्तविक परिस्थिति की ओर ध्यान नहीं दे रहे थे। हड़ताल का समर्थन कर कंधे से कंधा मिला कर लड़ रहे सहयोगियों से विचार-विमर्श नहीं कर रहे थे। उनकी जिद थी कि हड़ताल जारी है। सन्देश था,

'लड़ो, लड़ते रहो।' और वास्तविकता यह थी कि हड़ताल समाप्तप्रायः ही थी।

अन्त में हमने आपस में विचार-विमर्श कर निर्णय लिया कि कार्यकर्ताओं और सदस्यों से कहा जाए कि मिल के बहुसंख्यक श्रमिक कर्मचारी यदि काम पर जा रहे हैं तो आप भी काम पर जाएँ।

ऐसी सलाह न देना, उन्हें बाहर ही रोकने का आशय यह होता कि नेता की अदूरदृष्टि के कारण कार्यकर्ता को सूली पर चढ़ाना।

बिलकुल अन्तिम जत्थे के साथ हमारे कार्यकर्ता भी मिलों में गए। 1 मई, 1983 को मिलों के दरवाजे बन्द हुए और हड़ताल समाप्त हुई। दुनिया की निगाहों में।

दत्ता सामन्त कहते ही रहे—"हड़ताल जारी है।"

मजदूर मिलों में लौटे और सामने जो परोसकर रखा था, वह देख कर सुन्न हो गए। सभी बदली श्रमिकों का कत्ल कर दिया गया था। यह संख्या ही सत्तर हजार से अधिक थी।

गाँवों से देरी से आए कामगारों को नौकरी से निकाल दिया गया था। ये संख्या भी हजारों में थी। इस प्रकार से अधिकृत संख्या के अनुसार भी एक लाख छह हजार श्रमिकों को नौकरी से हाथ धोना पड़ा था। काम बढ़ गया था। अधिकारियों के व्यवहार में बदलाव आ चुका था। हड़ताल के पहले दब कर व्यवहार करने वाले अधिकारियों की आवाज में जोर आ गया था। श्रमिकों के लिए आत्मसम्मान खत्म हो गया था। हालात ऐसे हो गए थे कि मजदूर यूनियनों के पास खड़ा होने तक में कतराने लगे थे। मान्यताप्राप्त गिरणी कामगार संघ (इंटक) वालों की जोर-जबर्दस्ती फिर से शुरू हो गई। उनका विरोध करने की हिम्मत अब किसी में नहीं बची थी।

हड़ताल के बारे में अब कोई बातचीत भी नहीं हो रही थी। किसी बैठक में यदि विषय छेड़ा भी गया तो कोई वरिष्ठ कामगार दुःखी मन से कहता था, "अरे यह कैसी हड़ताल? हड़ताल करना हो तो डांगे ने सीखो। इतनी हड़तालें कीं किन्तु एक भी बदली कामगार का पास भी कभी केन्सिल नहीं होने दिया। और हड़ताल वापस ली तो चार पैसे लेकर ही। यह केवल बर्बादी है।"

114

हड़ताल खत्म हुई। फिर भी उसके यश-अपयश की चर्चा काफी दिनों तक चलती रही। केवल मिलों में और मिल क्षेत्र में ही नहीं, लेकिन देश-विदेश में भी। क्योंकि यह हड़ताल सभी दृष्टि से अद्वितीय थी। हड़ताल का विस्तार, उसमें समाहित मिलों व

मजदूरों की संख्या नष्ट हुए कार्य दिवसों की संख्या, मालिकों व कामगारों का डूबा हुआ उत्पादन, देश की हानि, हड़ताल में दिखाई हुई मजदूरों की एकजुटता, शिद्दत, मजदूरों द्वारा सहे गए दुःख और हड़ताल की फल निष्पत्ति–किसी दृष्टि से देखो तो हड़ताल अद्वितीय थी। जी हाँ–अद्वितीय ही। दूसरा कोई शब्द ही नहीं। नहीं तो इस हड़ताल को गिनीज़ बुक ऑफ वर्ल्ड रेकॉर्ड्स में दर्ज नहीं किया जाता और ऐसी बर्बादी भी किसी और हड़ताल में नहीं हुई थी।

हड़ताल का निर्णय मजदूरों का था और उसके नेतृत्व का चुनाव भी उन्होंने ही किया था। हड़ताल की तारीख यद्यपि डॉ. सामन्त ने घोषित की थी फिर भी हड़ताल का समय मजदूरों ने ही तय किया था। ठाकरे द्वारा हड़ताल की तारीख घोषित नहीं करने पर आधे से अधिक श्रमिकों का सभा से उठ कर दत्ता सामन्त की सभा में चले जाना श्रमिकों की मनःस्थिति दर्शाता है। यहाँ यह भी मान्य करना होगा कि डॉ. सामन्त ने हड़ताल का नेतृत्व स्वीकार करने के बाद उसे ईमानदारी और अत्यन्त दृढ़ता से लड़ाया, उनके पास उपलब्ध सभी कारखानों का द्रव्यबल और शक्ति उन्होंने इस हड़ताल के समर्थन में झोंक दी, कोई कसर बाकी नहीं छोड़ी।

फिर भी हड़ताल असफल हुई। मिल मजदूर तो बर्बाद हुआ ही, लेकिन साथ-साथ गिरणगांव के सभी लघु उद्योग, छोटे व्यापारी, दुकानदार, फेरीवाले भी बर्बाद हुए।

इस अद्वितीय हड़ताल की असफलता का राज क्या है? मेरे मतानुसार, डॉ. सामन्त को इस हड़ताल की विशिष्टताओं का आकलन ही नहीं हुआ और इसी कारण उनकी रणनीति गलत होती चली गई। गलत रणनीति के कारण दांवपेंच गलत होते गए लेकिन डॉ. सामन्त अपने स्वभाव के अनुसार उन्हें ही आगे बढ़ाते चले गए। जो परिणाम होना था वह हुआ।

डॉ. सामन्त ने अब तक अनेक हड़तालें लड़ी थीं और जीती भी थीं किन्तु वे सब कारखानों की थी। अलग-अलग पूंजीपतियों के विरुद्ध थीं। यह हड़ताल पूँजीवादियों के एक समूह के खिलाफ थी। देश के सभी प्रमुख पूँजीपति इसी उद्योग में जन्मे और बढ़े थे। टाटा, बिरला, बांगर, वाडिया, ठाकरसी, मफतलाल, पिरामल, कापडिया, खेतान, झुनझुनवाला, अग्रवाल–ये सब अन्य उद्योगों में अब फैल चुके थे। अन्य उद्योगों में अधिक मुनाफा होने से वस्त्रोद्योग में उनकी रुचि कम हो गई थी। उलटे इस उद्योग का मुनाफा पूँजी और रक्षित निधि भी अन्य उद्योगों में ले गए थे। एक-एक उद्योगपति के अनेक उद्योग होने से एकाध कारखाना बन्द होने से उन्हें कोई फर्क नहीं पड़ रहा था। इसी कारण से संघर्ष में अधिक समय तक टिक सकने की उनकी क्षमता मजदूरों से कई गुना अधिक थी। जोंक, जिसके हजारों पाँव होते हैं, उनमें से एकाध पाँव टूट भी जाए तो वह लंगड़ी नहीं हो जाती।

इस धन्धे में रुचि खत्म होने के कारण लम्बी हड़ताल से मिलों पर होने वाले प्रतिकूल परिणामों की चिन्ता उन्हें नहीं थी। उलटे बिना कुछ किए, कानून का सामना किए बिना, मजदूरों को कोई भी भरपाई दिए बिना यदि मिल बन्द हो जाती हो तो उन्हें सुविधा ही थी। क्योंकि उनकी नजर मिलों की बजाय मिलों की सोने के भाव वाली जमीनों पर थी। इसीलिए हड़ताल की दीर्घावधि में किसी भी मालिक ने हड़ताल खत्म करने के कोई भी प्रयास नहीं किए।

दूसरी महत्त्वपूर्ण बात, इस धन्धे में सबसे बड़ा मालिक केन्द्र शासन है। केन्द्र शासन के स्वामित्व की और व्यवस्थापन की 135 मिलें देश में हैं। केवल मुम्बई में 25 तथा साथ ही महाराष्ट्र शासन के स्वामित्व की मुम्बई व अन्य स्थानों पर कई मिलें है। निजी मिलों में जो वेतन वृद्धि दी जाती उसे इन मिलों में भी देना ही पड़ता। इसी कारण से सरकार द्वारा इस विवाद में तृतीय पक्ष न होकर 'मालिक' के रूप में भूमिका लेने की सम्भावना अधिक थी।

इन सारी बातों के अलावा इस हड़ताल को राजनीतिक महत्त्व प्राप्त था। हड़ताल का क्षेत्र–गिरणगांव, मध्य मुम्बई, दो लोकसभा और बारह विधानसभा क्षेत्र, महानगर पालिका के पचास वार्ड। ऐसे क्षेत्र में डॉ. सामन्त जैसे नेता का प्रभुत्व स्थापित हो, यह कांग्रेस के लिए बाधक बात थी। पिछले कई वर्षों से डॉ. सामन्त बड़ी तेजी से आगे बढ़ रहे थे, सभी उद्योगों में उनकी यूनियनें काम करने लगी थीं। यदि इस हड़ताल में उनकी जीत हो जाती तो उनकी शक्ति और महत्त्व बढ़ेगा और कल वे बढ़ी हुई शक्ति के साथ रेलवे और परिवहन क्षेत्र में प्रवेश करेंगे तो मुम्बई के राजनीतिक जीवन पर उनकी पकड़ मजबूत होने वाली थी। नहीं,...नहीं...।

राजनीतिक दृष्टि से कांग्रेस के लिए यह असम्भव था। सामन्त को रोकना, तोड़ना आवश्यक था और यह सब करने के लिए गिरणगांव जैसा सुविधाजनक रणक्षेत्र दूसरा कोई नहीं था। कांग्रेस का विचार पक्का हुआ।

इस हड़ताल की विशेषताओं की बातें डॉ. सामन्त समझ ही नहीं पाए और रणनीति गलत होती गई। हड़ताल पर खुले रूप से राजनीतिक रंग चढ़ने वाला था। इस लड़ाई में जो बल स्थान थे उनका पूरा उपयोग किया जाना था। कामगारों की बड़ी संख्या, उनकी अभेद्य एकजुटता और संघर्षशीलता–यह मजबूती थी। किन्तु लड़ाई का बिगुल बजाते ही सामन्त ने सेना की बर्खास्तगी के आदेश जारी किए और कामगारों को अपने-अपने गाँव जाने के आदेश दे दिए। इस कारण से सरकार की चिन्ता कम हुई और डॉ. सामन्त की शक्ति भी।

लम्बी लड़ाई लड़ते समय कुशल सेनापति सबसे पहले अपनी पिछाड़ी सुरक्षित

रखता है साथ ही वापसी का मार्ग भी। आक्रमण करने की योजना बनाते समय ही आवश्यकता पड़ने पर वापसी की तैयारी भी रखना पड़ती है। कुश्ती लड़ते समय पहलवान जीतने के लिए अखाड़े में उतरता है। जीत नहीं पा रहा हो तो बराबरी का प्रयास करता है, यदि वह भी सम्भव न हो तो उसकी हार न हो, इतनी सावधानी रखता है। दांवपेंचों में बदलाव तो करने ही पड़ते हैं क्योंकि "Trade unionism is the art of possibilities, not of impossibilities." (ट्रेड यूनियन आन्दोलन जो असम्भव है वह नहीं, तो जो सम्भव है वह प्राप्त करने की कला है।)

116

किन्तु शायद सामन्त को यह मान्य नहीं था। हड़ताल या आन्दोलन से पीछे हटना उनके लिए शर्मनाक था। इसलिए नियति ने यह स्थिति लादने के बाद वे दिग्भ्रमित होते गए, उलझन में पड़ते गए। हड़ताल की लड़ाई के समय उसके मजबूत होते हुए भी उचित समझौते के अवसर पर नज़र रखनी होती है, अवसर हो तो उसे साधना पड़ता है और यदि हड़ताल कमजोर हो रही हो तो अवसर ढूँढ़ने पड़ते हैं।

इस हड़ताल के समय एस.एम.जोशी ने एक बहुत अच्छा अवसर ला दिया था। डॉ. सामन्त ने उसे ठुकराया। तत्पश्चात् ऐसे ही तीन अवसर आए जिन्हें पकड़ कर आगे बढ़ना था। डॉ. सामन्त ने एक भी नहीं पकड़ा।

यह ही गलत रणनीति अन्ततः बर्बादी का कारण बनी।

डॉ. सामन्त लड़ाकू थे, वे लड़े भी ईमानदारी से। उनके लड़ाकूपन और संघर्षशीलता को यदि योग्य रणनीति का साथ होता तो प्राप्त अवसर का वे सोना कर सकते थे। किन्तु सुयोग्य राजनीति के अभाव के कारण उनके दांव-पेंच गलत साबित होते गए। हड़ताल शुरू करते समय उनके 'राजनीति का अभाव 'वाले' गुण' के कारण विभिन्न विचारधाराओं और विभिन्न निष्ठाओं वाले कामगार इतनी अल्प अवधि में उनके पीछे एकजुट हो गए किन्तु हड़ताल शुरू होने के बाद यही 'राजनीति का अभाव' उनका 'नकारात्मक' गुण साबित हुआ। हड़ताल का स्वरूप और विशेषताएँ समझ पाने में बाधा बना। आग में घी का काम किया उनके जबर्दस्त अहंकार, निरंकुश स्वभाव और 'हम करें सो कायदा' वाले व्यवहार ने। इस कारण से रणनीति गलत हो रही है, यह वे भांप ही न पाए। अधिक अनुभवी नेतागणों ने जब उनकी मदद के लिए पहल की तो उन्होंने सबको नकार दिया और अपने गलत-सलत दांवपेंच हठधर्मिता से चलाते रहे। जो परिणाम होना था वही हुआ।

किन्तु इस प्रदीर्घ हड़ताल के बाद डॉ. सामन्त ने मिलों के धन्धे का दिवाला निकाल दिया जैसे आरोप कई आलोचकों ने उन पर मढ़े, वे साफतौर पर गलत थे। ये आरोप जान-बूझकर, सोची-समझी रणनीति के तौर पर लगाए गये। यह समझ लेना चाहिए कि डॉ. सामन्त ने यदि हड़ताल कर मुम्बई की मिलों को बन्द करवाया तो अहमदाबाद, कानपुर और अन्य केंद्रो की मिलें क्यों बन्द हुईं? वहाँ तो डॉ. सामन्त नहीं पहुँचे थे। सत्य यह है कि मिल मालिकों ने सरकार की सहमति व सहयोग से कपड़ा उत्पादन का यह संगठित उद्योग समाप्त किया और इस बदकर्म में पूँजीवादी पार्टीयों के नेताओं ने साथ दिया। इतना ही नहीं, जितना सम्भव हो सके, हाथ भी साफ किया।

रणनीति को सुयोग्य राजनीति का यदि साथ न हो तो अच्छे-अच्छे आन्दोलनों की परिणति इसी तरह से होती है।

117

अर्थात् नेतृत्व के पास राजनीति न हो या यदि है और वह गलत व स्वार्थपरक हो तो भी उसकी कीमत आन्दोलन में उतरे हुए श्रमिकों को ही अदा करना पड़ती है। इसका अनुभव इसी लड़ाई में नहीं, बल्कि पूर्व में व पश्चात् में हुए आन्दोलनों से लिया गया है। 1948 व 1974 की रेलवे कर्मचारियों की हड़तालें इसका जीवन्त उदाहरण हैं। 1948 की रेल हड़ताल बाद में मार्क्सवादी पार्टी के नेता बने कॉ. बी.टी.रणदिवे ने और 1974 की रेल हड़ताल एक समय के 'हड़ताल सम्राट' जॉर्ज फर्नांडिस ने करवाई थी। दोनों हड़तालों का उद्‌देश्य यद्यपि कर्मचारियों की मांगों के लिए था, फिर भी मुख्य उद्‌देश्य हड़ताल का आव्हान करने वाले नेताओं की राजनीति आगे बढ़ाने का ही था। यह राजनीति गलत थी और इसीलिए हड़ताल की रणनीति, दांवपेंच सतत् गलत होते गए।

दोनों नेताओं का राजनीतिक गणित गलत साबित हुआ और हड़तालें असफल हुईं जिससे ट्रेड यूनियन आन्दोलन और संगठनों की अपार हानि हुई।

भटिंडा अधिवेशन में प्रस्ताव द्वारा अगले संघर्ष लड़ने के लिए देश में वामपंथी और लोकतांत्रिक मोर्चे का निर्माण करना—यह पार्टी का लक्ष्य तय हुआ था। यह नीति बिल्कुल योग्य थी। कोई मतभेद भी नहीं थे किन्तु ऐसा मोर्चा धीरे-धीरे संयुक्त व्यवहार, संयुक्त आन्दोलन और संयुक्त संघर्ष के क्रम में ही अस्तित्व में आने वाला था। हमें कितनी भी जल्दी हो, निकट भविष्य में उसके अस्तित्व में आने

की सम्भावना कतई नहीं थी। इसके अलावा जिनके साथ हमें एकजुटता बनानी है उनकी भी वैसी ही इच्छा व भूमिका का होना अति आवश्यक है। वैसी न हो तो उनके उस भूमिका में आने तक धैर्य रख कर उस दिशा में काम करना आवश्यक होता है।

यह भी एक प्रकार का संघर्ष ही होता है और संघर्ष में अपनी शक्ति-प्रभाव बनाए रखना और बढ़ाने का सतत् प्रयास होना चाहिए। राजनीति में अपना सामर्थ्य ही अन्ततः महत्त्वपूर्ण होता है। कमजोर पार्टी की नीतियाँ, तत्वज्ञान और सदुपदेश सुनने के लिए किसी के पास समय नहीं होता है, ऐसा कहा जाता था किन्तु प्रत्यक्ष व्यवहार में इन नीतियों का पालन नहीं होता था। एकजुटता साधने के लिए हम अपने बल स्थान विसर्जित कर रहे हैं ऐसी शंका उत्पन्न हो, ऐसा व्यवहार हमने अनेक बार किया।

केरल व पश्चिम बंगाल विधानसभा के चुनावों में मार्क्सवादी पार्टी ने अलग-अलग पैमाने बताकर सीटें दीं जो हमने स्वीकार कीं। मार्क्सवादियों की ऐसी ही भूमिका आज तक कायम है। अब तो पश्चिम बंगाल के पार्टी सदस्य भी खुले रूप से कहते हैं कि मार्क्सवादियों ने पं. बंगाल में हमारी नसबन्दी कर दी है।

केवल चुनाव ही नहीं, संयुक्त व्यवहार के प्रत्येक मौके पर हमें गौण स्थान देने की और वैसा ही व्यवहार करने की मार्क्सवादियों की भूमिका आज तक कायम है और उसे स्वीकार करने की हमारी भी।

118

अपने बल स्थान बनाए रखने के लिए मार्क्सवादी पार्टी सतत् संकल्पबद्ध रही है फिर इसके लिए सिद्धान्त और अनुशासन में थोड़ी ढील भी देने की समझदारी भी उन्होंने दिखाई है।

मार्क्सवादियों के बड़े नेता कॉ. ज्योति बसु। उन्होंने प्रधानमंत्री पद को ठुकराना और इंद्रकुमार गुजराल के मंत्रिमंडल में पार्टी के न शामिल होने को 'ऐतिहासिक भूल' कहा। यह बयान सामान्य नहीं था। क्योंकि वह पार्टी की तत्कालीन नीतियों के खिलाफ था किन्तु प्रश्न ज्योति बसु जैसे दिग्गज का था। पार्टी ने कोई अनुशासनात्मक कार्यवाही नहीं की। किन्तु रोज़ा देशपांडे द्वारा नई पार्टी स्थापित करने की मीटिंग में उपस्थित रहने की गलती जब कॉ. डांगे ने की तब इस प्रश्न को समझदारी से, नज़ाकत से निपटाये जाने का विचार भारतीय कम्यूनिस्ट पार्टी के किसी भी नेता के दिमाग में नहीं आया। कुछ भी हो, कॉ. डांगे पार्टी के संस्थापकों में से एक थे। उनकी गलती का निराकरण अलग ढंग से किया जाता

तो जो बाद में नुकसान हुआ, उसकी अपेक्षा तो कम ही नुकसान होता। किन्तु निर्णय लेते समय पार्टी नेतृत्व ने शायद यह सोचा कि 'भटिंडा नीति' को लागू करना कॉ. डांगे के पार्टी में रहते कठिन है।

वामपंथी लोकतांत्रिक मोर्चा बनाना मार्क्सवादियों का ईमानदार उद्देश्य कभी-भी नहीं रहा। उनका असली उद्देश्य था—मार्क्सवादियों के नेतृत्व में 'जनता का लोकतांत्रिक मोर्चा'। अन्य किसी के भी नेतृत्व वाला मोर्चा उन्हें कभी पसन्द नहीं आता था फिर वहाँ उनकी ताकत चाहे कम भी हो।

वास्तविक रूप से मार्क्सवादियों से व्यवहार करते समय हमें दोयम दर्जा स्वीकार कर बातचीत करने की कोई आवश्यकता ही नहीं थी। उन्होंने हमसे संख्या में ही अधिक नहीं तो गुणात्मक दृष्टि से भी अधिक गम्भीर स्वरूपी गलतियाँ की हैं। अन्तर्राष्ट्रीय कम्यूनिस्ट आन्दोलन का आकलन अस्वीकार कर चीनी कम्यूनिस्ट पार्टी के मार्गदर्शन में भारतीय कम्यूनिस्ट पार्टी तोड़ कर नई पार्टी बनाना और भारत के कम्यूनिस्ट आन्दोलन को कमजोर करना क्या छोटी गलती मानी जाएगी?

नई पार्टी बनाने के पश्चात् मूल पार्टी के साथ समझदारी के साथ न रह कर उसे मुख्य शत्रु मान कर वैसा ही व्यवहार करना, कोई भी मोर्चा यदि बनने वाला हो तो वह अपने ही नेतृत्व में बने यह आग्रह, यदि मनमर्जी के अनुसार मोर्चा बन नहीं पा रहा हो तो वह न बने यह प्रयास, यदि बन भी जाए तो उससे दूरी बनाए रखना, मोर्चे के अन्य दलों से बड़े 'दादा' की तरह व्यवहार करना—क्या ये गलत बातें नहीं है? किन्तु मार्क्सवादियों ने ये गलतियाँ की हैं और मात्र दुर्घटनावश नहीं, नीति के एक हिस्से के रूप में—सतत की हैं और ये गलतियाँ कभी मान्य भी नहीं की हैं। ज्योति बसु ने 'ऐतिहासिक गलतियाँ' मान्य कीं लेकिन पार्टी ने कभी नहीं।

119

इस पार्टी के समक्ष हम कितने समय से अपराध बोध से बर्ताव करते रहे हैं, इसे क्या कहा जाए?

1964 में पार्टी विभाजित हुई तब भारतीय कम्यूनिस्ट पार्टी, मार्क्सवादी कम्यूनिस्ट पार्टी से हर मामले में बेहतर थी। विभाजन के बाद अगले चौदह वर्षों तक भटिंडा अधिवेशन तक लगभग यहीं स्थिति थी। हमें अभिमान था, We are the party—हमारी पार्टी ही कम्यूनिस्ट पार्टी।

किन्तु भटिंडा के बाद स्थिति बदलती गई। उसने जनमानस में अपना स्थान

व प्रभाव खो दिया। मार्क्सवादियों की तुलना में शुरू में दोयम, तत्पश्चात् और भी नीचे का स्थान प्राप्त हुआ।

अब तो प्रसार माध्यम पार्टी का अन्तर्भाव 'अन्य' श्रेणी में करने लगे हैं। अखबार, आकाशवाणी, दूरदर्शन चुनावों के नतीजे बताते समय कांग्रेस, भाजपा, मार्क्सवादी पार्टी का स्वतंत्र उल्लेख करते हैं लेकिन भारतीय कम्यूनिस्ट पार्टी का उल्लेख अन्य की श्रेणी में करने लगे हैं। देश के कम्यूनिस्ट आन्दोलन का ही नहीं तो पूरे वामपंथी आन्दोलन का नेतृत्व कब से ही मार्क्सवादी पार्टी के पास निर्विवाद रूप से चला गया है और यह भी अनुभव आने लगा है कि वे अपने इस स्थान का भरपूर उपयोग भारतीय कम्यूनिस्ट पार्टी को गौण बनाने के लिए कर रहे हैं।

मार्क्सवादियों का यह प्रयास समझा जा सकता है क्योंकि वे यह एहसास रखते हैं कि हमारा स्थान घटाए बिना उनका स्थान ऊँचा नहीं हो सकता। इसीलिए क्रान्तिकारी समाजवादी पार्टी, फॉरवर्ड ब्लॉक जैसी क्षेत्रीय वामपंथी पार्टियों से अलग व्यवहार हमसे नहीं किया जाता।

स्पष्ट है, आज देश की राजनीति में संसदीय राजनीति को जो गैरवाजिब महत्त्व प्राप्त हुआ है उसका पूरा फायदा मार्क्सवादी पार्टी को मिल रहा है। संसद में वामपंथी पार्टियों के आधे से अधिक सांसद मार्क्सवादी पार्टी के हैं। क्षेत्रीय वामपंथी पार्टियों को यह अच्छी तरह पता है कि पं. बंगाल की विधानसभा और संसद में उनका अस्तित्व मार्क्सवादी पार्टी के समर्थन पर ही निर्भर है। इसलिए ये पार्टियाँ एक हद से ज्यादा विरोध न करने के प्रति सतर्क रहती हैं। मार्क्सवादी पार्टी भी यह जान चुकी है और इसीलिए वह इनका समर्थन मान कर ही चलती है। लेकिन भारतीय कम्यूनिस्ट पार्टी की स्थिति इन क्षेत्रीय वामदलों जितनी खराब नहीं है। बंगाल के बाहर भी उसका अस्तित्व है और वहाँ वह मार्क्सवादी पार्टी की कृपा पर निर्भर नहीं है। किन्तु वाम एकजुटता के बाबत हमारे दोषपूर्ण आकलन ने हमें दयनीय बना दिया है।

120

यह वास्तविकता है कि वाम और लोकतांत्रिक मोर्चा आवश्यक है। यह भी वास्तविकता है कि यदि भारतीय कम्यूनिस्ट पार्टी और मार्क्सवादी पार्टी एकजुटता से प्रयास करें तो इन प्रयासों को अलग ही परिमाण प्राप्त हो सकते हैं। किन्तु इससे अधिक सत्य तो यह है कि आज वामपंथी पार्टियों के अन्दर जितनी संख्या इसके विचार समर्थकों की है उससे कहीं अधिक, कई गुना संख्या में पार्टियों के बाहर है। इन्हें भी साथ लिए बिना वाम और लोकतांत्रिक मोर्चा एकजुटता से खड़ा होना

असम्भव है।

किन्तु ऐसे प्रयास भारतीय कम्यूनिस्ट पार्टी में नहीं हो पा रहे हैं। अब यह वास्तविकता है। शायद ऐसे प्रयास स्वतंत्रतापूर्वक हम कर पाएँगे, यह विश्वास हमने खो दिया है। ऐसे नये रास्ते पर चलने के प्रयास करने की अपेक्षा मैले रास्ते से जाना शायद आसान लग रहा हो लेकिन फिर मार्क्सवादियों के व्यवहार के लिए शिकायत करना निरर्थक है क्योंकि उनका व्यवहार जन्मजात है। स्वतंत्र प्रभाव वाले सहयोगी उन्हें सुहाते नहीं है। मेल भी नहीं खाते। वास्तविक वाम-लोकतांत्रिक मोर्चा खड़ा करने में मार्क्सवादियों का यह व्यवहार और दृष्टिकोण सबसे बड़ी बाधा है।

1950 के पूर्व हमारी पार्टी छोटी थी किन्तु उसका प्रभाव क्षेत्र केवल सदस्य और जनसंगठनों तक सीमित न होकर विस्तृत था। साहित्य, कला, सिनेमा जगत आदि क्षेत्रों के दिग्गज भी कम्यूनिस्ट आन्दोलन से जुड़े थे किन्तु बाद में यह प्रक्रिया बन्द हो गई। कम्यूनिस्ट आन्दोलन के बाहर के लोकतांत्रिक, जाति-धर्म निरपेक्ष, प्रगतिशील व्यक्ति, समूह, संगठन आदि से शुरू में वैचारिक तत्पश्चात् संगठनात्मक सम्बन्ध जोड़ने के प्रयास यदि किये जाते तो आज जैसी दयनीय अवस्था पार्टी को प्राप्त नहीं होती। विशेषकर मार्क्सवादी पार्टी के पीछे-पीछे जाने की निरर्थकता स्पष्ट होने के बाद तो ऐसे प्रयास विचारपूर्वक किये जाने चाहिए थे।

मार्क्सवादियों की तुलना में हमारी पार्टी का स्थान गौण होने का एक और राजनीतिक महत्त्वपूर्ण कारण है।

मुद्दा था—देश के पूँजीपति वर्ग और कांग्रेस के बारे में अपनाने वाली भूमिका व नीतियों का। इस प्रश्न ने पार्टी को उसकी स्थापना के समय से ही हमेशा त्रासित किया है। सदा ही विवाद का विषय रहा है। इस प्रश्न ने 1948-49, 1960 व 1978 के अधिवेशनों के समय संगठनात्मक संकट पैदा किया है। पार्टी विभाजन की स्थितियाँ पैदा की हैं। अन्ततः 1964 में पार्टी विभाजित हुई इसी मुद्दे पर और 1980 में डांगे और उनके सहयोगी भी पार्टी के बाहर गए तो इसी मुद्दे पर। इस वर्ग की बाबत कॉ. डांगे की भूमिका थी "Unity & struggle" (संघर्ष व एकजुटता) की। कॉ. डांगे की नीतियाँ अधिक सही थीं। परिस्थिति के आवश्यकतानुसार थीं।

121

ये नीतियाँ देश की वास्तविक स्थिति के अनुसार थीं और अन्तर्राष्ट्रीय कम्यूनिस्ट आन्दोलन को भी वे मंजूर थीं। केवल मान्य ही नहीं थीं बल्कि उसकी भी यही

भूमिका व नीति थी। सभी समाजवादी देशों के भारत के साथ व इन्दिरा गांधी के साथ किए गए व्यवहार से वह कदम-कदम पर परिलक्षित होती थीं। कॉ. ब्रेजनेव ने भारत दौरे के समय कहा था, " There is no denying the fact that we have a special liking for Mrs. Gandhi." क्यूबा के राष्ट्रपति फिदेल कास्त्रो और फिलिस्तिनी नेता यासर अराफात से अधिक कट्टर साम्राज्यवाद विरोधी नेता कौन हो सकता है? किन्तु उन्हें भी इन्दिरा गांधी से दोस्ती आवश्यक और मूल्यवान महसूस हुई। अमेरिका ने इन्दिरा गांधी का आत्यंतिक द्वेष क्यों किया?

किन्तु हमारी मार्क्सवादी मंडली न यह कभी समझ पाई न ही समझने का प्रयास किया। सभी राष्ट्रीय पूँजीपति वर्ग हमारा शत्रु है और उससे सदैव शत्रुत्व का सम्बन्ध ही होना चाहिए, ऐसा आग्रह कर उन्होंने जो दर्शन करवाया वह कट्टर मार्क्सवाद का नहीं था बल्कि ठोलेबाजी का ही था।

यदि बांग्लादेश युद्ध के पश्चात् देश के कम्यूनिस्ट व वाम आन्दोलन ने राष्ट्रीय पूँजीपति वर्ग और कांग्रेस से व्यवहार करते समय एकजुटता से सुयोग्य भूमिका धारण की होती तो शायद बाद की घटनाओं को अलग मोड़ दिया जा सकता था।

प्रतिगामी कट्टरवादी व जातिवादी ताकतों के विस्तार के लिए जितनी कांग्रेस जिम्मेदार है उतनी ही गैर जिम्मेदार–अंधा कांग्रेस विरोध कर वामपंथी पार्टियों ने इस विस्तार में जो सहयोग दिया, क्या उसकी समीक्षा नहीं होनी चाहिए? अन्य प्रगतिशील पार्टीयों को छोड़ो, किन्तु अन्तर्राष्ट्रीय कम्यूनिस्ट आन्दोलन का मार्गदर्शन होते हुए और मार्क्सवाद का विचार हाथ में होते हुए देश के कम्यूनिस्ट आन्दोलन ने समय-समय पर जो गलतियाँ कीं, उसकी जिम्मेदारी कौन स्वीकार करेगा?

भटिंडा परिषद ने पार्टी के 'एकजुटता व संघर्ष' की द्विसूत्रीय नीति में बदलाव किया। परिषद ने प्रस्ताव में जितना बदलाव किया उससे कहीं अधिक प्रत्यक्ष व्यवहार में हुआ। कांग्रेस विरोध का गाढ़ा रंग नीतियों पर सवार हुआ और ऐसा सवार हुआ कि उसका मूल रूप अस्पष्ट व धूसरित होता गया। धीरे-धीरे कांग्रेस की बाबत मार्क्सवादी पार्टी और भारतीय कम्यूनिस्ट पार्टी की भूमिका की सीमा रेखा और फर्क सामान्यजनों के लिए महसूस करना असम्भव हो गया। दोनों पार्टियाँ एक जैसी ही दिखने लगीं।

पूर्व में दोनों पार्टियों की कांग्रेस बाबत नीतियों में जो फर्क था वह सामान्य जनता, अन्य राजनीतिक दल, मीडिया की दृष्टि में महत्त्वपूर्ण था और इस अलग भूमिका, अलग व्यवहार से भारतीय कम्यूनिस्ट पार्टी की स्वतंत्र राजनीतिक छवि बनी थी। अलग भूमिका खत्म होने से अलग राजनीतिक छबि भी विलुप्त होती गई। इसे ही ज्ञानी लोग Loss of political identity कहते हैं।

पार्टी की पराजयी मनःस्थिति ने, और उससे उत्पन्न 'शालीन' व्यवहार से इस प्रक्रिया को गति मिली।

आपातकाल को दिया समर्थन सही समय पर वापस न लेकर अन्त तक जारी रखने की जो गलती पार्टी ने की, ठीक उसी तरह 'भटिंडा नीति' के नाम पर किया जा रहा व्यवहार जारी रख कर फिर से वही भूल दोहराई जा रही है। वास्तविकता से विसंगत व्यवहार इतने दीर्घ समय तक जारी रखने से ही आज भारतीय कम्यूनिस्ट पार्टी को देश की राजनीति में इतना गौण स्थान प्राप्त हुआ है।

आपातकाल के 19 माह के पार्टी के व्यवहार से हमें 'कांग्रेस का पिछलग्गू' जैसी आलोचना पार्टी के विरोधियों व पार्टी के तत्कालीन नीति विरोधियों से सुननी पड़ी। आज उन नीतियों का त्याग कर केवल कुछ माह नहीं बल्कि 30 से अधिक वर्ष हो चुके हैं। इन वर्षों में हमने 'भटिंडा नीति' का पूरी तरह पालन किया है। किन्तु अनुभव यह है कि हम पहले से अधिक बौने हो चुके हैं। प्रभाव से भी और छवि से भी।

आज पार्टी में ऐसी आलोचना कोई भी नहीं कर रहा है कि पार्टी मार्क्सवादी पार्टी की पिछलग्गू हो चुकी है क्योंकि 'कांग्रेस के पिछलग्गू' कहने वाले ही आज 'भटिंडा नीति' लागू कर रहे हैं। पार्टी के बाहर, सामान्य जनता जो समझना है, वह समझ चुकी है। प्रसार माध्यम और अन्य पार्टियाँ हमें कुछ पूछने लायक भी नहीं मान नहीं है।

पिछले 30 वर्षों से यद्यपि पार्टी का व्यवहार साधारणतः मार्क्सवादियों का अनुसरण करने का ही रहा है। फिर भी मेरी याद में कम-से-कम तीन बार पार्टी ने मार्क्सवादी पार्टी की भूमिका का विरोध कर सक्षमता दिखाई है।

पहली बार जनता पार्टी के सत्ता काल में आपातकाल लगाने का अधिकार समाप्त करने के बारे में संविधान संशोधन के समय। तत्पश्चात् इंद्रकुमार गुजराल की सरकार में शामिल होने का निर्णय लेते समय। शासन में शामिल होने का निमंत्रण दोनों पार्टियों के लिए था। मार्क्सवादियों ने वह ठुकरा दिया था लेकिन पार्टी ने वह स्वीकार किया। यह निमंत्रण ठुकराना 'महाभूल' थी, ऐसा कॉ. ज्योति बसु ने ही स्वीकार किया था।

तीसरा मौका अभी-अभी वर्ष 2008 के अन्त का है। पं. बंगाल में नदीग्राम SEZ में विरोधी आन्दोलन पनपा जिसे राज्य सरकार ने कुचलने का प्रयास किया। मार्क्सवादी पार्टी के विरोध में पूरे बंगाल में असन्तोष और रोष फैल गया। वाम मोर्चे के सहयोगी फारॅवर्ड ब्लॉक और आर.एस.पी. आदि ने मार्क्सवादी पार्टी की तीव्र

आलोचना की। आश्चर्यजनक रूप से भारतीय कम्यूनिस्ट पार्टी ने स्पष्ट शब्दों में मॉर्क्सवादी पार्टी के नीतियों व व्यवहार की तीखी आलोचना कर नीति बदलने की माँग की। इन परिस्थितियों से मार्क्सवादी पार्टी को बचाव की भूमिका में जाना पड़ा।

123

अन्य पार्टियों और मीडिया ने प्रत्येक मौके पर पार्टी के स्वतंत्र भूमिका अपनाने पर बहुत अच्छे ढंग से दखल ली है।

पार्टी का ऐसा दृढ़ व्यवहार देख कर मन को तसल्ली होती है।

एक बार कॉ. सरदेसाई ने दुःखी मन से कहा था, " I cUn understand itense love. I cUn understand intense hatred. But I cUn not understand this utter contempt..." (मैं जनता के प्रबल स्नेह को समझ सकता हूँ, प्रबल तिरस्कार भी समझ सकता हूँ। किन्तु सम्पूर्ण उपेक्षा मैं सहन नहीं कर सकता।) एक प्रसिद्ध उर्दू शायर का शे'र याद आया–

जब मैं कहता हूँ या अल्लाह, मेरा हाल देख,
हुक्म होता है, अपना नाम-ए-आमाल देख।

(जब मैं कहता हूँ, हे ईश्वर, जरा मेरी स्थिति देख, तब ईश्वरीय आवाज आती है, जरा खुद का पिछला व्यवहार टटोल कर देख।)

भटिंडा के बाद पार्टी में आई सुस्ती मिटाने के लिए कई प्रयास हुए। मुम्बई-महाराष्ट्र में तो बहुत हुए लेकिन अपेक्षित सफलता नहीं मिली। एक बार कॉ. राजेश्वरराव आए किन्तु काफी प्रयासों के बावजूद आमसभा में डेढ़-दो हजार से ज्यादा उपस्थिति नहीं थी।

देश की राजनीति में अनेक प्रकार की उलझनें हो गई थीं। कट्टरतावादी, प्रतिगामी और पीछे से साम्राज्यवादियों की कार्यवाहियाँ उफान पर थीं। अमेरिका के उकसाने पर पाकिस्तान अघोषित युद्ध कर रहा था। पंजाब में विभाजनकारी व अलगाववादी तत्व बाबा भिंडरावाले को आगे कर सुरंग लगा रहे थे। आतंकवादी गतिविधियाँ उफान पर थी। मजबूर होकर इन्दिरा गांधी को स्वर्ण मंदिर में सेना भेज कर कार्यवाही करनी पड़ी।

देश की सुरक्षा व एकता के लिए जो गम्भीर खतरा पैदा हो गया था, वह टल गया था।

किन्तु यह खतरा दूर कर, टाल कर इन्दिराजी ने स्वयं की सुरक्षा के लिए खतरा मोल ले लिया था। पूरी सिख जनता को उनके खिलाफ भड़काने के प्रयास शुरू हुए। कई साजिशें रची जाने लगीं। अन्ततः एक साजिश सफल हुई। 31 अक्टूबर 1984 को इन्दिराजी के दो सिख सुरक्षाकर्मियों ने उनकी गोली चला कर हत्या कर दी।

124

उनकी हत्या की साजिश रची जा रही है, ऐसी खबरें इन्दिराजी के पास पहुँच चुकी थीं। देश के खुफिया तंत्र से, साथ ही सोवियत खुफिया एजेंसियों से और फिलिस्तिनी नेता यासेर अराफात ने भी उन्हें ऐसे संकेत दिये थे किन्तु इन्दिराजी ने किसी भी संकेत की ओर ध्यान नहीं दिया।

इन्दिराजी की हत्या से पूरा देश सकते में आ गया, शोकाकुल हुआ। मुम्बई में चौपाटी पर विशाल शोकसभा हुई। डांगे इस सभा में उपस्थित थे। भाषण देते समय वे इतने भावुक हो गए कि बोल नहीं पा रहे थे। कुछ क्षण रुक कर उन्होंने फिर से प्रयास किया। लेकिन फिर से वैसी ही स्थिति हुई। इस अधूरे भाषण की बराबरी करने वाला परिणामकारक भाषण उस दिन अन्य कोई नहीं दे पाया।

इन्दिरा गांधी के लिए कॉ. डांगे के मन में प्रगाढ़ स्नेह और अनुराग था और इन्दिराजी के मन में कॉ. डांगे के प्रति अपार आदर। दोनों राजनीतिक विरोधी किन्तु एक-दूसरे के व्यक्तित्व का आदर करने वाले। ऐसे व्यवहार के लिए दिल बड़ा विशाल होना चाहिए। दुर्भाग्य से यह गुण भी आजकल दुर्लभ हो गया है, दिल के बौनों की संख्या ही अधिक है।

आजकल कॉ. डांगे का स्वास्थ्य ठीक नहीं रहता था। 87 वर्ष के हो चुके थे। घर में ही रहते थे। मिलने आने वाले भी कम ही हो चुके थे। उनका 90 वां जन्मदिन उनके चाहने वालों ने बड़े ही उत्साह से मनाया था। कॉ. डांगे भी खुश थे। किन्तु कमजोर हो चुके थे। धीरे-धीरे स्वास्थ्य गिरता जा रहा था। अन्ततः हिन्दूजा हॉस्पिटल में मृत्यु से एक माह तक संघर्ष करते हुए 22 मई, 1991 को उनका देहान्त हो गया। एक विशाल, बहुमुखी प्रतिभा के धनी, तूफानी लेकिन विवादग्रस्त व्यक्तित्व चला गया।

कॉ. डांगे गए, उसके पहले तमिल उग्रवादियों ने राजीव गांधी की हत्या कर दी थी। पूरे देश को हादसा लगा था। सभी राजनीतिक नेता दिल्ली गए।

शासकीय सम्मान के साथ कॉ. डांगे का अन्तिम संस्कार किया गया।

कॉ. डांगे गए—एक इतिहास पीछे छोड़ कर...

10 अक्टूबर, 1998 के दिन कॉ. डांगे की जन्म शताब्दी धूमधाम से मनाने की इच्छा थी। पार्टी द्वारा इस कार्य में रुचि लिये जाने की कोई सम्भावना नहीं थी। केवल यूनियन की ओर से जन्म शताब्दी मना कर मैं कॉ. डांगे की छवि केवल मिल मजदूरों के नेता के रूप में स्थापित नहीं करना चाहता था। इसके विपरीत, कॉ. डांगे की विरासत पूरे मजदूर-कर्मचारी वर्ग के समक्ष प्रस्तुत होकर उसे यह वर्ग स्वीकार करे, जतन करे, ऐसी मेरी हार्दिक इच्छा थी।

125

मैंने मेरा यह विचार कुछ निकट सहयोगियों के समक्ष रखा। उन्होंने भी उत्साह से उसका समर्थन किया। हमने कॉ. एस.ए. डांगे जन्म शताब्दी समारोह समिति का गठन किया और तैयारियाँ शुरू कीं।

भव्य स्वरूपी कार्यक्रम हुआ। कार्यक्रम में मुख्य अतिथि थे—पूर्व प्रधानमंत्री इंद्रकुमार गुजराल। कॉ. वर्धन भी आए और महाराष्ट्र के तत्कालीन मुख्यमंत्री विलासराव देशमुख भी थे।

इसी काल में विशेषकर वर्ष 1982 की हड़ताल की समाप्ति पश्चात हमने एक नया उपक्रम हाथ में लिया। यह था, मिल मजदूरों को जड़ सकने की सम्भावना वाले रोग 'बिसिनॉसिस' (श्वसन क्रिया में बाधा डालने वाला रोग) से ग्रस्त मजदूरों को क्षतिपूर्ति और कायम स्वरूपी पेंशन दिलाने का। कर्मचारी राज्य बीमा निगम के क्षेत्रीय बोर्ड का सदस्य बनने के बाद मैंने यह मुद्दा बोर्ड व निगम में पुरजोर तरीके से उठाया। यह कार्यक्षेत्र इतना बड़ा कि उसके लिए यूनियन का स्वतंत्र विभाग निर्माण करवाकर कॉ. शिवाजी देशमुख को उसका प्रमुख बनाया गया। अनेक मजदूरों को यह लाभ दिलवाया गया।

धीरे-धीरे सभी मिलें बन्द होती जा रही थीं। मजदूरों की करोड़ों रुपयों की देनदारियाँ डूबो कर तो कभी लटका कर या कोर्ट में अटका कर। उन्हें भूखमरी और दयनीय हालात की ओर धकेल कर, मुम्बई से निष्कासित कर गिरणगांव खत्म किया जा रहा है। मिलें इतिहास में जमा हो रही हैं और उनकी जमीनों की ओर गिद्ध की निगाहें

हैं–बिल्डर्स, मंत्री और शासकीय अधिकारियों की। बड़ा हिस्सा लूटने के लिए।

और तबाह हुए मजदूरों को यह बदलाव सहन होने के लिए नये-नये आश्वासनों की।

पतंगबाजी चल रही है। जमीन बेच कर मजदूरों की देनदारियों का भुगतान, विस्थापितों को नौकरी, बेचने के लिए प्राप्त जमीन पर 350 वर्गफीट के मुफ्त मकान इत्यादि।

और इसके विपरीत प्रत्यक्ष खड़े हो रहे हैं 20-25 मंजिल के टॉवर्स।

और इस बदलाव के विकास के गाने गा रहे हैं प्रसार माध्यम, मध्यमवर्ग से नया निर्मित होने वाला नवधनाढ्य वर्ग और इस वर्ग में प्रवेश के लिए आतुर उच्च शिक्षा विभूषित युवा वर्ग।

गिरणगांव में अब आन्दोलन का जो स्वरूप है वह मुख्यतः मिलों की चालों (चाल–जहाँ कई परिवार एक-दो कमरों में एक साथ रहते हों) के परिवारों को वैकल्पिक आवास माँगने के। अर्थात् यह आन्दोलन भी आवश्यक ही था। यह कार्य कॉ. दत्ता इस्वलकर व कॉ. शिवाजी देशमुख शिद्दत व लगन के साथ कर रहे हैं। साथ ही, समर्पण भाव से। अन्यथा किसी एन.जी.ओ. में खुद की व्यवस्था वे आराम से कर सकते थे।

126

यूनियन का अधिवेशन आयोजित करना आवश्यक हो गया था। इसका आयोजन कई कारणों से टल रहा था किन्तु अब नई सदी की शुरुआत में इसे आयोजित कर नेतृत्व की जिम्मेदारी युवा और दमदार कार्यकर्ता को सौंपने का विचार मन में आने लगा। वास्तविक रूप से पिछले तीन वर्षों से मैं इस प्रयास में था। नये नेता का नाम भी मैंने निश्चित कर रखा था–शिवाजी देशमुख। यूनियन का सहसचिव। दूसरा नाम सोचना सम्भव ही नहीं था क्योंकि पिछले कई वर्षों से 'शिवाजी देशमुख यानी यूनियन' ऐसा समीकरण दृढ़ हो गया था, मेरे ही नहीं, सभी के दिलों में। 1997 से मैं उसे यह पद स्वीकारने का आग्रह कर रहा था। किन्तु वह बार-बार कहता रहा था, "अभी रहने दो।" अन्त में 1999 में मैंने प्रमुख कार्यकर्ताओं की बैठक बुला कर उनके समक्ष यह विचार रखा। सभी ने उसे पसन्द किया। अतः 26 जनवरी, 2000 को यूनियन का अधिवेशन आयोजित कर यह कार्यभार मैंने शिवाजी देशमुख को सौंपा। कॉ. सीताराम जगताप अध्यक्ष बने। नये पदाधिकारियों का सभी ने स्वागत किया किन्तु इस कार्यक्रम में पूर्व के अधिवेशनों जैसा उत्साही माहौल नहीं था।

गिरणगांव की स्थिति की छाया सभी के दिलों पर थी। स्वयं शिवाजी देशमुख ने मुझसे कहा, "क्यों साहब, उजड़े हुए गांव की जागीरी मुझे दी?" शिवाजी का कहना शत-प्रतिशत सही था। किन्तु वास्तविकता पर मेरा नियंत्रण नहीं था।

गिरणगांव में छोटे-छोटे आन्दोलन यद्यापि चल रहे थे फिर भी वास्तविकता यही है कि ओजस्वी परम्परा वाला पहले वाला गिरणगांव अब खत्म हो चुका है। लाखों श्रमिकों को रोजगार देने वाला मिल उद्योग समाप्त हो चुका है और मुम्बई-महाराष्ट्र को राजनीति और सामाजिक दिशा देने वाला मिल मजदूर भी खत्म हो चुका है। उन पुराने वैभावशाली दिनों की याद आने पर महाकवि कालीदास की पंक्तियाँ याद आती है–

"सा रम्या नगरी
महान स नृपतिः सामन्त-चक्रावृत"

(वह सुंदर (अवंति) नगरी और उसकी राजसभा में मातहत राजाओं से घिरे विराजमान चक्रवर्ती राजा (भोज)

अब बचे हैं उस पुराने गिरणगांव के भग्नावशेष। इन भग्न अवशेषों में घूमते हुए पुरानी यादों से मन काँप उठता है, व्यथित होता है और फिर एक अन्य कविश्रेष्ठ की स्मृति पटल से ओझल हुई काव्य पंक्तियाँ याद आती हैं–

मृत आशांच्या चितावरूनिया
पिशाच्च माझे भटकत राहे
शान्ति नसेची तया।

(मृत आशाओं की चिताओं के आसपास भटकने वाले मेरे पिशाच को शान्ति नहीं है)

कालाय तस्मै नमः!

127

श्रमिक आन्दोलन में मेरे छह दशक पूरे होने आए। मैं शुरू से ही ट्रेड यूनियन मोर्चे पर ही कार्यरत रहा और पार्टी में भी यही जिम्मेदारी निभाई। इस कार्यकाल में मुम्बई गिरणी कामगार यूनियन का चौदह वर्ष सहसचिव तथा अगले तीस वर्ष प्रधान सचिव रहा। महाराष्ट्र एटक का दो वर्ष सहसचिव, दस वर्ष प्रभारी सचिव, तेईस वर्ष प्रधान सचिव और अगले बारह वर्षों तक अध्यक्ष रहा। इस काल में इस मोर्चे के सभी कार्यकर्ताओं से मेरा निकट का रिश्ता रहा। इनमें प्रमुख हैं–कॉ. पाटकर, कॉ. गुलाबराव गणाचार्य, कॉ. बापूराव जगताप, कॉ. कृष्णा देसाई, कॉ.

भगवान थोरात, कॉ. सीताराम जगताप।

कॉ. भगवान थोरात इच्छा के विपरीत रोज़ा की पार्टी में शामिल हुए बाद में पछताए। कॉ. भगवान थोरात व कॉ. सीताराम जगताप–दोनों डांगे के भक्त। आगे भटिंडा परिषद के बाद कॉ. सीताराम पार्टी की नई नीति का कट्टर समर्थक व डांगे विरोधी बन गया।

वह बार-बार मुझे 'डांगेवादी' कह कर विरोध करने लगा था।

एक बार मैंने उसे कहा, "सीताराम, आप मुझे डांगेवादी कहते रहते हो उसमें मुझे कोई आपत्ति नहीं है। आपको याद दिला दूँ कि 1962-64 के काल में केवल आप और मैं ही नहीं, कॉ. राजेश्वरराव की पहचान भी डांगेवादी के रूप में ही थी। अपनी पूरी पार्टी डांगेवादी और बाद में मार्क्सवादी नामधारक पार्टी नम्बूदरीपाद गुट के रूप में पहचानी जाती थी इसलिए डांगेवादी कहने पर कोई आपत्ति नहीं है। डांगेवादी कहकर आप जिस राजनीति की निन्दा करते हैं, उससे आपत्ति है। क्या आपको लगता है कि पार्टी की वर्तमान भूमिका और नीतियाँ योग्य हैं? और यदि योग्य हैं तो फिर जनता की निगाह में पार्टी गौण या नगण्य क्यों होती जा रही है?"

सीताराम बोले, "मैं क्या बताऊँ? मैं तो श्रमिक वर्ग से आया हूँ। पढ़ाई भी कम ही हुई। आप जैसा अध्ययन कर पार्टी में थोड़े ही आया हूँ? लेकिन आप जो कह रहे हो, उस पर विचार होना ही चाहिए।"

मैं बोला, "फिर आप वैसा क्यों नहीं बोलते?"

सीताराम ने कहा, "क्या बोलूं? आप बोल ही रहे हैं इतने वर्षों से।"

सीताराम कुछ नहीं बोला। पार्टी के साथ ही रहा। जारी नीतियाँ कहते रहा। किन्तु नीतियों को समझ कर, विश्वास कर बोलने में जो आत्मविश्वास दिखना चाहिए, उसका बाद में विलोप होता गया।

कॉ. जया पाटिल, हरि जाधव, डी.एन.येलकर, नारायण घागरे, काका देसाई, पी.के. मोरे, सर्वजीतसिंह, इंदौर के हुकुमचंद मिल का मजनू (गणेशलाल) आदि-आदि।

128

जया पाटिल सघन जन सम्पर्क वाला तो हरि जाधव चुलबुला और तीव्र विनोद बुद्धिवाला। येलकर कुशल संगठक, जबर्दस्त मेहनती तो येलकर कॉ. डांगे के 'हनुमान'। नारायण घागरे जन नेता और प्रभावी वक्ता। काका देसाई और पी.के. मोरे

लगभग तीस वर्षों तक पार्टी के मुम्बई कार्यालय के आधार स्तम्भ रहे। गणेशलाल को गीत रचना का शौक। बाद में वह 'मजनूँ इन्दॉरी' नाम से मशहूर हुआ।

बात 1981 की है। महँगाई काफी बढ़ गई थी। महँगाई के विरोध में मुहिम चलाने हेतु सभी केन्द्रीय ट्रेड यूनियनों ने संयुक्त बैठक मुम्बई में आयोजित की। कॉ. इंद्रजीत गुप्ता आए थे। मैं तीनों दिन उनके साथ रहा। वे अन्तर्मुखी स्वभाव के थे। चौथे दिन जाते समय वे मुझसे बोले, "I am going to Calcutta. Do you know why?"

" I am going to get married day after tomorrow. I have not disclosed this to anybody yet – not even to the secretariat."

मैं अचम्भित था। मैं जानता था कि वे अविवाहित हैं। वे तब साठ के आसपास थे। उनके अचानक निर्णय पर आश्चर्यचकित था। उससे भी अधिक आश्चर्य इस बात का लगा कि उन्होंने यह निर्णय सर्वप्रथम मुझे ही बताया था।

मैंने कहा, "Good, Congratulations." बाद में कभी-कभी दिल्ली में उनसे मुलाकात होती रही, विशेषकर एटक की बैठकों में।

श्रमिक प्रतिष्ठान की स्थापना के बाद उसके प्रथम कार्यक्रम में परिसंवाद के लिए मुख्य वक्ता के रूप में आमंत्रित करने हेतु मैं उनसे दिल्ली में मिला।

कॉ. इंद्रजीत गुप्ता ने मेरी सारी बातें सुनीं। पश्चात् व्यंग्यात्मक लहजे में मुझसे पूछा,

"Have you taken permission from Com. Bardhan before inviting me?"

मैं चौंका। कॉ. इंद्रजीत गुप्ता पार्टी के ज्येष्ठ व वरिष्ठ नेता, केंद्रीय समिति के सदस्य, लोकसभा में पार्टी के नेता और उनकी ओर से ऐसा सवाल?

मैंने अपने आप से सँभलकर कहा, "यह कार्यक्रम श्रमिक प्रतिष्ठान का है, पार्टी या एटक का नहीं और इस प्रतिष्ठान की स्थापना विभिन्न विचारों व निष्ठाओं वाले संगठनों ने मिल कर की है। उसके संचालकों ने आपको निमंत्रित करने का निर्णय लिया है।"

कॉ. इंद्रजीत ने कहा, " Then it is all right." कॉ. इंद्रजीत आए। उनका प्रभावी भाषण हुआ। ट्रेड यूनियनों की एकजुटता का उन्होंने जोरदार समर्थन किया।

उनकी घोषणा थी, " Unite or Perish" (एक हो जाओ या नष्ट हो जाओ) इस परिसंवाद में सीटू का कोई भी प्रतिनिधि निमंत्रण भेजने के बावजूद नहीं आया।

ट्रेड यूनियनों की एकजुटता के बाबत निर्मित हुए वातावरण को देखते हुए हमने श्रमिक प्रतिष्ठान के तीसरे वर्ष में संस्था की ओर से इस विषय पर कार्यशाला आयोजित करने का निश्चय किया। इस विषय पर कॉ. इंद्रजीत की रुचि को देखते हुए उन्हें निमंत्रित करने का निर्णय हुआ। दिल्ली में उन्हें निमंत्रण देने हेतु उनसे जब मैं मिला तो थोड़ा ठहरकर वे बोले–"You are inviting me for the second time.Are you sure, you are not creating problems for yourself? ?"

मैंने कहा, आपके न आने से ही मेरे लिए समस्या खड़ी होगी। उन्होंने सहमति दी। लोकसभा का कार्यक्रम देख कर तारीख के बारे में वे सूचित करने वाले थे। दो माह तक कोई खबर नहीं आई। पता चला कि वे बीमार हैं। फिर अचानक एक दिन मुम्बई आए, टाटा हॉस्पिटल में जाँच हेतु। मेरे मन में जो आशंका आई वह दुर्भाग्य से सच साबित हुई। उन्हें कैंसर जैसे भयानक रोग ने जकड़ लिया था। उनसे फिर मुलाकात नहीं हो पाई। खबर आई तो उनके निधन की ही। नियोजित कार्यशाला भी नहीं हुई। बाद में किसी ने रुचि भी नहीं ली।

कॉ. डांगे जन शताब्दी समारोह सफल रहा था। उससे पल्लवित आशाओं को पंख फूट रहे थे। सम्भव हो सकने वाली आशाएँ कार्यान्वित करनी थीं। नये समझदार कार्यकर्ताओं की पीढ़ी तैयार करने का प्रयास करना था।

पूरी दुनिया और उसी कड़ी में भारत की अर्थव्यवस्था और राजनीति में महत्त्वपूर्ण बदलाव आ रहे थे। पच्चीस साल पहले सोच नहीं सकते थे, उस गति से देश और समाज बदल रहा था। सूचना और तकनीकी क्षेत्र में तेजी से तरक्की हो रही थी। समाज रचना और समाज व्यवस्था के बारे में पहले से सोची हुई कल्पनाओं में सुधार की आवश्यकता महसूस होने लगी थी। बदलावों की गति से पुरानी पीढ़ी झुँझला गई थी और नई पीढ़ी की वैचारिक क्षमता ही स्थिर नहीं हो रही थी। इस सारी प्रक्रिया में क्या योगदान दिया जा सकता है, यह विचार हमें अस्वस्थ कर रहा था। इसी विचार मंथन से कॉ. डांगे के स्मरणार्थ अर्थनीति और राजनीति के क्षेत्रों के नये-नये विचारों की दखल लेने वाली, अध्ययन करने वाली, शिक्षा प्रदान करने वाली, अनुसंधान करने वाली, लेख-पुस्तक प्रकाशन द्वारा यह विचार धन श्रमिकों तक पहुँचा सकने वाली संस्था स्थापन करने का विचार निश्चित हुआ।

'श्रमिक प्रतिष्ठान'। प्रथम संचालक मंडल में कॉ. आर.जी. कर्णिक, डॉ. शान्ती पटेल, कॉ. गंगाधर चिटणीस, कॉ. सुरेश धोपेश्वरकर, कॉ. अरविंद नाचणे, कॉ. यशवंत चव्हाण और पी.एन. (दादा) सामन्त थे।

इन कार्यों के साथ-साथ एक बिल्कुल अलग ही परियोजना का भार अकल्पनीय रूप से हम लोगों के कन्धों पर आ पड़ा। संसद में एक सूचना आई थी। देश के स्वतंत्रता संग्राम में और उसके सामाजिक उत्थान में, नये भारत के निर्माण में जिन्होंने विशाल योगदान दिया है, ऐसे नेताओं की प्रतिमाएँ संसद के प्रांगण में स्थापित कर उनके कार्यों को गौरव दिया जाना निश्चित हुआ था। इस सूचना पर विचार कर एक संसदीय समिति ने ऐसे नेताओं की प्रतिमा स्थापित करने हेतु सूची बनाकर सिफारिश की। इन नामों में चार नाम कम्यूनिस्ट आन्दोलन के नेताओं के थे। कॉ. एस.ए. डांगे, कॉ. ए.के.गोपालन, कॉ. भूपेश गुप्त और कॉ. इंद्रजीत गुप्ता। किन्तु शर्त यह थी कि जो ये प्रतिमाएँ स्थापित करने की इच्छा रखते होंगे वे ही इसके खर्च का भार वहन करेंगे।

सच पूछो तो यह कम्यूनिस्ट आन्दोलन का बड़ा गौरव था किन्तु नेताओं के संकुचित दृष्टिकोण और राजनीतिक विद्वेष ने इस घटना की चमक को फीका कर दिया।

संसदीय समिति ने इन नेताओं के कार्य और योगदान का विचार कर नेताओं के नामों को अन्तिम रूप दिया था। उचित तो यह होता कि प्रतिमाएँ स्थापित करने का जिम्मा भी संसद को ही लेना था। जिस देश का वार्षिक बजट ही कई लाख करोड़ रूपयों का होता है उसके लिए यह खर्च वहन न करना शोभादायक नहीं था।

किन्तु ऐसी शर्त रख कर संसद ने जिस प्रकार से देश को ओछापन दिखाया उसी तरह कम्यूनिस्ट नेताओं ने भी अपने संकुचित व्यवहार से कम्यूनिस्ट आन्दोलन को ओछापन दिया। यदि देश के सारे कम्यूनिस्ट आन्दोलन ने इन चारों प्रतिमाओं की जिम्मेदारी एक दिल से स्वीकार की होती तो इस विचार के अभिमानियों के लिए खुशी की बात होती। किन्तु आन्दोलन के नेताओं के संकुचित व्यवहार से इस सुअवसर को बेकार कर दिया गया।

कॉ. गोपालन के मार्क्सवादी पार्टी के होने से उनकी प्रतिमा का दायित्व उस पार्टी ने लिया। उसी प्रकार से कॉ. भूपेश गुप्त और कॉ. इंद्रजीत गुप्ता की प्रतिमाओं का दायित्व भारतीय कम्यूनिस्ट पार्टी ने लिया। कॉ. डांगे की प्रतिमा का दायित्व लेने कोई भी आगे नहीं आ रहा था। उनकी प्रतिमा का प्रस्ताव खत्म होने जैसी स्थिति बन रही थी। मुझे इन सारी बातों की कोई जानकारी बिल्कुल भी नहीं थी।

पार्टी की राष्ट्रीय परिषद की बैठक मुम्बई में हो रही थी। भोजन के समय एटक के पूर्व महासचिव कॉ. के.एल.महेन्द्र मुझे हाथ पकड़ कर एक तरफ ले गए। दो-चार वाक्यों में सारी स्थिति से अवगत करा कर बोले, "डांगे के स्टेच्यू

के बारे में आप कुछ कर सकते हो तो कीजिए।"

मैंने रोषपूर्ण स्वर में कहा,"पार्टी ने नहीं तो एटक ने यह जिम्मेदारी क्यों स्वीकार नहीं की?"

131

दबी आवाज में कॉ. महेन्द्र बोले, "हम कुछ नहीं कर सकते। आप कुछ कर सकते हैं तो कीजिए" और दूसरे ही क्षण वे घबराए-से बात करना छोड़ दूर हो गए जैसे कोई देख लेगा, सुन लेगा। वे बोले कुछ नहीं लेकिन उनकी हाव-भाव काफी कुछ कह गए।

मैंने फिर जानकारी ली। मुझे पता चला कि एटक की कार्यसमिति ने भी कॉ. भूपेश गुप्त और कॉ. इंद्रजीत गुप्ता की प्रतिमाओं हेतु धनसंग्रह के लिए आव्हान किया था। तत्पश्चात् गोवा में आयोजित जनरल कौंसिल में भी इसी प्रस्ताव को दोहराया। मुझे समझने में देर नहीं लगी कि इसके पीछे प्रेरणा किसकी है। कॉ. वर्धन इन दोनों बैठकों में उपस्थित थे। और फिर मेरा मन गुस्से से और क्षोभ से भर गया।

कॉ. डांगे पार्टी के संस्थापक सदस्यों में से एक थे। पार्टी सदस्य के नाते उन्होंने सोलह वर्ष कारावास में काटे थे। 1957 से वे पार्टी के सचिव मण्डल के सदस्य थे और 1962 से अध्यक्ष थे। यह ठीक है कि पार्टी ने डांगे का कद ऊँचा किया लेकिन यह भी सच है कि डांगे ने भी पार्टी को बड़ा किया था। ऐसे नेता का नाम सदस्यता सूची से हटाने के बाद क्या पार्टी ने अब यह सम्बन्ध नकार देना चाहिए?

और एटक? डांगे एटक के तीस वर्षों से अधिक समय तक अध्यक्ष या महासचिव जैसे सर्वोच्च पद पर रहे और उन पर कोई अनुशासनात्मक कार्यवाही नहीं हुई थी। वे मृत्युपर्यन्त कार्यकारिणी के स्थाई सदस्य थे। फिर कॉ. भूपेश गुप्त और इंद्रजीत गुप्ता की प्रतिमाओं के लिए धनसंग्रह का आव्हान करते समय एटक कॉ. डांगे को कैसे भूल गई? और नेता भूल भी जाए तो उसे याद दिलाने की किसी को भी याद नहीं आई? या सभी एक ही समान दबाव में थे?

कॉ. बर्धन के ऐसे ही एक अन्य व्यवहार की याद। पार्टी की स्थापना के अस्सी वर्ष हुए थे। कॉ. बर्धन ने पार्टी के अस्सी वर्षों की गतिविधियों का लेखा-जोखा एक पुस्तिका के माध्यम से लिखा था।

इस पुस्तक में मेरठ षडयंत्र में फँसाए गए कम्यूनिस्ट नेताओं के नामों की सूची में उल्लेख के अलावा कहीं भी कॉ. डांगे का उल्लेख नहीं है।

जो कार्यकर्ता पार्टी का संस्थापक हो, तीस वर्षों से अधिक समय तक पार्टी

का सर्वोच्च नेता रहा हो, जो चार दशक तक पार्टी के सबसे बड़े जन संगठन एटक का सर्वोच्च नेता रहा हो, जिसका कृतत्व और कार्य देख कर भारतीय संसद को उनकी प्रतिमा स्थापित करना उपयुक्त लगता हो, उसके कार्यों की केवल इतनी सी दखल लेना कॉ. बर्धन ने उचित समझा। कॉ. डांगे के विरोधियों ने भी उनके कर्तव्य और योगदान की इससे काफी अधिक दखल ली है और महत्त्व दिया है।

कॉ. बर्धन के ऐसे व्यवहार के पीछे मुख्य प्रेरणा क्या होगी?

—राजनीतिक विरोध?

132

—वैयक्तिक विद्वेष?

—डांगेवाद के पुनर्जीवन का भय?

—मार्क्सवादी पार्टी का तुष्टीकरण?

—या फिर चारों?

और यदि राजनीतिक विरोध भी ही तो क्या वह डांगे की मृत्यु के पाँच वर्ष बाद भी इतना तीव्र? 'मरणान्तराणी वैराणी' यह हमारे संस्कृति की सीख है। और दुनिया के मजदूरों और जनता को बन्धुत्व का सन्देश देने वाली हमारी पार्टी का ऐसा व्यवहार? रहस्य कभी सुलझा नहीं। लेकिन तीव्रता से महसूस हुआ कि ऐसा क्षुद्रतापूर्ण व्यवहार कर कॉ. बर्धन कॉ. डांगे को छोटा नहीं कर पाए। कॉ. डांगे जैसे थे वैसे ही रहे।

किन्तु कॉ. बर्धन जरूर बौने साबित हुए और खुद के साथ पार्टी को भी बौना कर कद घटाया।

कॉ. बर्धन के ऐसे व्यवहार से कॉ. डांगे को चाहने वाले सैकड़ों कार्यकर्ताओं के लिए यह चुनौती थी। श्रमिक प्रतिष्ठान में विचार कर हमने यह दायित्व स्वीकार किया। संसदीय समिति को सूचित भी कर दिया।

जिम्मेदारी आसान नहीं थी। सम्भावित खर्च दस लाख का था। प्रतिष्ठान के सदस्य संगठनों ने 25-25 हजार दिये। महाराष्ट्र फाउंडेशन ने एक लाख दिए। तबाह हुए मजदूरों से भी कॉ. शिवाजी देशमुख ने 20 हजार जमा किए। इंटक, डाक कर्मचारी यूनियन, संक्षिप्त में हमने जिनसे भी सम्पर्क किया, किसी ने न नहीं कहा।

एटक ने बाद में एक लाख रुपये दिए किन्तु इससे घाव नहीं भर पाया। सवाल पैसे का न होकर हुए अपमान का था।

कहते है न, 'बूंद से गई, वह हौज से नहीं आती।'

फिर जो हौज से जाए वह बूंद से कहाँ से आएगी?

एक उत्तम शिल्पकार विठोबा पांचाल। डांगे को चाहने वाला। उसने मेहनताना का विचार किए बिना यह दायित्व स्वीकार किया और समय से पूरा किया। "मेरी बनाई हुई कॉ. डांगे की प्रतिमा संसद में स्थापित होगी, यह मेरा मेहनताना है।"

प्रतिमा तैयार हुई। दिल्ली पहुँची। कॉ. गोपालन की प्रतिमा भी पहुँची। नियोजित तारीख को प्रधानमंत्री डॉ. मनमोहनसिंह, लोकसभा अध्यक्ष कॉ. सोमनाथ चटर्जी के हाथों प्रतिमाओं का अनावरण हुआ। सोनिया गांधी, अनेक केन्द्रीय मंत्री, सांसद, कॉ. बर्धन उपस्थित थे। प्रतिष्ठान की ओर से आर.जी. कर्णिक, डॉ. शान्ति पटेल, अरविंद नाचणे, सुरेश धोपेश्वरकर, दादा सामन्त और शिल्पकार विठोबा पांचाल भी उपस्थित रहे।

133

मैं नहीं जा पाया। सन् 2000 के बाद स्वास्थ्य कारणों से मैं मुम्बई से बाहर जाना टाल रहा हूँ और फिर 'नेकी कर और दरिया में डाल'—इस बोधवाक्य पर मेरा अटल विश्वास है।

कॉ. डांगे के निधन को अब 20 वर्ष होने आ रहे हैं। इतनी कालावधि के बाद उनके व्यक्तित्व और कर्त्तव्य का वास्तविक निष्पक्ष आकलन अब होना ही चाहिए।

कॉ. डांगे की बुद्धिमता, विद्वता, चहुँमुखी प्रतिभा, अभ्यास, वाद-विवाद कुशलता, भाषण देने की कला, लेखन क्षमता विवाद से परे है। उनके विरोधी भी इससे मतभेद नहीं रखते। अर्थात् ये गुण अन्य किसी और नेता में भी हो सकते हैं लेकिन उनके समकालीन राजनीतिक नेताओं का मूल्यांकन किया जाए तो राजनीतिक स्थिति का आकलन, मूल्याकन और उस अनुसार नीति निर्धारण, कठिन परिस्थिति को सम्हालने की कॉ. डांगे की कला अन्य नेताओं से बेहतर थी। उनकी 1950 के बाद के काल की भारतीय स्थितियों में मार्क्सवाद लागू करने के प्रयासों की नीतियाँ अधिकतर उचित व सही थी। प्रत्यक्ष अमल में कुछ गलतियाँ हुईं लेकिन इससे नीतियाँ गलत साबित नहीं होतीं।

डांगे का पुत्री प्रेम आलोचना की हद तक बढ़ा जो पत्नी के निधन के बाद और बढ़ता ही गया। इस काल में उनके दो व्यवहारों को आलोचना का विषय बनना पड़ा। एक—लोनावला में जोर-शोर से खड़ा किया ऑल इंडिया ट्रेड यूनियन स्कूल और दूसरे—गिरगांव में आर. एल. ट्रस्ट बिल्डिंग में स्थित एटक कार्यालय

का विक्रय व्यवहार। दोनों का समर्थन नहीं किया जा सकता।

लेकिन ये कमियाँ व गलतियाँ हिसाब में लेकर भी मुझे लगता है कॉ. डांगे उनके समकालीन नेताओं में एक हाथ ऊँचे ही थे और अगली पीढ़ियाँ उन्हें याद रखेगीं तो उनकी कमियों के कारण नहीं बल्कि भारत के श्रमिक-कर्मचारी वर्ग को आज का उन्नत स्थान दिलाने में उनके द्वारा दिये गए योगदान से।

मिल मालिक और सरकार ने संगठित टेक्सटाइल उद्योग और उसके मजदूर कर्मचारियों को ठिकाने लगाने के बाद यूनियन के कार्य पर बड़ा विपरीत परिणाम हुआ। सभी प्रकार की प्रचार मुहिम रुक गई। दिनभर मैं फुरसत में रहने लगा। कहीं व्यस्त होने के बारे में सोच ही रहा था कि जल्द ही एक नहीं बल्कि चार अलग-अलग क्षेत्रों में खींचा गया और कार्यरत भी हुआ।

मुम्बई के काफी मिल मजदूर भिवंडी और मालेगांव में पॉवरलूम व्यवसाय में नौकरी करने लगे थे। वहाँ मेहनत करके एटक की यूनियन बनाई, बढ़ाई लेकिन शासन और पावरलूम मालिकों जिनका पूरे शहर पर प्रभाव था, ने दमनतंत्र अपना कर हमारे कार्यकर्ताओं के खिलाफ झूठी शिकायतें कर यूनियन को कमजोर किया।

134

पॉवरलूम मालिकों का प्रभाव हमारी पार्टी की शाखा पर भी था। मैं मुम्बई से आना-जाना कर कार्य करता था। लेकिन मैं अन्ततः इस निष्कर्ष पर पहुँचा कि मुम्बई में रह कर मालेगांव या भिवंडी जैसे शहरों में संगठन नहीं चलाया जा सकता। ऊँट पर बैठकर भेड़ें नहीं चराई जा सकतीं और मैं तो चलते ऊँट की पीठ पर खड़ा होकर गुलाब के फूल तोड़ने का प्रयास कर रहा था।

पाँवरलूम उद्योग में तो विचारपूर्वक गया था लेकिन बीड़ी उद्योग में तो योगायोग से खींचा गया अन्यथा बीड़ी उद्योग से मेरा सम्बन्ध बीड़ी को स्पर्श करने जितना भी नहीं था।

मुम्बई के बीड़ी उद्योग में एटक की यूनियन पहले से थी लेकिन 1980 की हड़ताल के बाद वह टूट गई थी। उसका पंजीयन भी रद्द हो गया था।

जून, 1984 में एक दिन दोपहर में मिल मजदूर यूनियन के कार्यालय में तीन तेलुगू महिलाएँ आईं। वे वरली में बीड़ी मजदूर थीं। पता चला वे तीन दिनों से हड़ताल पर हैं और उन्हें अब नेता चाहिए था। वहाँ लाल झंडे की यूनियन नहीं थी। भगवा झंडे की थी लेकिन उन्हें लाल झंडे की चाहिए थी।

उनके साथ वरली गया। मीटिंग ली। कमेटी बनाई। संघर्ष के बारह दिनों बाद मजदूरी बढ़ी और हाजिरी कार्ड भी मिले। यूनियन का पंजीयन भी करवा दिया। मेरा काम हो गया था। किसी महिला को अध्यक्ष बनाकर देवयूया नामक पुराने कार्यकर्ता को सचिव बनाने का मेरा विचार था लेकिन महिलाएँ नहीं मानीं। मुझे अध्यक्ष पद स्वीकार करना पड़ा।

घर से बीड़ी बना कर देने वाले भी बीड़ी मजदूर ही हैं और उन्हें कारखाने में बैठ कर काम करने वाले मजदूरों की तरह प्रोविडेंट फंड कानून लागू होता है–ऐसा एक निर्णय सर्वोच्च न्यायालय ने दिया था। ऐसे लोग मजदूर न माने जाएँ इसलिए उनके हाजिरी कार्ड (पहचान पत्र) मालिक छीन लेते थे।

शासन ने न्यूनतम मजदूरी कानून में संशोधन कर मजदूरी में जो वृद्धि की थी वह इन मजदूरों को मालिकों द्वारा नहीं दी जा रही थी।

130 दिन की हड़ताल के बाद भी सभी को न्यूनतम मजदूरी दिलाने का संघर्ष पूरी तरह कामयाब नहीं हुआ। लेकिन अखिल भारतीय बीड़ी कामगार फेडरेशन के नेता कॉ. राम रत्नाकर के सहयोग से सभी बीड़ी श्रमिकों को पहचान पत्र और उससे मिलने वाले लाभ दिलाने में यूनियन सफल रही।

135

जिस तरह सूखा पेड़ पानी मिलते ही लहलहाता है उसी तरह यह यूनियन अब नये उत्साह से खड़ी हो चुकी है और आज सक्षमता से कार्यरत है।

आँगनवाड़ी कर्मचारियों में मैं गया वह विचारपूर्वक निर्णय लेकर ही। इस क्षेत्र में एटक की यूनियन नहीं थी।

इस यूनियन का संगठन सुदृढ़ करने के लिए बारह वर्ष मैं पूरे महाराष्ट्र घूमता रहा। आज इस यूनियन का बहुत अच्छा विस्तार हो चुका है। महाराष्ट्र एटक के प्रमुख संगठनों में एक है।

इन असंगठित उद्योगों के संगठनों के अलावा संगठित क्षेत्र के दो कारखानों और उनके कर्मचारी संगठनों से मेरा रिश्ता जुड़ा। टाटा आईल मिल्स (टॉमको) और लॅक्मे कर्मचारी यूनियन–दोनों संगठनों में मुझे अध्यक्ष चुना गया, वह भी मेरी अनुपस्थिति में।

आज ये दोनों कारखाने अस्तित्व में नहीं है और उनके कर्मचारी संगठन भी। शासन और मालिक, दोनों की नई आर्थिक और श्रम नीतियों ने दोनों का अस्तित्व समाप्त किया। इस हेतु मालिकों द्वारा दिये गये 'ऑफर' को पहले कर्मचारियों की

समिति और फिर कर्मचारी मान गए और सर्वसम्मति से दोनों उद्योग और संगठन काल कवलित हुए। अच्छे लाभ में चलने वाले ये दोनों उद्योग विशालकाय बहुराष्ट्रीय कम्पनी हिन्दुस्तान लीवर ने खरीदे और बन्द किये। इस प्रकार से औद्योगिक जगत के इस 'ऑक्टोपस' ने अपने प्रमुख प्रतिस्पर्धियों को खरीदकर बाजार में प्रतियोगिता खत्म कर दी और अपना एकाधिकार स्थापित किया आज बेहिसाब मुनाफा कमाया जा रहा है। Jobless growth 'रोजगार के बिना विकास' इस नई वास्तविकता का प्रत्यक्ष अनुभव आ रहा है।

लॅक्मे कामगार कमेटी ने मेरे विरोध के बावजूद कंपनी ने पेश की हुई 'स्वैच्छिक सेवा निवृत्ति' की योजना स्वीकार की। कुल 254 में से 250 ने योजना स्वीकार कर लेने के कारण संघर्ष का सवाल ही पैदा नहीं होता।

जब मैं यूनियन का अध्यक्ष चुना गया तब कम्पनी में वेतन समझौता खत्म होने में था। नये पुनरीक्षण हेतु चर्चाएँ शुरू हुईं। तीन साल से अधिक चलीं। नये वेतन समझौते से कर्मचारियों के मासिक वेतन में पन्द्रह सौ रुपयों की बढ़ौत्तरी हुई।

नये वेतन अनुबन्ध का एक साल खत्म हुआ और हिंदुस्तान लीवर ने कम्पनी खरीद ली। कुछ महीनों में ही स्वैच्छिक निवृत्ति योजना जाहिर हुई। मेरी सलाह के अनुसार, कर्मचारियों ने उसे अस्वीकार कर दिया। We want jobs, not VRS ऐसी घोषणाएँ गूंजीं। योजना लम्बित हो गई।

136

किन्तु दो महीनों में मैंनेजमेंट ने सुधारी हुई योजना पेश की। अधिक लाभ देने वाली, तत्काल प्राप्त होने वाले लाभों के साथ पेंशन देने का वादा। अधिक आकर्षक।

और फिर सभी कर्मचारियों में चुलबुलाहट शुरू हुई। कमेटी ढेर हुई और चार दिनों में ही केवल चार कर्मचारियों को छोड़ कर अन्य सभी कर्मचारियों ने अपने आवेदन दे दिए।

देश में अब तक घोषित हुई स्वैच्छिक सेवा निवृत्ति योजनाओं की अपेक्षा लॅक्मे के कर्मचारियों को दी गई योजना हर मामले में आकर्षक व बेहतर थी। इसका कारण यह कतई नहीं था कि हिंदुस्तान लीवर को लॅक्मे कर्मचारियों से विशेष प्रेम था बल्कि लॅक्मे के अधिग्रहण के समय हिंदुस्तान लीवर ने सर्वोच्च न्यायालय को आश्वासन दिया था कि किसी भी कर्मचारी को न तो नौकरी से निकाला जाएगा न ही उनकी सेवा शर्तों में कोई बदलाव किया जाएगा। इसलिए कम्पनी बन्द करना हो तो परस्पर सहमति से ही सम्भव था।

ट्रेड यूनियनों में एकजुटता का क्या महत्त्व है, यह कर्मचारी आन्दोलन के कार्यकर्ताओं को समझाने की आवश्यकता नहीं है। बल्कि ट्रेड यूनियनों की एकजुटता कर्मचारी आन्दोलन का सबसे मजबूत पहलू होता है।

इसी के साथ राजनीति इस एकजुटता का सबसे नाजुक मर्मस्थान है। कर्मचारी आन्दोलन के लिए राजनीति आवश्यक है। लेकिन हमारी राजनीतिक भूमिका ही अन्य सभी संगठनों ने स्वीकार करना चाहिए, ऐसा आग्रह यदि किया जाए तो एकजुटता नहीं हो पाएगी और यदि हो भी गई तो टिक नहीं पाएगी।

1950 के पश्चात् ट्रेड यूनियन आन्दोलन अधिकाधिक रूप से फूट का शिकार होता ही गया। इस हद तक कि आज देश में आठ प्रमुख राष्ट्रीय ट्रेड यूनियन केन्द्र हैं और साठ से अधिक राष्ट्रीय औद्योगिक महासंघ निर्मित हो चुके हैं। शायद ही कोई संगठित उद्योग ऐसा हो जहाँ मात्र एक ही यूनियन हो।

ट्रेड यूनियन आन्दोलन की फूट का आधार राजनीतिक है। प्रत्येक राजनीतिक दल को उसके विचारों से, नीतियों से और मार्गदर्शन से चलने वाले ट्रेड यूनियन आवश्यक लगते हैं और यह कारण ही ट्रेड यूनियनों की एकजुटता में सबसे बड़ा बाधक है।

एटक ने हमेशा ही ट्रेड यूनियन एकजुटता का प्रयास व समर्थन किया है किन्तु अन्य संगठनों की ओर से इस अपील को प्रतिसाद नहीं मिल पा रहा था। इसलिए एटक ने 1980 के बेंगलौर अधिवेशन में आगे बढ़ कर यह अपील की। लेकिन अपेक्षा के अनुरूप प्रतिसाद नहीं मिला।

137

1983 में मद्रास अधिवेशन में एटक ने घोषणा की कि स्वस्थ्य ट्रेड यूनियन आन्दोलन के लिए ट्रेड यूनियन संगठन मालिकों, राजनीतिक, पार्टियों और शासन के प्रभाव से मुक्त होना चाहिए। इसी आधार पर ट्रेड यूनियन एकजुटता सम्भव है।

इस निर्णय के सन्दर्भ में एटक के प्रयासों को प्रतिसाद मिला हिन्द मजदूर सभा की ओर से। दोनों संगठनों के नेताओं की चर्चाएँ हुईं। एकमत हुए। अपनी-अपनी कार्यसमिति में बात कर फिर मिलना तय हुआ। दोनों कार्यसमितियों की स्वतंत्र बैठकें हुईं। दोनों ने एकजुटता का स्वागत किया। एटक की जनरल कौंसिल ने भी एकजुटता को मान्यता दी। तत्पश्चात् दोनों संगठनों के कार्यसमितियों की संयुक्त बैठक हुई जिसमें दोनों संगठनों के विलय के निर्णय पर मोहर लगी। तदनुसार निर्णय घोषित भी किया गया।

तत्पश्चात विलय के प्रक्रिया की चर्चा शुरू हुई। नाम, झंडा क्या होगा—आदि बातें दोनों संगठनों के नेता तय करने में जुट गए। बीच के समय में प्रदेशों में भी दोनों संगठन प्रत्येक कार्यक्रम संयुक्त रूप से करने लगे थे। प्रत्येक प्रदेश में एकजुटता का व्यापक स्वागत हो रहा था। महाराष्ट्र में हमने तूफानी संयुक्त दौरे कर माहौल बनाया।

राज्यों में तो एकजुटता का माहौल बन रहा था किन्तु केन्द्रीय स्तर पर एकजुटता की प्रक्रिया ठंडे बस्ते में जा रही थी। एटक के जनरल सेक्रेटरी पद पर अब कॉ. बर्धन आ चुके थे। वे पार्टी के सचिव मंडल के भी सदस्य थे। उन्हें इस सम्भावित एकजुटता के प्रति कई आशंकाएँ थीं, कमियाँ भी महसूस हो रही थीं। उनकी आशंकाओं का समाधान होने तक एकजुटता की प्रक्रिया में ठहराव आना लाज़मी था। उनका समाधान नहीं हो रहा था और एकजुटता की पटरी से उतरी गाड़ी फिर से पटरी पर चढ़ नहीं पा रही थी। जाँच करने पर पता चला कि ये आशंकाएँ केवल आशंकाएं न होकर विचारपूर्वक बनाए हुए विचार हैं। उनके मतानुसार, इस एकजुटता में सीटू का होना आवश्यक है। सीटू के एकजुटता में आने के लिए एटक का विरोध कहाँ था? वास्तविक रूप से एटक और सीटू ने ही सर्वप्रथम एक होकर अन्य संगठनों को एक करने का प्रयास करना चाहिए था। एटक ने अन्य संगठनों के साथ सीटू को भी मद्रास अधिवेशन का अपना प्रस्ताव भेजा था किन्तु सीटू ने उसे कभी प्रतिसाद नहीं दिया था। हिन्द मजदूर सभा ने वह दिया और एकजुटता की प्रक्रिया चर्चा शुरू हुई। इसी के साथ एटक ने यह भी स्पष्ट किया था कि एकजुटता की प्रक्रिया सभी संगठनों के लिए खुली है।

इन परिस्थितियों में पहले मान्य की हुई भूमिका के बाहर जाते हुए एटक नेतृत्व ने 'सीटू इस एकजुटता में होना चाहिए' ऐसी भूमिका लेना शुरू कर दिया था।

किन्तु सीटू को यह प्रस्ताव ही मान्य नहीं था। सीटू के कॉ. पंधे से जब एटक नेताओं ने एकजुटता के प्रस्ताव पर बातचीत की तब उन्होंने जवाब दिया, "आज मतभेद नहीं हैं, लेकिन कल नहीं होगें, इसका क्या भरोसा?"

138

इस सब गड़बड़झाले में एकजुटता की इतनी आगे बढ़ी हुई प्रक्रिया क्यों ठंडे बस्ते में चली गई, इसका कोई खुलासा एटक की कार्यकारिणी या कौंसिल में कभी नहीं किया गया। जो सुना, उसमें नया कुछ भी नहीं था। कॉ. बर्धन के पूर्ववर्ती

महासचिवों को भी यह मुद्दा महत्त्वपूर्ण नहीं लगा था।

कुछ समय तक इन्तजार कर मैंने ही यह प्रश्न एटक की कार्यसमिति में उपस्थित किया। अध्यक्ष ने बिना जवाब दिए घोषणा की कि इस प्रश्न पर चर्चा के लिए कार्यकारिणी की विशेष मीटिंग आमंत्रित की जाएगी। न तो ऐसी मीटिंग कभी हुई न ही पूछे हुए प्रश्न का खुलासा किया गया।

मुझे एहसास हुआ कि सीटू की एकजुटता में कोई रुचि ही नहीं है। एटक और हिन्द मजदूर सभा की होने जा रही एकजुटता भी सीटू और अर्थात् पर्याय से मार्क्सवादी पार्टी को भी पसन्द नहीं है और इस परिस्थिति में इस एकजुटता को आगे बढ़ाया गया तो मार्क्सवादी पार्टी नाराज हो जाएगी और परिणामस्वरूप कम्यूनिस्ट एकजुटता में बाधा निर्मित होगी—इस डर से यह उलझन पैदा हुई थी। साथ ही, सीटू को नकाराधिकार प्रदान कर दिया गया था। ट्रेड यूनियन एकजुटता की बजाय मार्क्सवादी पार्टी से प्रेम भारी पड़ गया था। कुछ समय तक इन्तजार कर महाराष्ट्र एटक ने सर्वानुमति से प्रस्ताव पारित कर ठंडे बस्ते में जा रही प्रक्रिया को गति देने के लिए अनुरोध किया। हमारे प्रस्ताव को कोई जवाब नहीं मिला। तीन माह बाद एक बैठक हेतु दिल्ली जाने पर कॉ. बर्धन से मुलाकात हुई। उन्होंने गुस्से से मेरी तरफ देख कर कहा, "तुम्हे क्या लगा कि तुम्हारी एक्जिक्यूटिव के प्रस्ताव भेजने से ट्रेड यूनियन में यूनिटी हो जाएगी?"

उनकी देह बोली स्पष्टतः उनकी नाराज़गी दिखा रही थी। यह स्पष्ट था कि उन्हें अमान्य नीति का महाराष्ट्र एटक ने किया हुआ समर्थन व निरन्तर याद दिलाना उन्हें पसन्द नहीं था।

हिन्द मजदूर सभा के डॉ. शान्ति पटेल और सचिव उमरावमल पुरोहित, दोनों इस एकजुटता को चाहते थे। डॉ. शान्ति पटेल तो विशेष प्रयास कर रहे थे।

एक बार मुम्बई में इन दोनों नेताओं ने कॉ. इंद्रजीत गुप्ता से विशेष भेंट कर एकजुटता बाबत चर्चा की। इस बैठक का आयोजक होने से बीच-बीच में मुझे अन्दर जाना पड़ रहा था। बैठक समाप्ति की ओर थी, कॉ. उमरावमल खड़े होकर कॉ. इंद्रजीत गुप्ता से कह रहे थे,

"I am giving you a blank cheque com. Indrajeet! Now the matter is entirely in your hands." बैठक समाप्त हुई।

एक डेढ़ माह बाद डॉ. शान्ति पटेल से मुलाकात हुई तो मैंने उत्सुकता से एकजुटता के बारे में पूछा।

उन्होंने निराशा से कहा, "There can not be any unity, so long as Bardhan is there." (कॉ. बर्धन जब तक वहाँ हैं तब तक एकजुटता असम्भव है।)

मैं चुप रहा। मैं पहले ही इस निष्कर्ष पर पहुँच चुका था।

भटिंडा के बाद अब तीस से अधिक वर्ष बीत चुके हैं। उस समय का राजकीय आकलन, राजनीतिक नीतियाँ, दांव-पेंच कितने सही थे और अपनी पार्टी संकल्पित दिशा में ही और अपेक्षित गति से कितनी आगे बढ़ी, इसका निर्धारण आवश्यक है। मैं यह महसूस करता हूँ कि अपना राजनीतिक आकलन, अन्दाज और शक्तियों के अन्दाज गलत साबित हुए है।

हमारे प्रत्येक अखिल भारतीय अधिवेशन में पारित राजनीतिक प्रस्ताव में देश की अर्थव्यवस्था पर 'संकट के बादल' का उल्लेख होता है किन्तु इस आर्थिक संकट के बादल फट कर क्रान्तिकारी शक्ति आगे बढ़ती हुई कभी नहीं दिखती।

इसके विपरीत ऐसे प्रत्येक संकट से पूँजीवाद और पूँजीपति बड़ी सफाई से बाहर निकले हैं। केवल इतना ही नहीं, वे बढ़े हैं। पिछले तीस वर्षों में तो वे बढ़ती हुई गति से बढ़े हैं। दुनिया के आर्थिक क्षेत्र में एक महासत्ता बनने की दिशा में वह आगे बढ़ रहे हैं।

विदेशी बहुराष्ट्रीय एकाधिकारी कम्पनियाँ भारत में घुस रही हैं, यह जितना बड़ा सत्य है उतना ही बड़ा सत्य यह है कि भारत के पूँजीपति भी विदेशों में अपने साम्राज्य का विस्तार कर रहे हैं। दुनिया की पहले सौ बड़ी कम्पनियों में कुछ भारतीय कम्पनियाँ भी शामिल हो गई है। विदेशों के बड़े पूँजीपतियों के साथ अब टाटा, बिड़ला व अम्बानी के नाम भी लिये जाने लगे हैं। टाटा ने पचास हजार करोड़ से अधिक की बोली लगा कर कोरस इस्पात कारखाना, तो बिड़ला ने 35 हजार करोड़ लगा कर विदेश में एल्यूमिनियम कारखाना खरीदा। अम्बानी ने तो एक विदेशी आई.टी. कंपनी खरीदने हेतु अस्सी हजार करोड़ की बोली लगाई थी। भारतीय अर्थव्यवस्था आज 8-9 प्रतिशत की दर से विकसित हो रही है। क्या ये अर्थव्यवस्था के संकटग्रस्त होने के संकेत हैं? विदेशों से आई हुई पूँजी राष्ट्रीय पूँजी के दो से ढाई प्रतिशत से अधिक कभी नहीं थी किन्तु दिखाया गया भय कि 'यह पूँजी भारतीय अर्थव्यवस्था को निगल जाएगी, क्या सही था? और फिर गलत अन्दाजों व आकलनों पर आधारित नीतियाँ असफल साबित होकर अपेक्षित राजनीतिक सफलता न मिले तो दोषी कौन?

भारत में पूंजीवाद का विस्तार हुआ है। केवल संख्या व सम्पन्नता से ही नहीं तो उसका सामाजिक आधार भी विस्तारित हुआ है। देश में आज नजर आने वाला विशाल और 'महान' मध्यमवर्ग तैयार होने में उसने सहायता की है। आज इस वर्ग की संख्या 35 करोड़ के आसपास है। भारत की जनसंख्या के एक तिहाई। यह

संख्या अमेरिका की कुल जनसंख्या से अधिक है।

इस वर्ग की ऊपरी सतह सधन वर्ग में, तो नीचे का भाग सुख वस्तु वर्ग में माना जाता है। इस वर्ग की क्रय शक्ति बड़ी व विशाल होकर यह दुनिया के दूसरे नम्बर का बाजार है। इस वर्ग को समाजवाद का कोई आकर्षण नहीं है। यद्यपि वह उसका कट्टर विरोधी नहीं है फिर भी विरोध में ही है।

140

उसकी नजर उच्च वर्ग के प्रवेश द्वार की ओर है। नीचे क्या हो रहा है, जल रहा है—इसकी परवाह करना उसने कब से ही छोड़ दिया है। राजनीति में वह प्रस्थापितों के साथ रहना पसन्द करता है। स्वयं के अधिकार और हित सम्बन्धों के प्रति जागरुक यह वर्ग यदि स्वयं के हित सम्बन्धों पर कोई बाधा न आ रही हो तो प्रगतिशील नीतियों का भी समर्थन करेगा। समाज में माहौल और मत परिवर्तन की घड़ाई में इसका अहम हिस्सा होता है। इसलिए सभी राजनीतिक दलों को इस वर्ग को नजरअन्दाज करना असम्भव हो गया है।

स्वतंत्रतापूर्व काल में यही मध्यमवर्ग सभी राजनीतिक और सामाजिक परिवर्तन के आन्दोलन में, शिक्षण संस्थाएँ और सहकारी संस्थाएँ स्थापित करने में, प्रसार माध्यम चलाने में अग्रणी रहता था। वह समाज का नेतृत्व करता था। अब उसने यह भूमिका छोड़ दी है। सामान्य जनता से जुड़ी अपनी नाल तोड़ कर वह पूँजीवादी वर्ग की ओर झुक गया है। उसकी संख्या बढ़ी है, आर्थिक शक्ति बढ़ी है और स्वयं के सामर्थ्य व महत्त्व का उसे एहसास हो चुका है।

और श्रमिक कर्मचारी वर्ग? उसमें भी काफी बदलाव आया है। मार्क्सवाद की सीख के अनुसार, संगठित उद्योग का कर्मचारी क्रान्तिकारी शक्तियों में अग्रणी रहने वाला था। क्योंकि किसी भी अन्य शोषित वर्ग से वह अधिक संगठित रहने वाला था। उसे शत्रु-मित्र की पहचान रहने वाली थी और औद्योगिक विकास के साथ उसकी संख्या भी बढ़ने वाली थी।

किन्तु अब सब कुछ बदल गया है। संगठित उद्योगों में मजदूर कर्मचारियों की संख्या बढ़ने की बजाय घट रही है। कुल श्रमिक वर्ग में संगठित वर्ग की संख्या एक समय 9 प्रतिशत थी जो घटकर अब 4 प्रतिशत रह गई है। हालाँकि औद्योगिक विकास हो रहा है किन्तु रोजगार में गिरावट हो रही है और एक नया सत्य जनता के सामने आ रहा है—'बिना रोजगार के विकास' सूचना एवं तकनीकी क्षेत्र में क्रान्ति के कारण श्रमशक्ति की आवश्यकता कम हो गई

है जिससे संगठित उद्योग क्षेत्र के श्रमिक असंगठित उद्योग क्षेत्र की ओर धकेले जा रहे हैं। स्थायी कर्मचारियों को अब 'संविदा कर्मचारी' बनाया जा रहा है। इस खेल में सरकार और मालिक वर्ग की एकजुटता होने से कर्मचारी वर्ग इसका परिणामकारक विरोध नहीं कर पाया है। संगठित उद्योगों में उसने संघर्ष के फलस्वरूप प्राप्त किये लाभ अब वह खोते जा रहा है और कर्मचारी संगठन उन्हें पर्याप्त सुरक्षा देने में असफल रहे हैं। इन कारणों से केवल भारत ही नहीं तो औद्योगिक रूप से प्रगत सभी देशों में कर्मचारी संगठनों में सदस्यों की संख्या घटती गई है। परिणामस्वरूप उनकी प्रहार क्षमता भी घट गई है।

सामने आए इस नये वास्तव के कारण श्रमिक कर्मचारी वर्ग आज किसी भी विचारधारा, सिद्धान्त, संगठन या पार्टी से बँधा हुआ नहीं रहा है। संगठन के या नेता की राजनीति से उसका कुछ लेना-देना नहीं होता। समक्ष खड़े प्रश्न को हल करने हेतु जो नेता या संगठन उसे उपयोगी लगता है उसकी मदद लेने में वह संकोच नहीं करता। राजनीतिक या वैचारिक निष्ठा जारी रखने में अब उसे विश्वास नहीं है।

141

अलावा इन सब बातों के, उसमें इतनी फूट पड़ी हुई है कि राजनीतिक शक्ति के रूप में उसकी परिणामकारकता कम हो गई है। कर्मचारी संगठनों का बड़ा भाग अराजनीतिक हो चुका है और उनमें अनेक प्रकार का भ्रष्टाचार फैल चुका है।

असंगठित क्षेत्र में कर्मचारी बड़ी संख्या में हैं लेकिन वह क्षेत्र इतना असंगठित है कि राजनीतिक शक्ति के रूप में वह खड़ा ही नहीं हो पाया है। वर्गीय निष्ठा की बजाय उसमें धर्म व जात-पात की सम्भावनाएँ प्रबल हैं। इसका लाभ लेकर कट्टरपंथी शक्तियाँ अपना उल्लू सीधा करने के लिए इनका उपयोग करती हैं।

पूँजीपति वर्ग पहले की अपेक्षा आज ज्यादा शक्तिवान व समर्थ बन चुका है। साथ ही, वह अधिक परिपक्व व होशियार हो चुका है। उसने अपना शोषण धर्म जारी रखा है किन्तु शोषण के मार्ग अब अधिक 'सुसंस्कृत' और 'लचीले' बन गए है। कुशल सर्जन जिस प्रकार से अधिक रक्त न बहा कर शल्यक्रिया कर देता है उसी प्रकार से पूँजीपति वर्ग अब बड़े संघर्ष का सामना किये बिना हजारों कर्मचारियों को बेरोजगार कर सकता है—ऐसी सफाई से कि शोषित समझ ही नहीं पाता कि उसने क्या खोया और क्या पाया।

और ये ही परिपक्वता व होशियारी इस पूँजीवाद का मुख्य राजनीतिक दल कांग्रेस

दिखा रहा है। इस पार्टी ने स्थिति की मांग के अनुसार अपने आप में सतत् बदलाव भी किया है और इसीलिए वह आज तक टिकाऊ साबित हुई है। जिन्होंने बदलाव अस्वीकार किये वे खत्म हो गए।

राजगोपालचारी ने स्थापित किया हुआ दल–स्वतंत्र पार्टी केवल पूँजीवाद को स्वीकार करने वाली–ऐसे ही समाप्त हुई। स्वयं कांग्रेस पार्टी भी आज तक कई बार विभाजित हुई। दो बार स्वतंत्रता के पहले और दो बार स्वतंत्रता के पश्चात्। काल और परिस्थिति की आवश्यकतानुसार उसमें बदलाव का क्रम आज भी जारी है। इसीलिए सोनिया गांधी की कांग्रेस 'न्यूनतम सामान्य कार्यक्रम' के सहारे वामपंथी दलों के साथ संयुक्त प्रगतिशील गठबन्धन बना सकी। इस सत्ता काल में सरकार के कई निर्णय यद्यपि विवादास्पद होने के बावजूद सामान्य जनता के हित में अनेक निर्णय लिये हैं यद्यपि इनमें से कई निर्णय पूँजीवादी अर्थशास्त्र की दृष्टि से गलत होंगे। कुछ अर्थशास्त्रियों ने ऐसी आलोचना की भी है लेकिन राजनीतिक आवश्यकता के मद्देनज़र कांग्रेस ने ऐसे निर्णय लिये हैं। अर्थात् आवश्यकता सत्ता बरकरार रखने की भी थी।

दक्षिणपंथी प्रतिगामी शक्तियों के साथ गठबन्धन से कांग्रेस की सत्ता बरकरार रह सकती थी किन्तु सत्ता प्राप्त करने हेतु या बरकरार रखने हेतु कांग्रेस ने प्रगतिशील भूमिका की ओर अर्थात वामपंथ की ओर आना पसन्द किया–प्रतिगामियों की ओर नहीं। यही फर्क कांग्रेस और अन्य पूँजीवादी पार्टियों में है और वामपंथी आन्दोलन को इस बात को एहसास होना चाहिए। देश की राजनीति को योग्य पथ पर, प्रगति पथ पर रखने के लिए यह आवश्यक है।

142

कांग्रेस मूलतः मध्यममार्गी पार्टी है। विशेष प्रसंगों पर उसने प्रतिगामी दक्षिणपंथी या जातिवादी शक्तियों से समझौता किया है किन्तु वह कभी-भी दक्षिणपंथी या जातिवादी शक्तियों का हिस्सा बनकर नहीं रही। जब-जब ऐसा हिस्सा बनाने का प्रयास किया गया तब-तब कांग्रेस में अन्तर्गत संघर्ष होकर उसका विभाजन हुआ है और कांग्रेस पार्टी का समर्थक वर्ग और मतदाता जनताभिमुख नेता के पीछे गया है।

कांग्रेस का मत प्रतिशत हमेशा से मतदान के लगभग तीस प्रतिशत के आसपास बरकरार रहा है। कभी वह पचास प्रतिशत के उपर गया है तो कभी-कभार 19 प्रतिशत के बराबर नीचे भी गया है। यह मतदाता धर्म निरपेक्ष है और साधारणतया जनताभिमुख नीतियों के साथ रहने वाला है। जातिवादी पार्टियों को छोड़ दें तो इतना स्थिर मत

प्रतिशत अन्य किसी पूँजीवादी पार्टी के पास कभी-भी नहीं रहा है।

क्या फिर ऐसे मतदाता को अलग-थलग रख कर वाम और लोकतांत्रिक मोर्चा बन सकेगा? कांग्रेस से टूट कर क्या यह मतदाता वाम मोर्चे की तरफ आने की अपेक्षा रखना वास्तविकता पर आधारित है? पिछले पचास वर्षों के प्रयासों का अनुभव क्या कहता है? स्वतंत्रता के बाद कांग्रेस दो बार विभाजित हुई। क्या तब उसका मतदाता वामपंथी पार्टियों की ओर झुका? इस वास्तविकता से अब वामपंथी पार्टियों का साक्षात्कार हो चुका है और उसकी परिणति उनकी पिछले दस वर्षों की नीतियों से परिलक्षित हो रही है।

मार्क्सवादी पार्टी कांग्रेस की कट्टर विरोधी पार्टी है। कांग्रेस विरोध का मुद्दा बना कर ही ये मंडली भारतीय कम्यूनिस्ट पार्टी से बाहर निकली थी। आज यह पार्टी क्या उन्हीं नीतियों पर अमल कर रही है? न्यूनतम साझा कार्यक्रम के आधार पर वह कांग्रेस के नेतृत्व वाले गठबन्धन में शामिल हो ही गई थी। इसी पार्टी के नेता कॉ. सोमनाथ चटर्जी कांग्रेस के समर्थन से ही लोकसभा अध्यक्ष बने।

राजनीतिक व्यवहार में बदलाव भी आया, किन्तु जिस सत्य के विदारक दर्शन से वह बदला, उस सत्य को स्वीकार करने की तैयारी न तो मार्क्सवादी पार्टी की है न ही उसके नेतृत्व वाले वाममोर्चे की। क्योंकि उसे मान लेने का अर्थ होगा—आज तक आग्रहपूर्वक व जिद से जो भूमिका अपनाई जा रही थी उसी पर प्रश्नचिन्ह खड़ा करना और ऐसा होता है तो पार्टी की विश्वसनीयता के लिए धोखा उत्पन करना और नेतृत्व को यह कैसे पोसाएगा?

कुछ भी हो, साम्राज्यवाद का सतत् हस्तक्षेप, दक्षिणपंथियों की एकता, जातिवादियों की सतत् कार्यवाहियाँ—इनके विरोध में वाम और लोकतांत्रिक मोर्चा यदि बनाना है (चाहे वह कांग्रेस रहित हो या कांग्रेस के विरोध में भी) तो यह कैसे बने, इस पर वामपंथियों को गम्भीर रूप से यह विचार करना ही होगा।

वास्तविकता यह है कि दुनिया और भारत में बदली हुई परिस्थितियों के सन्दर्भ में हमें हमारी मान्यताओं को फिर से टटोलना पड़ेगा। 'क्रान्ति में संगठित कर्मचारी वर्ग की अगुवाई और राजकाज में कम्यूनिस्ट पार्टी का नेतृत्व होना।' यह मान्यता आज की वास्तविकता में नहीं टिक पाएगी।

143

सशस्त्र विद्रोह द्वारा पूँजीवादियों की राजसत्ता पलटना सम्भव नहीं है और राजकाज में कम्यूनिस्ट पार्टी की प्रभुसत्ता को स्वीकार करना भी असम्भव है। फिर जो सम्भव

ही नहीं है उसे गले से लगा कर रखना निरर्थक है। पिछले पच्चीस वर्षों में दुनिया में भारी बदलाव आया है। सूचना और तकनीकी क्षेत्र में अभूतपूर्व क्रान्ति से जीवन के प्रत्येक क्षेत्र में अकल्पित बदलाव हुआ है। लोगों के एहसास और मानसिकता भी बदल गई है।

सर्वांगीण बदलावों की पार्श्वभूमि में पूर्व की मान्यताओं पर नये सिरे से विचार होना चाहिए। यद्यपि बदली हुई परिस्थिति में कम्यूनिस्टों द्वारा माने जाने वाले कुछ सिद्धान्त कालातित हो गए हों फिर भी कार्ल मार्क्स के मूल्य, पूँजी, पूँजी विस्तार, विस्तार क्रम में उससे उत्पन्न होने वाले संकट, उसका भार श्रमिक वर्ग और ग्राहक पर डाल कर स्वयं को सुरक्षित रखने के पूँजी के प्रयास आदि सिद्धान्त आज भी सत्य ही हैं। इसीलिए सन् 2009 में अमेरिका और पूँजीवादी देशों में जब मन्दी आई तो समझदारों को और विचारकों को मार्क्स और उसके सिद्धान्त याद आए और प्राप्त परिस्थिति का उत्तर उसी विचार प्रणाली में ढूँढ़ने लगे थे।

आज दुनिया की बहुसंख्यक जनता को विषमता, शोषण, अन्याय, विशाल जनसंख्या को मानवी जीवन नकारने वाली और डंडे के बल पर टिकी हुई दुनिया, बिल्कुल मान्य नहीं है। उसे चाहिए–स्वतंत्रता, समता, लोकतंत्र और जीवनावश्यक वस्तुओं की पूर्ति की ग्यारन्टी देने वाली परस्पर सामंजस्य और सहकारिता से चलने वाली दुनिया। A New world is possible. अमेरिकन महाखंड के देश भी आज ऐसी आवाज उठाने लगे हैं। किन्तु यदि ऐसी दुनिया अस्तित्व में लाना है तो उसके लिए प्रयास करने वाली लोकतांत्रिक जनता को एकजुट करना पड़ेगा। यह भी सम्भव है लेकिन उसके लिए अपने एहसास, मान्यताएँ, भूमिकाएँ, नीतियाँ, व्यवहार वास्तविकता की कसौटी पर परखने के लिए सभी की तैयारी होना चाहिए। यह एक आव्हान है और आवाहन भी।

सिद्धान्त और तत्व सुन्दर ही होते हैं। उनसे निष्ठा रखना उत्तम है। Theory is green. But evergreen is the tree of life. जीवन का प्रवाह सतत् आगे ही बढ़ता रहता है। नई-नई समस्याओं का सामना करता रहता है। उसमें से रास्ता निकालने वाली पार्टी ही स्वयं के साथ देश को भी आगे ले जाएगी। पुराने जाल में फँसकर रहे तो जनता और अपना वर्ग भी हमें छोड़ कर आगे निकल जाएगा।

आज बदली हुई परिस्थिति में यदि योग्य भूमिका लेकर योग्य नीतियाँ अपनाई जाएँ तो कम्यूनिस्ट आन्दोलन के विस्तार की अपार सम्भावना है। इक्कीसवीं सदी में समाजवाद का क्या स्वरूप हो–इसकी रूपरेखा, संकल्पना को वास्तविकता के आधार पर स्थिर करना आवश्यक है। ऐसा करते समय समाज जीवन में उभर कर आने वाले विभिन्न जन विभागों की जानकारी भी रखना चाहिए। इन विभागों की आज की भूख केवल पेट की नहीं है। पेट के साथ-साथ बुद्धि की भी है। इनकी

प्रेरणा, मान्यताएँ, आकांक्षाएँ, महत्त्वाकांक्षाएँ आदि की दखल लेकर उनसे संवाद स्थापित करने का प्रयास होना चाहिए। इन्हीं प्रयासों ने वाम आन्दोलन की परिधि के बाहर के परिवर्तन देखने वाले व्यक्तियों व समाजों से संवाद होकर राष्ट्रीय जीवन में इस आन्दोलन को नया सन्दर्भ प्राप्त हो सकेगा।

ऐसे गम्भीर प्रयास यदि करने हों तो संगठनात्मक ढांचे में बदलाव करने होंगे।

144

शायद यह सब करना मार्क्सवादी पार्टी को हजम नहीं होगा किन्तु भारतीय कम्यूनिस्ट पार्टी को न रुकते हुए स्वतंत्रतापूर्वक ऐसी अगुवाई करनी चाहिए। ऐसा करते समय वाम मोर्चा छोड़ने की कतई आवश्यकता नहीं है। ये सम्बन्ध कायम रखते हुए भी ऐसा स्वतंत्र व्यवहार सम्भव है व आवश्यक भी है। इसी से पार्टी की स्वतंत्र प्रतिभा-छवि निर्मित होगी।

पिछले कई वर्षों से श्रमिक, कर्मचारी, श्रमजीवी जनता अपने जीवनमान की रक्षा तथा उसके विकास के लिए संघर्षरत है। राष्ट्रीय स्तर पर बड़ी हलचल थी। सभी क्षेत्रों में असन्तोष भरा हुआ था। किसानों द्वारा आत्महत्याएँ, भड़कती महँगाई, बढ़ती बेरोजगारी शिक्षा और स्वास्थ्य सेवाओं का बाजारीकरण, सभी क्षेत्रों में फैला भ्रष्टाचार, पूरे राष्ट्रीय सामाजिक व सांस्कृतिक जीवन पर धनवानों की बढ़ती पकड़ उससे गरीब और श्रमजीवी जनता को होने वाली घुटन—इन सारी बातों से जनता त्रस्त थी।

किसानों की कर्जमाफी, बिजली बिलों की माफी आदि के लिए तीव्र व व्यापक आन्दोलन इन्हीं दिनों हुए। SEZ (विशेष आर्थिक क्षेत्र) के विरोध में व्यापक संघर्ष खड़े हुए। नंदीग्राम व सिंगूर परियोजनाओं के विरोध में भी तीव्र आन्दोलन हुए।

इन सबके साथ वामपंथियों ने अणु करार विरोधी देशव्यापी आन्दोलन शुरू किया। उसे इतना खींचा कि इस प्रश्न पर सरकार का समर्थन तक वापस लिया।

अणु करार देशहित में नहीं है और आवश्यक भी नहीं। बिजली का उत्पादन अन्य साधनों से भी बढ़ाया जा सकता है, ऐसी वामपंथियों की भूमिका थी। ऐसी भूमिका रखना भी गलत नहीं था। उसका प्रचार करना भी योग्य था। उनकी भूमिका तब विवादास्पद बनी जब उन्होंने इस मुद्दे पर सरकार से समर्थन वापस लिया।

वामपंथियों का यह निर्णय घोषित होते ही सरकार विरोधी सभी शक्तियाँ, दल और संगठन चैतन्यमय हो गए। वामपंथी दल राजनीति के केन्द्रबिन्दु हो गए।

उन्हें मीडिया में प्रमुखता मिली। ऐसा लगने लगा कि अब सरकार गिर जाएगी। राजनीति के पंडित, चाणक्य 'अब आगे क्या?' का विचार करने लगे। सामान्य जनता में संभ्रम फैल गया था।

स्थिति के नायक बने वामपंथियों ने मोर्चा बाँधना शुरू किया। भाजपा और एन.डी.ए. का साथ था ही। क्योंकि सरकार गिरने की स्थिति में वे ही सत्ता के सबसे अधिक निकट थे। लाभार्थी भी वे ही बनते। किन्तु वामपंथी दलों का कांग्रेस विरोध इतने उफान पर था कि वे यह धोखा भूल ही गए थे। वामपंथियों ने मायावती से भी हाथ मिलाया। वे भी उत्साह में थीं। उन्हें देश के प्रधानमंत्री का पद निकट दिखने लगा था। उन्होंने अपना 'अरमान' छिपा के भी नहीं रखा।

145

इस पार्श्वभूमि पर विश्वास प्रस्ताव पर मतदान हुआ। कांग्रेस के नेतृत्व वाले गठबन्धन की जीत हुई। अपेक्षा से अधिक 19 मतों से।

कांग्रेस को सबक सिखाने के उद्देश्य से वामपंथियों द्वारा लादी गई अग्नि परीक्षा से वामपंथियों की प्रतिष्ठा बिल्कुल बढ़ी नहीं, बल्कि घटी। वाम आन्दोलन विचार से जुड़े-चाहने वालों को भी वामदलों का यह खेल वाम राजनीति से विसंगत महसूस हुआ। जो मुद्दा सामान्य जनता को ठीक से मालूम भी नहीं था उसी मुद्दे पर इतनी चरम, अतिवादी भूमिका लेना अनुचित था।

लेकिन जिन पार्टियों को साथ लेकर सरकार गिराने की कोशिश की गई वह बात ज्यादा गम्भीर थी। क्या मायावती के नेतृत्व में सरकार जनता की अपेक्षाओं को अधिक अच्छा प्रतिसाद देने वाली सिद्ध होती—इन बातों का विचार किए बिना कदम उठाना क्या राजनीतिक परिपक्वता मानी जाएगी? इस सारे विवेक शून्य व्यवहार से वामपंथियों ने जो खोया है उसका एहसास उन्हें अब भी हुआ हो, ऐसा उनके आज के व्यवहार में भी परिलक्षित नहीं हो रहा है।

घूमते हुए कालचक्र में पड़ोसी पाकिस्तान में गम्भीर राजनीतिक परिस्थितियाँ निर्मित हुईं। वहाँ तालिबानी भस्मासुर पैदा हो गया था। मुम्बई शहर पर आतंकवादी हमला हुआ।

ऐसी स्थिति में लोकसभा के चुनाव घोषित हुए। अब वामपंथी कांग्रेस से दूर हो चुके थे। उन्होंने तीसरा मोर्चा बनाया।

परमाणु मुद्दे पर सरकार गिराने में असफल होने के पश्चात् वामपंथी दलों द्वारा इस मुद्दे को जनता के दरबार में ले जाना चाहिए था किन्तु इस मुद्दे को जनता

का समर्थन न मिलता देख उनकी मुहिम महँगाई, बेरोजगारी आदि हमेशा के मुद्दों पर ही लौट आई। परमाणु मुद्दे की उन्होंने गठरी बांध कर रख दी और यहीं पर उनकी पहली हार हुई।

लेकिन इससे बड़ी पराजय आगे इन्तजार कर रही थी। लोकसभा के चुनावों में कांग्रेस को अपेक्षा से अधिक सफलता प्राप्त हुई। विरोध में खड़े तीनों मोर्चे पराजित हुए।

वास्तविक रूप से चुनावों में वामपंथियों की पराजय केवल चुनावी राजनीतिक पराजय न होकर उनके सम्पूर्ण राजनीति की पराजय है।

इस वास्तविकता को ध्यान में रख कर यदि वामपंथी नेता अपनी राजनीति और नीतियों पर पुनर्विचार करेंगे तो देश के प्रगतिशील और लोकतांत्रिक आन्दोलन को बड़ी मदद मिलेगी। क्योंकि पहले से मजबूत बनी कांग्रेस अब अपनी आर्थिक नीतियाँ जोर-शोर से लागू करेगी।

मेहनतकश जनता पर हमले बढ़ने ही वाले हैं। इन हमलों का प्रतिकार करने के लिए वामपंथियों को ही खड़ा रहना होगा। इसी संघर्ष से वे फीनिक्स पक्षी के माफिक फिर से खड़े होकर नई उड़ान भरेंगे।

146

किन्तु यह उड़ान भरते हुए यदि उन्होंने अपनी आज तक की नीतियाँ और व्यवहार की वास्तविक रूप से समीक्षा कर ईमानदारी से सबक लिया तो ही यह उड़ान उन्हें 'मंजिल' तक पहुँचाएगी अन्यथा उनकी राजनीति सांप-सीढ़ी का खेल साबित होगी। वर्षों तक आन्दोलन कर, संघर्ष कर जनता का प्रेम, प्रतिष्ठा,गौरव और विश्वास अर्जित करना और ऐन मौके के क्षण ऐसी गलती करना कि सारी कमाई धूल मिट्टी में जा मिले। कार्यकर्ताओं की कई पीढ़ियाँ सांप-सीढ़ी का ऐसा खेल देखते हुए ही खत्म हुई हैं।

और फिर भी आज की घुटनभरी निराशा की गर्त से बाहर निकलना है तो कार्यकर्ताओं को झंडा हाथ में लेकर खड़ा होना ही पड़ेगा। उसके लिए कोई विकल्प ही नहीं है।

हाथों में जलती मशालें लेकर सदी पूर्व से चला श्रमजीवी समुदायों का यह कारवां सदी खत्म हुई फिर भी चल ही रहा है। कभी अटक कर, गिरते-पड़ते, फिर से उठ कर उसकी यात्रा चालू ही है। इस सदी में अनेक थक गए, गिर गए, अनेक नए आए, लेकिन कारवां चल रहा है। कभी एकाध पहाड़ रास्ता रोकता है, तो कभी

आँधी-तूफान आते हैं, दिशा अंधकारमय हो जाती है, अगली राह दिखना बन्द हो जाती है, लेकिन फिर से मशालें जलाकर कारवाँ थके हुए पैरों से चल ही रहा है। क्योंकि उसे मालूम है कि रास्ता चलने से ही खत्म होगा और वह अपनी मंजिल पर एक न एक दिन पहुँचने वाला ही है।

नई—एक अलग प्रकार की दुनिया सम्भव है। वहाँ पहुँचना ही होगा और पहुँचना है तो चलना ही होगा...

पार्टी की नीतियाँ, व्यवहार, सिद्धान्त आदि के बाबत मेरे द्वारा इतना सब कुछ लिखने के बाद कोई भी ऐसा सवाल स्वाभाविक रूप से कर सकता है कि अभी भी मैं पार्टी में कैसे बना हुआ हूँ और इतना सक्रिय कैसे हूँ? इस सवाल पर मेरा जवाब केवल यही है कि मतभेदों के बावजूद राजनीतिक दृष्टि से यही पार्टी मेरे लिए सबसे निकट है। इस पार्टी में मैंने मेरे जीवन के छह दशक बिताए हैं। इस पूरे काल में पार्टी छोड़ने का विचार भी कभी मेरे मन में नहीं आया। पार्टी बदलना शर्ट बदलना नहीं है या कोई नौकरी छोड़ना नहीं। जब किसी पार्टी का लक्ष्य-नीतियाँ पसन्द आने के पश्चात् पूर्णकालिक संगठक के रूप में जब आप अपने आपको झोंक देते हैं, अनेक दशक तक खून-पसीना बहा कर उसके विस्तार हेतु प्रयास करते हैं तब पार्टी के कई सहयोगियों से आपके भावनात्मक सम्बन्ध बन जाते हैं। अनेक बार वे खून के रिश्तों के बन्धन जैसे दृढ़ हो जाते हैं। उन्हें तोड़ना आसान नहीं रहता। इन कारणों से दूसरी कोई भी पार्टी वैचारिक और भावनात्मक रूप से पराई ही लगती है।

मेरे अत्यन्त सुखी और गौरवशाली दिन इसी पार्टी में बीते हैं। इसलिए अब कोई मतभेद हो भी जाए तो उन्हें भूलकर नये राजनीतिक मंच का विचार करना असम्भव है और पार्टी में रह कर निष्क्रिय रहना भी मेरे लिए असम्भव है।

147

इसलिए, बढ़ती हुई उम्र के साथ शरीर थक रहा है, सहयोगियों व रिश्तेदारों के यह कहने के बावजूद कि 'अब थोड़ा आराम कर लीजिए', मेरा मन नहीं मानता।

इस पार्टी में मुझे वरिष्ठों का विश्वास, सहयोगियों का प्रेम व कनिष्ठों का आदर सदैव मिलता रहा है, राजनीतिक मतभेदों के बावजूद। अर्थात् ऐसे मतभेद मेरे द्वारा स्पष्ट रूप से रखते रहने के कारण बाद में मुझे पार्टी के अनेक पदों से वंचित रहना पड़ा है, किन्तु उस बारे में मुझे कभी कोई गम नहीं रहा न ही नाराजगी। मेरे राजनीतिक और संगठनात्मक विचार मैंने पार्टी में हमेशा स्पष्ट रूप से रखे,

परिणामों का विचार किए बिना। ऐसा न करते हुए अन्य अनेकों की तरह मैंने मौकापरस्त व्यवहार किया होता तो मेरी कुर्सी टिकी रह सकती थी। लेकिन मैं अपनी ही नहीं, मेरी पत्नी की नज़रों में भी गिर जाता। मेरे इस व्यवहार से मैं मेरी कुर्सी तो नहीं पर अपने सहयोगियों का प्रेम व आदर टिका पाया हूँ और मैं ऐसा महसूस करता हूँ कि अनेकों के मन में सम्भवतः वह बढ़ा भी होगा।

मैं शुरू से श्रमिक मोर्चे पर ही कार्यरत रहा हूँ। इस मोर्चे के सभी नेताओं का विश्वास और स्नेह मुझे सदैव मिलता रहा है। कॉ. डांगे तो थे ही लेकिन इंद्रजीत गुप्ता, एन.के.कृष्णन, के.जी.श्रीवास्तव, होमी दाजी, बी.डी.जोशी, के.एल.महेंद्र–सभी नेताओं का अपार विश्वास व प्रेम मुझे मिला है। और कॉ. बर्धन? मुझे यह स्पष्ट तौर पर कहना होगा कि भटिंडा के बाद निर्मित राजनीतिक मतभेदों के अलावा कॉ. बर्धन से मेरे अन्य कोई मतभेद न पहले थे न अब हैं। इसके विपरीत मैं कॉ. बर्धन की भाषण देने की कला, लगनशीलता, योजना व अध्ययन का हमेशा से प्रशंसक ही रहा हूँ। भटिंडा तक कभी मतभेद स्पष्ट होने का प्रसंग ही नहीं आया लेकिन भटिंडा के बाद भी मुझे 'सुधार कर लाईन पर लाने' का प्रयास कॉ. बर्धन ने काफी समय तक किया। बाद में वे पार्टी के महासचिव बनने के कारण अधिकतर दिल्ली में रहने लगे। उनका महाराष्ट्र में आना-जाना कम होता गया जिससे सम्पर्क भी कम होता गया। पिछले आठ-दस वर्षों से स्वास्थ्य सम्बन्धी कारणों से मैं भी मुम्बई से बाहर नहीं जा पाया। इसलिए सम्पर्क और अधिक मर्यादित हुआ। किन्तु अब भी मेरी ईमानदारी और क्षमता के बारे में कॉ. बर्धन के विचार शायद ही बदले हों। मतभेदों के बावजूद उन्होंने मुझसे कभी दुर्व्यवहार नहीं किया। अर्थात् मैंने भी कभी ऐसा प्रसंग नहीं आने दिया।

भटिंडा के बाद मैंने मेरे मतभेद पार्टी की हर बैठक में रखे किन्तु मेरे प्रयास निरुपयोगी सिद्ध हुए। जो लिखा जाता था या कहा जाता था वह कभी अमल में नहीं आता था। बाद-बाद में नेताओं ने जवाब देना भी बन्द कर दिया। शायद उनकी धारणा बन गई थी कि यह केस समझाने-सुधारने लायक नहीं है।

मैंने भी बाद में व्यर्थ बोल कर उन्हें और स्वयं को भी सन्ताप देना बन्द किया। पानी में रहना है तो मगरमच्छ से बैर किस काम का?

मेरे साथ के सहयोगियों ने मुझे अपार प्रेम दिया। हमारी गिरणी कामगार यूनियन एक बड़े परिवार जैसी थी। सच पूछो तो ये यूनियन एक राजनीतिक अखाड़ा था।

पार्टी के मुम्बई कमेटी के ऑफिस से अधिक यूनियन ऑफिस में ही राजनीतिक चर्चाएँ और हलचल होती थी। पार्टी के अग्रिम मोर्चे के सभी कार्यकर्ता इसी अखाड़े के पट्ठे होते थे। राजनीतिक निष्ठा इस यूनियन का श्वास था। ऐसी स्थिति में जो एक बार यूनियन में आ जाए तो जाने का विचार भी नहीं करता था। 'नमक के खदान में जो गिरे सो नमक हो जाता है।'

इसके विपरीत मुझे ऐसी यूनियन्स की जानकारी है जहाँ नेताओं और संगठकों के सम्बन्ध मधुर कभी नहीं रहे। उनमें कभी भी सच्ची एकजुटता नहीं बनी। हमारी जनरल इंजीनियरिंग एम्प. यूनियन ऐसी ही एक यूनियन थी। उसे छोड़ कर जाने वाले संगठकों की संख्या देख कर कॉ. पाटकर ने एक बार कहा था कि "इन संगठकों की एक स्वतंत्र यूनियन बन सकती है।

गिरणी कामगार यूनियन अब इतिहास बनने के पथ पर है। इस यूनियन के मेरे बहुसंख्य सहयोगी परलोक सिधार चुके हैं। अन्य क्षेत्रों के भटिंडा के समय युवावस्था के कार्यकर्ता अब साठ-सत्तर के आसपास हैं। सुकुमार दामले, प्रकाश विश्वासराव, शिवाजी देशमुख, नारायण घागरे, प्रकाश रेड्डी, प्रकाश सावन्त, एकनाथ माने, गोविन्द पाटकर, सुरेश धोपेश्वरकर, अरविन्द नाचणे, काका सामन्त इन्हीं लोगों में से हैं। निरन्तर सम्पर्क के कारण इन लोगों से गाढ़ा स्नेह निर्मित हुआ।

ऐसी परिस्थिति के कारण पार्टी से दूर हटने का विचार मुझे कभी पसन्द ही नहीं आया। पार्टी सदस्यता सूची से नाम हटाने के बावजूद कॉ. डांगे को पुराने घर के प्रति आकर्षण था ही न?

'कौन जाए जौक, दिल्ली की गलियाँ छोड़ कर।' बादशाह द्वारा स्थाई रूप से दिल्ली से आगरा वास्तव्य के लिए बुलाने के बावजूद शायर जौक दिल्ली की गलियाँ छोड़ कर कहाँ जा पाया?

मेरे कुल सफरनामे में मैं बहुत-बहुत सन्तुष्ट हूँ। सन्तुष्टि इसी में है कि आयु के 18-19 वे वर्ष में जैसा जीवन जीने का संकल्प मैंने लिया था वैसा मैं जी सका, लिया हुआ संकल्प पूर्ण कर सका।

प्राप्त जीवन का प्रत्येक वर्ष अपनी इच्छा व योजनानुसार उपेक्षित, शोषित, पीड़ित जनता का कष्टभार हल्का करने के लिंए समर्पित किया है, यह भावना ही कितनी सुखद है। अनुभव लिये बिना क्या कोई समझ पाएगा? ऐसा न करते हुए यदि मैं अन्य चार लोगों की तरह मैले मार्ग पर चलता तो क्या होता? यही न–

हम क्या कहें अहलाब क्या कारेनुमायाँ कर गए
बी.ए. हुए, नौकर हुए, पेंशन मिली और मर गए

कोई कहेगा—मैले मार्ग से जाते तो ऐश-आराम मिलता। इस पर मेरा एक ही सवाल है—सुख किसमें है? एक साधक ने राजा को इसका जवाब दिया था—

वयं परितुष्टाः वल्कलैः त्वं दुकुलैः
को परिविशेष आवयोः सन्तोषे
मनसिच परितुष्टे को अर्थवान को दरिद्रः

हे राजा, रेशमी वस्त्र पहन कर तुझे जो आनन्द प्राप्त होता है वह हमें वल्कल धारण कर मिलता है। अपने आनन्द में फर्क ही क्या है? मन सन्तुष्ट होने के बाद कौन धनाढ्य कौन दरिद्र? दूसरा कोई कहेगा आप मैला मार्ग छोड़ कर स्वय के चुने हुए मार्ग से गए। लेकिन मुकाम पर कहाँ पहुँचे? कहाँ है आपका समाजवाद?

मैं केवल यही कहूँगा कि भले ही मैं मुकाम पर नहीं पहुँचा लेकिन सफरनामे में जो नहीं पहुँचे या गिर गए उनका त्याग या देशभक्ति का मोल मुकाम तक पहुँचने वालों से कम नहीं आंका जा सकता। वासुदेव बलवन्त फड़के से सुभाषचन्द्र बोस तक कोई मुकाम पर नहीं पहुँचा। लेकिन जनता उनकी देशभक्ति जवाहरलाल नेहरू की देशभक्ति से कम नहीं मानती। सामान्य लोग कृति को प्राप्त फल से आंकते हैं लेकिन समझदार लोग उसके पीछे के उद्देश्य से मूल्यांकन करते हैं और हमारी पीढ़ी के किये हुए काम को निरुपयोगी कैसे कहेंगे? गुलामीगिरी नष्ट हुई, दलित व स्त्रियों के अधिकार व उनके सामाजिक स्थान में निश्चित रूप से सुधार हुआ है। शोषण, विषमता और अन्याय पर आधारित आज की दुनिया में बदलाव आना चाहिए और यह बदलाव सम्भव है—ऐसी भावना सर्वत्र बन ही रही है न?

यह सफरनामा अच्छा रहा। सफरनामें में सहयोगी व साथी भी अच्छे मिले। इनमें से अनेकों का मैंने पहले ही उल्लेख किया है। नहीं किया तो केवल एक का—जिसने मेरे सफरनामे में शुरू से अब तक सर्वार्थ से साथ दिया—मेरी सहयोगी—साथी—मेरी पत्नी मीरा। उसके स्पष्ट निर्देश कि ''आपके लेखन में मेरा और अपने निजी जीवन का कोई उल्लेख नहीं आना चाहिए'' के कारण मैं केवल इतना कहूँगा कि उसके समर्पित साथ से ही यह सफरनामा 'एक सुहाना सफर' बना।

मेरा एक ही पुत्र है—चंद्रशेखर। बहु नीना (सुवर्णा) और पोता अमित। आराम का मेरा समय इनके सुखद साथ में बीतता है। इनमें से कोई भी राजनीति में नहीं है लेकिन पार्टी के उद्देश्य और वाम आन्दोलन को उनका समर्थन है और इसी

उद्देश्य के लिए लड़नेवाला मैं और मेरा साथ देने वाली पत्नी, दोनों के लिए उनमें प्रेम, विश्वास, आदर सब कुछ है। और क्या चाहिए?

जिन्दगी का सफरनामा भी समाप्ति की ओर है। सामने का किनारा प्रत्येक क्षण के साथ निकट आता दिख रहा है। साथ में कुछ सामान तो था नहीं। थी तो यादों की यह गठरी।

●●●